Streitbeilegung im Rahmen des Kyoto-Protokolls und der Flexiblen Mechanismen

Steffen Straßburger

Streitbeilegung im Rahmen des Kyoto-Protokolls und der Flexiblen Mechanismen

Ein Blick auf das Schiedsverfahren

PL ACADEMIC RESEARCH

Bibliografische Information der Deutschen Nationalbibliothek
Die Deutsche Nationalbibliothek verzeichnet diese Publikation in der Deutschen Nationalbibliografie; detaillierte bibliografische Daten sind im Internet über http://dnb.d-nb.de abrufbar.

Zugl.: Mainz, Univ., Diss., 2013

Gedruckt auf alterungsbeständigem,
säurefreiem Papier.

D 77
ISBN 978-3-631-65061-5 (Print)
E-ISBN 978-3-653-04340-2 (E-Book)
DOI 10.3726/978-3-653-04340-2

PL Academic Research ist ein Imprint der Peter Lang GmbH.

Peter Lang – Frankfurt am Main · Bern · Bruxelles · New York · Oxford · Warszawa · Wien

www.peterlang.com

Vorwort

Die vorliegende Arbeit wurde im Sommersemester 2013 vom Fachbereich Rechts- und Wirtschaftswissenschaften der Johannes Gutenberg-Universität Mainz als Dissertation angenommen und befindet sich auf dem Stand von April 2013.

Mein herzlicher Dank gilt meinem Doktorvater, Herrn Prof. Dr. Peter Huber, LL.M. (London), für die Betreuung der Arbeit sowie der Gewährung vollständiger Freiheit sowohl in wissenschaftlicher als auch in zeitlicher Hinsicht. Für Fragen und inhaltliche Diskussionen stand er stets zur Verfügung. Herrn Prof. Dr. Urs Peter Gruber bin ich für die sehr zügige Erstellung des Zweitgutachtens verbunden.

Danken möchte ich ferner Herrn Dr. Markus Burianski, LL.M. (Hull) für zahlreiche weiterführende Anregungen und seine jederzeitige Gesprächsbereitschaft. Dank gebührt ebenso Herrn Markus Langen, LL.M. (Sydney) sowie Frau Dr. Sonja Lang, die mir die Abstimmung meiner Tätigkeit bei der White & Case LLP mit dem erfolgreichen Abschluss dieser Ausarbeitung stets wohlwollend ermöglichten. Frau Dr. Patricia Nacimiento danke ich für ihren Einsatz während der Anfangsphase meiner Arbeit.

Ein besonderer Dank gilt nicht zuletzt meiner Familie für ihre fortwährende Unterstützung und ihr stets uneingeschränktes Vertrauen in das Gelingen meiner Vorhaben.

Ingelheim, im Dezember 2013 Steffen Straßburger

Inhaltsverzeichnis

Literaturverzeichnis

Arnold, Andreas von
Völkerrecht, Heidelberg 2012; zit.: „*Arnold*".

Bader, Johann/Funke-Kaiser, Michael/Stuhlfauth, Thomas/Albedyll, Jörg von
Verwaltungsgerichtsordnung, 5. Auflage, München 2011; zit.: „*Bearbeiter*, in: Bader/Funke-Kaiser/Stuhlfauth/von Albedyll, VwGO".

Bail, Christoph
Das Klimaschutzregime nach Kyoto, in: EuZW 1998, S. 457–464; zit.: „*Bail*, EuZW 1998".

Baumbach, Adolf/Lauterbach, Wolfgang/Albers, Jan/Hartmann, Peter
Zivilprozessordnung mit FamFG, GVG und anderen Nebengesetzen, begr. v. Adolf Baumbach, fortgeführt zunächst von Wolfgang Lauterbach und sodann von Jan Albers und Peter Hartmann, nunmehr verfaßt von Peter Hartmann, 71. Auflage, München 2013; zit.: „*Baumbach/Lauterbach/Albers/Hartmann*, ZPO".

Bishop, R. Doag/Crawford, James/Reisman, W. Michael
Foreign Investment Disputes – Cases, Material and Commentary, hrsg. v. R. Doag Bishop, James Crawford und W. Michael Reisman, Den Haag 2005; zit.: „*Bishop/Crawford/Reisman*".

Böckstiegel, Karl-Heinz
Aktuelle Probleme der Investitions-Schiedsgerichtsbarkeit aus Sicht eines Schiedsrichters, in: SchiedsVZ 2012, S. 113–120; zit.: „*Böckstiegel*, SchiedsVZ 2012".

Böckstiegel, Karl-Heinz
Schiedsgerichte und staatliche Gerichte, in: RIW/AWD 1979, S. 161–166; zit.: „*Böckstiegel*, RIW/AWD 1979".

Bodansky, Daniel
The United Nations Framework Convention on Climate Change: A Commentary, in: Yale Journal of International Law, Vol. 18 (1993), S. 451–558; zit.: „*Bodansky*, 18 Yale J. Int'l L.".

Born, Gary B.
International Commercial Arbitration, Alphen aan den Rijn 2009; zit.: „*Born*".

Brown, Chester
International, Mixed, and Private Disputes Arising Under the Kyoto Protocol, in: Journal of International Dispute Settlement, Vol. 1 (2010), No. 2, S. 447–473; zit.: „*Brown*, 1 J. Int'l Disp. Settlement".

Brown, Chester
The Settlement of Disputes Arising in Flexibility Mechanism Transactions under the Kyoto Protocol, in: Arbitration International, Vol. 21 (2005), Issue 3, S. 361–389; zit.: „*Brown*, 21 Arb. Int'l".

Bull, Hans Peter/Mehde, Veith
Allgemeines Verwaltungsrecht mit Verwaltungslehre, 8. Auflage, Heidelberg 2009; zit.: „*Bull/Mehde*".

Bünder, Helmut
Neuer Klimaschutzvertrag wird sich verzögern, in: Frankfurter Allgemeine Zeitung, Nr. 131 vom 7. Juni 2011, S. 13; zit.: „*Bünder*, FAZ".

Burgi, Martin
Emissionszertifikate als Eigentum im Sinne von Art. 14 Grundgesetz, in: RdE 2004, S. 29–35; zit.: „*Burgi*, RdE 2004".

Busse, Daniel
Die Bindung Dritter an Schiedsvereinbarungen, in: SchiedsVZ 2005, S. 118–123; zit.: „*Busse*, SchiedsVZ 2005".

Castello, James
UNCITRAL Rules, in: Practitioner's Handbook on International Commercial Arbitration, hrsg. v. Frank-Bernd Weigand, 2. Auflage, Oxford/New York 2009; zit.: „*Castello*, in: Practitioner's Handbook on International Commercial Arbitration".

Coing, Helmut
Zur Entwicklung des Schiedsvertrages im Ius Commune – Die amicabilis compositio und der Schiedsspruch ex aeque et bono, in: Festschrift für Heinz Hübner zum 70. Geburtstag, hrsg. v. Gottfried Baumgärtel u.a., Berlin/New York 1984, S. 35–46; zit.: „*Coing*, in: FS Hübner".

Dolzer, Rudolf/Schreuer, Christoph
Principles of International Investment Law, Oxford/New York 2008; zit.: „*Dolzer/Schreuer*".

Duve, Christian/Keller, Moritz
Privatisierung der Justiz – bleibt die Rechtsfortbildung auf der Strecke? Ein Beitrag zur Auflösung des Spannungsverhältnisses von Privatautonomie und Rechtsfortbildung in der Schiedsgerichtsbarkeit, in: SchiedsVZ 2005, S. 169–178; zit.: „*Duve/Keller*, SchiedsVZ 2005".

Ehrmann, Markus
Das ProMechG: Projektbezogene Mechanismen des Kyoto-Protokolls und europäischer Emissionshandel, in: ZUR 2006, S. 410–416; zit.: „*Ehrmann*, ZUR 2006".

Ehrmann, Markus
Procedures of Compliance Control in International Environmental Treaties, in: Colorado Journal of International Law and Policy, Vol. 13 (2002), No. 2, S. 377–443; zit.: „*Ehrmann*, 13 Colo. J. Int'l Envtl. L. & Pol'y".

Elsing, Siegfried H.
Streitverkündung und Schiedsverfahren, in: SchiedsVZ 2004, S. 88–94; zit.: „*Elsing*, SchiedsVZ 2004".

Erichsen, Hans-Uwe/Ehlers, Dirk
Allgemeines Verwaltungsrecht, hrsg. v. Hans-Uwe Erichsen und Dirk Ehlers, bearbeitet v. Martin Burgi, u.a., 14. Auflage, Berlin/New York 2010; zit.: „*Bearbeiter*, in: Erichsen/Ehlers".

Escher, Alfred
Investitionsschiedsverfahren: Grundstrukturen und aktuelle Herausforderungen, in: International Investment Protection and Arbitration – Theoretical and Practical Perspectives, hrsg. v. Christian Tietje, Berlin 2008, S. 35–50; zit.: „*Escher*, in: International Investment Protcetion and Arbitration".

Fouchard, Philippe/Gaillard, Emmanuel/Goldman, Berthold
Fouchard Gaillard Goldman On International Commercial Arbitration, bearbeitet v. Emmanuel Gaillard und John Savage, Den Haag 1999; zit.: „*Fouchard/Gaillard/Goldman*".

Freestone, David
The International Climate Change Legal and Institutional Framework: An Overview, in: Legal Aspects of Carbon Trading – Kyoto, Copenhagen, and beyond, hrsg. v. David Freestone und Charlotte Streck, Oxford/New York 2009, S. 3–32; zit.: „*Freestone*, in: Legal Aspects of Carbon Trading".

Füracker, Matthias
Relevance and Structure of Bilateral Investment Treaties – The German Approach, in: SchiedsVZ 2006, S. 236–245; zit.: „*Füracker*, SchiedsVZ 2006".

Gaillard, Emmanuel/Pinsolle, Philippe
The ICC Pre-Arbitral Referee: First Practical Experiences, in: Arbitration International, Vol. 20 (2004), Issue 1, S. 13–37; zit.: „*Gaillard/Pinsolle*, 20 Arb. Int'l".

Geimer, Reinhold
Beteiligung weiterer Parteien im Schiedsgerichtsverfahren, insbesondere die Drittwiderklage, in: Die Beteiligung Dritter an Schiedsverfahren, hrsg. v. Karl-Heinz Böckstiegel, Klaus Peter Berger und Jens Bredow, mit Beiträgen von Karl-Heinz Böckstiegel, u.a., Köln 2005, S. 71–91; zit.: „*Geimer*, in: Die Beteiligung Dritter an Schiedsverfahren".

Geimer, Reinhold
Internationales Zivilprozessrecht, v. Reinhold Geimer, unter Mitarbeit v. Ewald Geimer und Gregor Geimer, 6. Auflage, Köln 2009; zit.: „*Geimer*".
Goote, Maas/Lefeber, René
Compliance Building under the International Treaty on Plant Genetic Resources for Food and Agriculture, in: FAO Background Study Paper No. 20 (Januar 2004), S. 1–22; zit.: „*Goote/Lefeber*, FAO Background Study Paper No. 20".
Griebel, Jörn
Internationales Investitionsrecht, München 2008; zit.: „*Griebel*".
Haensgen, Tineke
Das Kyoto Protokoll: Eine ökonomische Analyse unter besonderer Berücksichtigung der flexiblen Mechanismen, Bamberg 2002; zit.: „*Haensgen*".
Hahn, Michael J.
Die Anerkennung und Vollstreckung von ICSID-Schiedssprüchen in Frankreich, in: RIW 1991, S. 459–461; zit.: „*Hahn*, RIW 1991".
Happ, Richard
Aktuelle Rechtsprechung der ICSID-Schiedsgerichte, in: SchiedsVZ 2005, S. 21–30; zit.: „*Happ*, SchiedsVZ 2005".
Herdegen, Matthias
Völkerrecht, 11. Auflage, München 2012; zit.: „*Herdegen*".
Hobeck, Paul/Stubbe, Christian
Genese einer Schiedsklausel, in: SchiedsVZ 2003, S. 15–23; zit.: „*Hobeck/Stubbe*, SchiedsVZ 2003".
Hobley, Anthony/Hawkes, Peter
GHG Emissions Trading Registries, in: Legal Aspects of Implementing the Kyoto Protocol Mechanisms – Making Kyoto Work, hrsg. v. David Freestone und Charlotte Streck, Oxford/New York 2005, S. 127–154; zit.: „*Hobley/Hawkes*, in: Legal Aspects of Implementing the Kyoto Protocol Mechanisms".
Hoffmann, Bernd von/Thorn, Karsten
Internationales Privatrecht einschließlich der Grundzüge des Internationalen Zivilverfahrensrechts, 9. Auflage, München 2007; zit.: „*v. Hoffmann/Thorn*".
Holtwisch, Christoph
Das Nichteinhaltungsverfahren des Kyoto-Protokolls, Entstehung-Gestalt-Wirkung, Berlin 2006; zit.: „*Holtwisch*".
Hoogzaad, Jelmer/Streck, Charlotte
A Mechanism with a Bright Future: Joint Implementation, in: Legal Aspects of Carbon Trading – Kyoto, Copenhagen, and beyond, hrsg. v. David Freestone

und Charlotte Streck, Oxford/New York 2009, S. 176–194; zit.: „*Hoogzaad/Streck*, in: Legal Aspects of Carbon Trading".

Horn, Norbert
Arbitration and the Protection of Foreign Investment: Concepts and Means, in: Arbitrating Foreign Investment Disputes, hrsg. v. Norbert Horn und Stefan Kröll, Den Haag 2004, S. 3–31; zit.: „*Horn*, in: Arbitrating Foreign Investment Disputes".

Kalas, Peggy Rodgers/Herwig, Alexis
Dispute Resolution Under the Kyoto Protocol, in: Ecology Law Quarterly, Vol. 27 (2000), No. 1, S. 53–134; zit.: „*Kalas/Herwig*, 27 Ecology Law Quarterly".

Kleinschmidt, Jens
Die Widerklage gegen einen Dritten im Schiedsverfahren, in: SchiedsVZ 2006, S. 142–150; zit.: „*Kleinschmidt*, SchiedsVZ 2006".

Kobes, Stefan
Das Zuteilungsgesetz 2007, in: NVwZ 2004, S. 1153–1161; zit.: „*Kobes*, NVwZ 2004".

Kopp, Ferdinand O./Schenke, Wolf-Rüdiger
Verwaltungsgerichtsordnung, Kommentar, begr. v. Ferdinand O. Kopp, fortgeführt v. Wolf-Rüdiger Schenke, unter Mitarbeit v. Ralf Peter Schenke, 18. Auflage, München 2012; zit.: „*Kopp/Schenke*, VwGO".

Kreindler, Richard H.
The Law Applicable to International Investment Disputes, in: Arbitrating Foreign Investment Disputes, hrsg. v. Norbert Horn und Stefan Kröll, Den Haag 2004, S. 401–424; zit.: „*Kreindler*, in: Arbitrating Foreign Investment Disputes".

Kreindler, Richard H./Schäfer, Jan K./Wolff, Reinmar
Schiedsgerichtsbarkeit – Kompendium für die Praxis, Frankfurt am Main 2006; zit.: „*Kreindler/Schäfer/Wolff*".

Kronke, Herbert/Nacimiento, Patricia/Otto, Dirk/Port, Nicola Christine
Recognition and Enforcement of Foreign Arbitral Awards: A Global Commentary on the New York Convention, Alphen aan den Rijn 2010; zit.: „*Bearbeiter*, in: Recognition and Enforcement of Foreign Arbitral Awards."

Kropholler, Jan
Internationales Privatrecht einschließlich der Grundbegriffe des Internationalen Zivilverfahrensrechts, 6. Auflage, Tübingen 2006; zit.: „*Kropholler*".

Kropholler, Jan/Hein, Jan von
Europäisches Zivilprozessrecht – Kommentar zu EuGVO, Lugano-Übereinkommen 2007, EuVTVO, EuMVVO und EuGFVO, begr. v. Jan Kropholler,

fortgeführt v. Jan von Hein, 9. Auflage, Frankfurt am Main 2011; zit.: „*Kropholler/von Hein*".

Lachmann, Jens-Peter
Handbuch für die Schiedsgerichtspraxis, 3. Auflage, Köln 2008; zit.: „*Lachmann*".

Lew, Julian D. M.
ICSID Arbitration: Special Features and Recent Developments, in: Arbitrating Foreign Investment Disputes, hrsg. v. Norbert Horn und Stefan Kröll, Den Haag 2004, S. 267–282; zit.: „*Lew*, in: Arbitrating Foreign Investment Disputes".

Lew, Julian D. M./Mistelis, Loukas A./Kröll, Stefan M.
Comparative International Commercial Arbitration, Den Haag 2003, zit.: „*Lew/Mistelis/Kröll*".

Lionnet, Klaus/Lionnet, Annette
Handbuch der internationalen und nationalen Schiedsgerichtsbarkeit – Systematische Darstellung der privaten Handelsschiedsgerichtsbarkeit für die Praxis der Parteien einschließlich CD-ROM mit einschlägigen Normen und Regelwerken, 3. Auflage, Stuttgart 2005; zit.: „*Lionnet/Lionnet*".

Lörcher, Gino/Lörcher, Torsten
Organisation eines Ad-hoc-Schiedsverfahrens, in: SchiedsVZ 2005, S. 179–189; zit.: „*Lörcher/Lörcher*, SchiedsVZ 2005".

Lörcher, Torsten
ICSID-Schiedsgerichtsbarkeit, in: SchiedsVZ 2005, S. 11–21; zit.: „*Lörcher*, SchiedsVZ 2005".

Maniruzzaman, Abdul F. M.
The Arbitrator's Prudence In Lex Mercatoria: Amiable Composition And Ex Aequo Et Bono In Decision Making, in: Mealey's International Arbitration Report, Vol. 18 (2003), No. 12, S. 1–8; zit.: „*Maniruzzaman*, 18 Mealey's Int. Arb. Report".

Maunz, Theodor/Dürig, Günter
Grundgesetz, Kommentar, begr. v. Theodor Maunz und Günter Dürig, hrsg. v. Roman Herzog, Rupert Scholz, Matthias Herdegen und Hans H. Klein, in Verbindung mit Peter Badura, u.a., Loseblattsammlung, 67. Ergänzungslieferung, München, Stand November 2012; zit.: „*Bearbeiter*, in: Maunz/Dürig, GG".

Meijer, Ernestine E.
The International Institutions of the Clean Development Mechanism Brought Before National Courts: Limiting Jurisdictional Immunity to Achieve Access to Justice, in: N.Y.U. Journal of International Law and Politics, Vol. 39 (2007), S. 873–928; zit.: „*Meijer*, 39 N.Y.U. J. Int'L L. & Pol.".

Michaelowa, Axel
Interpreting the Additionality of CDM Projects: Changes in Additionality Definitions and Regulatory Practices over Time, in: Legal Aspects of Carbon Trading – Kyoto, Copenhagen, and beyond, hrsg. v. David Freestone und Charlotte Streck, Oxford/New York 2009, S. 248–271; zit.: „*Michaelowa*, in: Legal Aspects of Carbon Trading".

Mihm, Andreas
Altmaier sieht wenig Erfolgschancen für den Weltklimagipfel, in: Frankfurter Allgemeine Zeitung, Nr. 275 vom 24. November 2012, S. 12; zit.: „*Mihm*, FAZ, Nr. 275".

Mihm, Andreas
Die Ergebnisse der Weltklimakonferenz in Durban, in: Frankfurter Allgemeine Zeitung, Nr. 289 vom 12. Dezember 2011, S. 2; zit.: „*Mihm*, FAZ, Nr. 289".

Mihm, Andreas
Klimaschutz tritt auf der Stelle, in: Frankfurter Allgemeine Zeitung, Nr. 286 vom 7. Dezember 2012, S. 13; zit.: „*Mihm*, FAZ, Nr. 286".

Mihm, Andreas
Trippelschritte auf den Klimagipfel, in: Frankfurter Allgemeine Zeitung, Nr. 277 vom 28. November 2011, S. 11; zit.: „*Mihm*, FAZ, Nr. 277".

Müller, Werner/Keilmann, Annette
Beteiligung am Schiedsverfahren wider Willen? in: SchiedsVZ 2007, S. 113–121; zit.: „*Müller/Keilmann*, SchiedsVZ 2007".

Müller-Jung, Joachim
Die Karawane schlurft weiter – Der Klimagipfel in Doha ist mit unbefriedigenden Kompromissen zu Ende gegangen, in: Frankfurter Allgemeine Zeitung, Nr. 288 vom 10. Dezember 2012, S. 2; zit.: „*Müller-Jung*, FAZ, Nr. 288".

Münchener Kommentar
Münchener Kommentar zur Zivilprozessordnung mit Gerichtsverfassungsgesetz und Nebengesetzen, Band 3: §§ 946–1086, EGZPO, GVG, EGGVG, UKlaG, Internationales Zivilprozessrecht, hrsg. v. Thomas Rauscher, Peter Wax und Joachim Wenzel, bearbeitet v. Jens Adolphsen, u.a., 3. Auflage, München 2008; zit.: „*Bearbeiter*, in: MüKo-ZPO".

Musielak, Hans-Joachim
Kommentar zur Zivilprozessordnung mit Gerichtsverfassungsgesetz, hrsg. v. Hans-Joachim Musielak, bearbeitet v. Wolfgang Ball, u.a., 10. Auflage, München 2013; zit.: „*Bearbeiter*, in: Musielak, ZPO".

Netto, Maria/Barani Schmidt, Kai-Uwe
CDM Project Cycle and the Role of the UNFCCC Secretariat, in: Legal Aspects of Implementing the Kyoto Protocol Mechanisms – Making Kyoto Work, hrsg. v. David Freestone und Charlotte Streck, Oxford/New York 2005, S. 175–190; zit.: „*Netto/Barani Schmidt*, in: Legal Aspects of Implementing the Kyoto Protocol Mechanisms".

Newcombe, Andrew/Paradell, Lluís
Law and Practice of Investment Treaties: Standards of Treatment, hrsg. v. Andrew Newcombe und Lluís Paradell, Alphen aan den Rijn 2009; zit.: „*Newcombe/Paradell*".

Oberthür, Sebastian/Ott, Hermann E.
Das Kyoto-Protokoll – Internationale Klimapolitik für das 21. Jahrhundert, Opladen 2000; zit.: „*Oberthür/Ott*".

O'Sullivan, Robert/Cormier, Charles
Meeting Participating Country Responsibilities under the CDM: Designating a National Authority, in: Legal Aspects of Implementing the Kyoto Protocol Mechanisms – Making Kyoto Work, hrsg. v. David Freestone und Charlotte Streck, Oxford/New York 2005, S. 213–228; zit.: „*O'Sullivan/Cormier*, in: Legal Aspects of Implementing the Kyoto Protocol Mechanisms".

Paulsson, Jan
Cross-Enrichment of Public and Private Law Dispute Resolution Mechanisms in the International Arena, in: Journal of International Arbitration, Vol. 9 (1992), Issue 1, S. 59–68; zit.: „*Paulsson*, 9 J. Int'l Arb.".

Paulsson, Jan/Douglas, Zachary
Indirect Expropriation in Investment Treaty Arbitrations, in: Arbitrating Foreign Investment Disputes, hrsg. v. Norbert Horn und Stefan Kröll, Den Haag 2004, S. 145–158; zit.: „*Paulsson/Douglas*, in: Arbitrating Foreign Investment Disputes".

Pohlmann, Markus
Kyoto Protokoll: Erwerb von Emissionsrechten durch Projekte in Entwicklungsländern, Berlin 2004; zit.: „*Pohlmann*".

Pohlmann, Markus
The European Union Emissions Trading Scheme, in: Legal Aspects of Carbon Trading – Kyoto, Copenhagen, and beyond, hrsg. v. David Freestone und Charlotte Streck, Oxford/New York 2009, S. 337–366; zit.: „*Pohlmann*, in: Legal Aspects of Carbon Trading".

Quennet, Kevin/Loktionov, Vladimir
Rechtliche Rahmenbedingungen für JI-Projekte in Russland, in: WiRO 2010, S. 177–180; zit.: „*Quennet/Loktionov*, WiRO 2010".

Raeschke-Kessler, Hilmar/Berger, Klaus Peter
Recht und Praxis des Schiedsverfahrens, 3. Auflage, Köln 1999; zit.: „*Raeschke-Kessler/Berger*".
Ratliff, Dane P.
Arbitration in „Flexible-Mechanism" Contracts, in: Legal Aspects of Implementing the Kyoto Protocol Mechanisms – Making Kyoto Work, hrsg. v. David Freestone und Charlotte Streck, Oxford/New York 2005, S. 377–400; zit.: „*Ratliff*, in: Legal Aspects of Implementing the Kyoto Protocol Mechanisms".
Ratliff, Dane P.
The PCA Optional Rules for Arbitration of Disputes Relating to Natural Resources and/or the Environment, in: Leiden Journal of International Law, Vol. 14 (2001), Issue 4, S. 887–896; zit.: „*Ratliff*, LJIL".
Redfern, Alan/Hunter, Martin
Redfern Hunter on International Arbitration, hrsg. v. Nigel Blackaby und Constantine Partaside, mit Alan Redfern und Martin Hunter, 5. Auflage, Oxford/ New York 2009; zit.: „*Redfern/Hunter*".
Reed, Lucy/Paulsson, Jan/Blackaby, Nigel
Guide to ICSID Arbitration, Den Haag 2004; zit.: „*Reed/Paulsson/Blackaby*".
Rubins, Noah
The Notion of „Investment" in International Investment Arbitration, in: Arbitrating Foreign Investment Disputes, hrsg. v. Norbert Horn und Stefan Kröll, Den Haag 2004, S. 283–324; zit.: „*Rubins*, in: Arbitrating Foreign Investment Disputes".
Sachs, Klaus
Schiedsgerichtsverfahren über Unternehmenskaufverträge – unter besonderer Berücksichtigung kartellrechtlicher Aspekte, in: SchiedsVZ 2004, S. 123–129; zit.: „*Sachs*, SchiedsVZ 2004".
Schack, Haimo
Internationales Zivilverfahrensrecht – Ein Studienbuch, 5. Auflage, München 2010; zit.: „*Schack*".
Schlosser, Peter
Das Recht der internationalen privaten Schiedsgerichtsbarkeit, 2. Auflage, Tübingen 1989; zit.: „*Schlosser*".
Schoch, Friedrich/Schneider, Jens-Peter/Bier, Wolfgang
Verwaltungsgerichtsordnung, Kommentar, begr. v. Friedrich Schoch, Eberhard Schmidt-Aßmann und Rainer Pietzner, hrsg. v. Friedrich Schoch, Jens Peter Schneider und Wolfgang Bier, bearbeitet v. Wolfgang Bier, u.a., Loseblattsammlung, 24. Ergänzungslieferung, München, Stand August 2012; zit.: „*Bearbeiter*, in: Schoch/Schneider/Bier, VwGO".

Schreuer, Christoph
The Concept of Expropriation under the ECT and other Investment Protection Treaties, in: Investment Arbitration and the Energy Charter Treaty, hrsg. v. Clarisse Ribeiro, New York 2006, S. 108–159; zit.: „*Schreuer*, in: Investment Arbitration".
Schreuer, Christoph
The ICSID Convention: A Commentary – A Commentary of the Convention on the Settlement of Investment Disputes between States and Nationals of Other States, hrsg. v. Christoph Schreuer, mit Loretta Malintoppi, August Reinisch und Anthony Sinclair, 2. Auflage, Cambridge 2009; zit.: „*Schreuer*, ICSID Convention".
Schröder, Heike
Negotiationg the Kyoto Protocol – An analysis of negotiation dynamics in international negotiations, Münster 2001; zit.: „*Schröder*".
Schroth, Hans-Jürgen
Einstweiliger Rechtsschutz im deutschen Schiedsverfahren, in: SchiedsVZ 2003, S. 102–109; zit.: „*Schroth*, SchiedsVZ 2003".
Schuppert, Stefan
Neue Steuerungsinstrumente im Umweltvölkerrecht am Beispiel des Montrealer Protokolls und des Klimaschutzrahmenübereinkommens – Kosteneffektivität und Innovationswirkungen als Grundsätze in internationalen Verträgen, Berlin/ Heidelberg/New York 1998; zit.: „*Schuppert*".
Schütz, Sebastian
The Kyoto Protocol with an emphasis on its flexible instrument: The Clean Development Mechanism, Aachen 2011; zit.: „*Schütz*".
Schütze, Rolf A.
Institutionelle Schiedsgerichtsbarkeit, Kommentar, hrsg. v. Rolf A. Schütze, bearbeitet v. Rolf A. Schütze, Richard Happ, René-Alexander Hirth, u.a., 2. Auflage, Köln 2011; zit.: „*Bearbeiter*, in: Schütze".
Schütze, Rolf A.
Schiedsgericht und Schiedsverfahren, 5. Auflage, München 2012; zit.: „*Schütze*".
Schwab, Karl Heinz/Walter, Gerhard
Schiedsgerichtsbarkeit – Systematischer Kommentar zu den Vorschriften der Zivilprozeßordnung, des Arbeitsgerichtsgesetzes, der Staatsverträge und der Kostengesetze über das privatrechtliche Schiedsgerichtsverfahren, begr. v. Adolf Baumbach, bearbeitet v. Karl Heinz Schwab und Gerhard Walter, 7. Auflage, München 2005; zit.: „*Schwab/Walter*".
Schwytz, Ingo
Kosten und Kostenentscheidung im schiedsgerichtlichen Verfahren, in: BB 1974, S. 673–676; zit.: „*Schwytz*, BB 1974".

Semler, Franz-Jörg
Schiedsverfahren im Rahmen von Investitionsschutzabkommen der Bundesrepublik Deutschland, in: SchiedsVZ 2003, S. 97–102; zit.: „*Semler*, SchiedsVZ 2003".

Simonetti, Sander
Legal Protection and (the lack of) Private Party Remedies in International Carbon Emission Reduction Projects, in: Journal of Energy & Natural Resources Law, Vol. 28 (2010), No. 2, S. 171–206; zit.: „*Simonetti*, 28 JENRL".

Simonetti, Sander/de Witt Wijnen, Rutger
International Emissions Trading and Green Investment Schemes, in: Legal Aspects of Carbon Trading – Kyoto, Copenhagen, and beyond, hrsg. v. David Freestone und Charlotte Streck, Oxford/New York 2009, S. 157–175; zit.: „*Simonetti/de Witt Wijnen*, in: Legal Aspects of Carbon Trading".

Sodan, Helge/Ziekow, Jan
Verwaltungsgerichtsordnung, Großkommentar, hrsg. v. Helge Sodan und Jan Ziekow, bearbeitet v. Josef Aulehner, u.a., 3. Auflage, Baden-Baden 2010; zit.: „*Bearbeiter*, in: Sodan/Ziekow, VwGO".

Stelkens, Paul/Bonk, Heinz Joachim/Sachs, Michael
Verwaltungsverfahrensgesetz, Kommentar, hrsg. v. Paul Stelkens, Heinz Joachim Bonk und Michael Sachs, bearbeitet v. Heinz Joachim Bonk, u.a., 7. Auflage, München 2008; zit.: „*Bearbeiter*, in: Stelkens/Bonk/Sachs, VwVfG".

Streck, Charlotte
Joint Implementation: History, Requirments, and Challenges, in: Legal Aspects of Implementing the Kyoto Protocol Mechanisms – Making Kyoto Work, hrsg. v. David Freestone und Charlotte Streck, Oxford/New York 2005, S. 107–126; zit.: „*Streck*, in: Legal Aspects of Implementing the Kyoto Protocol Mechanisms ".

Stutz, Silke
Klimaschutz und internationaler Emissionshandel, Berlin 2008; zit.: „*Stutz*".

Väyrynen, Jari/Lecocq, Franck
Track One JI and ‚Greening of AAUs': How Could It Work? in: Legal Aspects of Implementing the Kyoto Protocol Mechanisms – Making Kyoto Work, hrsg. v. David Freestone und Charlotte Streck, Oxford/New York 2005, S. 155–172; zit.: „*Väyrynen/Lecocq*, in: Legal Aspects of Implementing the Kyoto Protocol Mechanisms ".

Voigt, Christina
Responsibility for the Environmental Integrity of the CDM: Judicial Review of Executive Board Decisions, in: Legal Aspects of Carbon Trading – Kyoto, Copenhagen, and beyond, hrsg. v. David Freestone und Charlotte Streck, Oxford/New York 2009, S. 272–294; zit.: „*Voigt*, in: Legal Aspects of Carbon Trading".

Wagner, Gerhard
Handel mit Emissionsrechten: Die privatrechtliche Dimension, in: ZBB 2003, S. 409–424; zit.: „*Wagner*, ZBB 2003“.

Wegen, Gerhard/Raible, Martin
Unterschätzt die deutsche Wirtschaft die Wirksamkeit des völkerrechtlichen Investitionsschutzes? in: SchiedsVZ 2006, S. 225–236; zit.: „*Wegen/Raible*, SchiedsVZ 2006“.

Welter, Patrick/Mihm, Andreas
Kanada verabschiedet sich vom Kyoto-Protokoll, in: Frankfurter Allgemeine Zeitung, Nr. 291 vom 14. Dezember 2011, S. 11; zit.: „*Welter/Mihm*, FAZ“.

Wemaere, Matthieu/Streck, Charlotte
Legal Ownership and Nature of Kyoto Units and EU Allowances, in: Legal Apsects of Implementing the Kyoto Protocol Mechanisms – Making Kyoto Work, hrsg. v. David Freestone und Charlotte Streck, Oxford/New York 2005, S. 35–53; zit.: „*Wemaere/Streck*, in: Legal Aspects of Implementing the Kyoto Protocol Mechanisms“.

Wemaere, Matthieu/Streck, Charlotte/Chagas, Thiago
Legal Ownership and Nature of Kyoto Units and EU Allowances, in: Legal Aspects of Carbon Trading – Kyoto, Copenhagen, and beyond, hrsg. v. David Freestone und Charlotte Streck, Oxford/New York 2009, S. 35–58; zit.: „*Wemaere/Streck/Chagas*, in: Legal Aspects of Carbon Trading“.

Werksman, Jacob
Greenhouse Gas Emissions Trading and the WTO, in: Review of European Community & International Environmental Law, Vol. 8 (1999), Issue 3, S. 251–264; zit.: „*Werksman*, 8 RECIEL“.

Werksman, Jacob/Baumert, Kevin A./Dubash, Navroz K.
Will International Investment Rules Obstruct Climate Protection Policies? in: Climate Notes, World Resources Institute (April 2001), Washington 2001, S. 1–18; zit.: „*Werksman/Baumert/Dubash*, Climate Notes“.

Wilder, Martijn/Fitz-Gerald, Louisa
Carbon Contracting, in: Legal Aspects of Carbon Trading – Kyoto, Copenhagen, and beyond, hrsg. v. David Freestone und Charlotte Streck, Oxford/New York 2009, S. 295–309; zit.: „*Wilder/Fitz-Gerald*, in: Legal Aspects of Carbon Trading“.

de Witt Wijnen, Rutger
Emissions Trading under Article 17 of the Kyoto Protocol, in: Legal Apsects of Implementing the Kyoto Protocol Mechanisms – Making Kyoto Work, hrsg. v. David Freestone und Charlotte Streck, Oxford/New York 2005, S. 403–415;

zit.: „*de Witt Wijnen*, in: Legal Aspects of Implementing the Kyoto Protocol Mechanisms".

Wolf, Martin
„Summarische Verfahren" im neuen Schiedsverfahrensrecht, in: DB 1999, S. 1101–1107; zit.: „*Wolf*, DB 1999".

Abkürzungsverzeichnis

AAU	Assigned Amount Unit
ABl.	Amtsblatt
Abs.	Absatz
AEUV	Vertrag über die Arbeitsweise der Europäischen Union
AG	Aktiengesellschaft
AIE	Accredited Independent Entity
AIJ	Activities Implemented Jointly
Arb. Int'l	Arbitration International
Art.	Artikel
AWG-KP	Ad Hoc Working Group on Further Commitments for Annex I Parties under the Kyoto Protocol
AWG-LCA	Ad Hoc Working Group on Long-term Cooperative Action under the Convention
BB	Betriebs-Berater
begr.	begründet
BGBl.	Bundesgesetzblatt
BIT	Bilateral Investment Treaty
BMU	Bundesministerium für Umwelt, Naturschutz und Reaktorsicherheit
BMWi	Bundesministerium für Wirtschaft und Technologie
bzgl.	bezüglich
bzw.	beziehungsweise
CDM	Clean Development Mechanism
CDM-EB	CDM Executive Board
CDM Modalities and Procedures	Modalities and procedures for a clean development mechanism as defined in Article 12 of the Kyoto Protocol
CER	Certified Emission Reduction
CH_4	Methan
CMP	Meeting of the Parties to the Kyoto Protocol

CO_2	Kohlenstoffdioxid
Colo. J. Int'l Envtl. L. & Pol'y	Colorado Journal of International Law and Policy
COP	Conference of the Parties
d.h.	das heißt
DB	Der Betrieb
DEHSt	Deutsche Emissionshandelsstelle
DIS	Deutsche Institution für Schiedsgerichtsbarkeit e.V.
DOE	Designated Operational Entity
EG	Europäische Gemeinschaft
EGV	Vertrag zur Gründung der Europäischen Gemeinschaft
EnBW	Energie Baden-Württemberg AG
ERPA	Emission Reduction Purchase Agreement
ERU	Emission Reduction Unit
ET	Emission Trading
etc.	et cetera
ETMA	Emissions Trading Master Agreement
EU	Europäische Union
EUA	European Allowances
EU ETS	European Union Emissions Trading Scheme
EuG	Gericht der ersten Instanz der Europäischen Gemeinschaft
EuGH	Europäischer Gerichtshof
EuGVO	Verordnung (EG) Nr. 44/2001 des Rates vom 22. Dezember 2000 über die gerichtliche Zuständigkeit und die Anerkennung und Vollstreckung von Entscheidungen in Zivil- und Handelssachen
EUTL	European Transaction Log
EuZW	Europäische Zeitschrift für Wirtschaftsrecht
f., ff.	folgend (-e, -er, -es)
FAO	Food and Agriculture Organisation of the United Nations
FAZ	Frankfurter Allgemeine Zeitung
FCKW	Flurchlorkohlenwasserstoff

Fn.	Fußnote
GG	Grundgesetz
GIS	Green Investment Schemes
GWP	Global Warming Potential
HCF-23	Fluoroform
H-FKW/HFC	teilhalogenierte Fluorkohlenwasserstoffe
hrsg.	herausgegeben
ICC	International Chamber of Commerce
ICSID	International Centre for Settlement of Investment Disputes
ICSID Arbitration Rules	ICSID Rules of Procedure for Arbitration Proceedings
ICSID Conciliation Rules	ICSID Rules of Procedure for Conciliation Proceedings
ICSID Institution Rules	ICSID Rules of Procedure for the Institution of Conciliation and Arbitration Proceedings
ICSID-Übereinkommen	Convention on the Settlement of Investment Disputes between States and Nationals of other States
IEA	International Energy Agency
IETA	International Emissions Trading Association
IET Modalities	Modalities, rules and guidelines for emissions trading under Article 17 of the Kyoto Protocol
IFV	Investitionsförderungs- und -schutzvertrag
ILM	International Legal Materials
INC	Intergovernmental Negotiating Committee
IPCC	Intergovernmental Panel on Climate Change
ITL	International Transaction Log
i.V.m.	in Verbindung mit
J. Int'l Arb.	Journal of International Arbitration
J. Int'l Disp. Settlement	Journal of International Dispute Settlement
JENRL	Journal of Energy & Natural Resources Law
JI	Joint Implementation
JI Guidelines	Guidelines for the implementation of Article 6 of the Kyoto Protocol
JISC	JI Supervisory Committee

Kyoto-Protokoll	Protokoll von Kyoto zum Rahmenübereinkommen der Vereinten Nationen über Klimaänderungen
Kap.	Kapitel
KWG	Kreditwesengesetz
LCIA	London Court of International Arbitration
LJIL	Leiden Journal of International Law
LoA	Letter of Approval
m.E.	meines Erachtens
Mealey's Int. Arb. Report	Mealey's International Arbitration Report
Montrealer Protokoll	Montrealer Protokoll über Stoffe, die zum Abbau der Ozonschicht führen
Mrd.	Milliarden
m.w.N.	mit weiteren Nachweisen
N_2O	Distickstoffoxid
No.	Number
Nr.	Nummer
NVwZ	Neue Zeitschrift für Verwaltungsrecht
N.Y.U.	New York University
N.Y.U. J. Int'L L. & Pol.	N.Y.U. Journal of International Law and Politics
NYC	Convention on the Recognition and Enforcement of Foreign Arbitral Awards
OECD	Organisation for Economic Co-operation and Development
PCA	Permanent Court of Arbitration
PCA Environmental Rules	PCA Optional Rules for Arbitration of Disputes Relating to Natural Resources and/or the Environment
PDD	Project Design Document
PIK	Potsdam-Institut für Klimafolgenforschung
ProMechG	Projekt-Mechanismen-Gesetz
RdE	Recht der Energiewirtschaft
RECIEL	Review of European Community & International Environmental Law
REDD	Reducing Emissions from Deforestation and Degradation
RIW	Recht der Internationalen Wirtschaft

RIW/AWD	Recht der Internationalen Wirtschaft/Außenwirtschaftsdienst des Betriebs-Beraters
RMU	Removal Unit
Rn.	Randnummer
Rom-I-VO	Verordnung (EG) Nr. 593/2008 des Europäischen Parlaments und des Rates vom 17. Juni 2008 über das auf vertragliche Schuldverhältnisse anzuwendende Recht
S.	Satz/Seite
SchiedsVZ	Zeitschrift für Schiedsverfahren
sog.	sogenannt (-e, -er, -es)
SF_6	Schwefelhexalfluorid
TEHG	Treibhausgas-Emissionshandelsgesetz
u.a.	und andere
UN	United Nations
UNCITRAL	United Nations Commission for International Trade Law
UNCTAD	United Nations Conference on Trade and Development
UNEP	United Nations Environment Programme
UNFCCC	United Nations Framework Convention on Climate Change
UNGA	United Nations General Assembly
UN-REDD	The United Nations Collaborative Programme on Reducing Emissions from Deforestation and Forest Degradation in Developing Countries
v.	von
vgl.	vergleiche
Vol.	Volume
vs.	versus
VwGO	Verwaltungsgerichtsordnung
VwVfG	Verwaltungsverfahrensgesetz
Wiener Übereinkommen	Wiener Übereinkommen zum Schutz der Ozonschicht
WiRO	Wirtschaft und Recht in Osteuropa
WMO	World Meteorological Organization
WpHG	Gesetz über den Wertpapierhandel
Yale J. Int'l L.	Yale Journal of International Law

YCA	Yearbook Commercial Arbitration
z.B.	zum Beispiel
ZBB	Zeitschrift für Bankrecht und Bankwirtschaft
ZPO	Zivilprozessordnung
ZUR	Zeitschrift für Umweltrecht

„Die Natur übt ein heimliches Gericht; leise und langmüthig, aber unentrinnbar"

Ernst Freiherr von Feuchtersleben (1806–1849)

A. Einleitung

Seit der Veröffentlichung des Zitates *von Feuchterslebens* in dessen Werk „Zur Diätetik der Seele" sind mittlerweile rund 175 Jahre vergangen. Welches Ereignis ihn zur Niederschrift dieses Gedankens veranlasste ist nicht bekannt. Sicherlich waren es zu seiner Zeit weder Ozonlöcher noch anthropogener Treibhauseffekt. Die medizinische Ausbildung *von Feuchterlebens* sowie der Kontext, in dem dieses Zitat zu finden ist, lassen statt eines ökologischen Bezuges vielmehr auf einen physischen, die menschliche Gesundheit betreffenden Hintergrund schließen. Übertragen lässt es sich losgelöst vom Kontext jedoch auf beide Gesichtspunkte.

Liest man dieses Zitat heute, wird aufgrund der aktuellen Diskussionen zur globalen Klimaerwärmung, deren Ursachen und Folgen sowie Maßnahmen zur Bekämpfung vermutlich kaum jemand medizinische Aspekte mit dieser Aussage verknüpfen. Vielmehr bieten sich Assoziationen dahingehend an, wie die Natur über den Menschen richten wird, wenn dieser keine geeigneten Maßnahmen ergreift, um sein bisheriges ökologisches Fehlverhalten zu korrigieren.

Vor diesem Hintergrund haben die Vereinten Nationen unter anderem eine Klimarahmenkonvention[1] und das hierauf aufbauende Protokoll von Kyoto zum Rahmenübereinkommen der Vereinten Nationen über Klimaänderungen („Kyoto-Protokoll")[2] ausgearbeitet. In letzterem haben sich die damaligen Industriestaaten verpflichtet, ihre Emission von Treibhausgasen auf einem möglichst unschädlichen Niveau zu stabilisieren und hierzu ihre Gesamtemissionen dieser Gase um

---

1 *United Nations Framework Convention on Climate Change*, 31 ILM (1992), S. 851 ff.; vgl. für eine deutsche Übersetzung das „Gesetz zu dem Rahmenübereinkommen der Vereinten Nationen vom 9. Mai 1992 über Klimaänderungen vom 13. September 1993", BGBl. 1993 II S. 1783 ff.; ferner abrufbar unter http://unfccc.int/resource/docs/convkp/conveng.pdf; sowie in deutscher Übersetzung unter http://unfccc.int/resource/docs/convkp/convger.pdf (Abrufdatum jeweils: 25.04.2013).

2 *Kyoto Protocol to the United Nations Framework Convention on Climate Change*, 37 ILM (1998), S. 22 ff.; vgl. für eine deutsche Übersetzung das „Gesetz zum dem Protokoll von Kyoto vom 11. Dezember 1997 zum Rahmenübereinkommen der Vereinten Nationen über Klimaänderungen (Kyoto-Protokoll) vom 27. April 2002", BGBl. 2002 II S. 966 ff.; ferner abrufbar unter http://unfccc.int/resource/docs/convkp/kpeng.pdf; sowie in deutscher Übersetzung unter http://unfccc.int/resource/docs/convkp/kpger.pdf (Abrufdatum jeweils: 25.04.2013).

mindestens 5 % unter das Niveau von 1990 zu senken.[3] Zu Erreichung dieser Ziele sieht das Kyoto-Protokoll verschiedene Mechanismen vor, welche den Handel von Emissionszertifikaten beinhalten oder Emissionsreduktionsprojekte zum Gegenstand haben.

Da sämtliche Mechanismen des Kyoto-Protokolls auf Verträgen zwischen den Parteien eines Emissionshandels oder den Projektparteien basieren, sind aus unterschiedlichsten Gründen, sei es etwa aufgrund Nichtlieferung oder aufgrund eines Scheiterns des Projektes, Streitigkeiten zu erwarten. In einem derartigen Konfliktfall übt jedoch nicht die Natur ihr Gericht, sondern ein herkömmlicher Kläger in Gestalt einer natürlichen oder juristischen Person. Einem solchen Kläger wird an einem im Sinne *von Feuchterslebens* langmütigen, also geduldigen und gutmütigen Verfahren nicht gelegen sein, womöglich aber an einem heimlichen und leisen, sprich einem Verfahren unter Ausschluss der Öffentlichkeit und unter Gewährleistung der Geheimhaltung. Ebenso sollte das Verfahren im Fall eines begründeten Anspruchs des Klägers für den Beklagten derart unentrinnbar sein, dass ein Urteil gegen ihn problemlos vollstreckbar ist und er sich, sofern es sich bei der beklagten Partei um einen Staat handelt, weder dem Verfahren noch der Vollstreckung mit dem Hinweis auf seine Immunität entziehen kann.

Die vorliegende Untersuchung soll zum einen die potentiellen Konflikte aufzeigen, die im Rahmen des Kyoto-Protokolls sowie aufgrund der Teilnahme an den vorgesehenen Mechanismen entstehen können. Zum anderen gilt es, die jeweiligen Konflikte dem für sie geeigneten Streitbeilegungsmechanismus zuzuführen. Schwerpunktmäßig geht es hierbei um die Erläuterung der Streitbeilegung im Rahmen eines Schiedsverfahrens, welches sich unter anderem durch ein hohes Maß an Geheimhaltung und vereinfachte Vollstreckbarkeit des Schiedsspruches auszeichnet. Es soll dargelegt werden, welche Eigenheiten sich im Vergleich zu herkömmlichen handelsrechtlichen Schiedsverfahren sowie zur Investitionsschiedsgerichtsbarkeit ergeben, welche Aspekte die Vertragsparteien zu beachten haben und welche prozessualen Regelungen sich für die schiedsverfahrensrechtliche Streitbeilegung empfehlen. Daneben sollen weitere Streitbeilegungsmöglichkeiten in ihren Grundzügen vorgestellt werden.

Bislang finden sich in der Literatur nur vereinzelt Aufsätze zum Konfliktpotential im Rahmen des Kyoto-Protokolls und dessen Mechanismen. Darin ist zumeist ein pauschaler Verweis auf die schiedsverfahrensrechtliche Streitbeilegung enthalten, jedoch ohne näher auf deren Vorteile oder gar auf den Verfahrensablauf sowie Besonderheiten gegenüber handelsrechtlichen Streitigkeiten einzugehen.

3 Art. 3 Abs. 1 Kyoto-Protokoll.

Eine umfassende Abhandlung, welche sich mit der Entstehung der Konflikte, dem Entwurf einer geeigneten Schiedsvereinbarung und den prozessualen Abläufen bis hin zur Vollstreckung des Schiedsspruches beschäftigt, existiert nicht. Es ist daher Aufgabe der vorliegenden Ausarbeitung, diese Lücke zu schließen.

Diese Untersuchung erhebt nicht den Anspruch, sämtliche ökologischen Hintergründe des Kyoto-Protokolls sowie dessen Funktionsweise bis ins kleinste Detail darzulegen. Ebenso wenig handelt es sich um eine umfassende Erörterung des Schiedsverfahrens mit all seinen Facetten sowie Problembereichen. Hierzu gibt es jeweils umfassende Abhandlungen, auf die an geeigneter Stelle verwiesen wird. Die Ausarbeitung stellt vielmehr einen Leitfaden für all diejenigen dar, die sich am Kyoto-Protokoll und speziell an dessen Mechanismen beteiligen, zeigt ihnen Risiken und Konfliktpotentiale auf, die in diesem Kontext bestehen und weist auf Aspekte hin, die bei der Streitbeilegung in prozessualer Hinsicht zu beachten sind.

B. Gang der Bearbeitung

Die vorliegende Untersuchung beginnt mit einer Darstellung der historischen und aktuellen Entwicklung der Klimaschutzabkommen, die in die Erläuterung der Vorgaben des Kyoto-Protokolls mündet. Dort gilt es, die einzelnen vom Kyoto-Protokoll vorgesehenen Mechanismen näher darzulegen.

Im Anschluss an diese Einführung in die Funktionsweise des Kyoto-Protokolls und seiner Mechanismen soll ausführlich auf das Konfliktpotential eingegangen werden. Die Ausarbeitung hat zur Aufgabe, ein umfassendes Bild zu vermitteln, welche Konflikte zwischen sämtlichen Beteiligten entstehen können bzw. bereits entstanden sind. In diesem Zusammenhang ist auch der Frage nachzugehen, ob das Kyoto-Protokoll und dessen Vorgaben selbst dazu geeignet sind, Konflikte hervorzurufen, dies speziell im Bereich des Investitionsschutzes.

Den Schwerpunkt dieser Untersuchung bildet die anschließende Darstellung der Konfliktlösung, speziell der schiedsverfahrensrechtlichen Streitbeilegung. Neben der Darlegung der allgemeinen Vor- und Nachteile eines Schiedsverfahrens ist auf die Anforderungen an die Schiedsvereinbarung, den Verfahrensablauf, die Anerkennung und Vollstreckung sowie den einstweiligen Rechtsschutz, jeweils mit Bezug zu den zuvor aufgeworfenen Streitigkeiten, einzugehen. Im Rahmen des Verfahrensablaufes sollen dabei die speziell auf Streitigkeiten der vorliegenden Art entworfenen Vorgaben des Ständigen Schiedshofes in Den Haag erörtert werden. Ebenso gilt es, das investitionsschutzrechtliche Schiedsverfahren in seinen Grundzügen darzustellen und gegen das handelsrechtliche Verfahren, mit Blick auf Streitigkeiten resultierend aus den Mechanismen des Kyoto-Protokolls, abzuwägen.

Abschließend ist in Grundzügen auf den Streitbeilegungsmechanismus einzugehen, den die Klimarahmenkonvention und das Kyoto-Protokoll selbst bereit halten sowie auf Verfahren vor den staatlichen Gerichten.

C. Entstehung und Weiterentwicklung der rechtlichen Rahmenbedingungen

Dem Kyoto-Protokoll vorausgegangen waren mehrjährige Verhandlungen und Abstimmungen. Obwohl der Treibhauseffekt, resultierend aus Emissionen von Kohlenstoffdioxid (CO_2) und weiteren Gasen[4], schon seit Jahrzehnten bekannt war, dauerte es bis in die 1980er Jahre, ehe sich internationale Besorgnis bezüglich des anthropogenen Treibhauseffektes ausbreitete. Die nachfolgende Darstellung soll einen Überblick über die Entstehung und Entwicklung der rechtlichen Rahmenbedingungen gewähren, die durch diverse Konventionen, Übereinkommen und Protokolle geschaffen wurden, um dem anthropogenen Treibhauseffekt Einhalt zu gebieten.

I. Wiener Übereinkommen (1985) und Montrealer Protokoll (1987)

Im Anschluss an den Appell im Rahmen der Weltklimakonferenz im Jahre 1979, wonach die Regierungen aktiv werden sollten gegen den Klimawandel,[5] erregte die Entdeckung eines „Ozonslochs" im Jahre 1985 erstmals internationales Aufsehen.[6] Als Ursache hierfür sah man überwiegend die Freisetzung von Chemikalien, wie dem Treibgas Flurchlorkohlenwasserstoff („FCKW"), an.[7]

Eine Reaktion auf diese Entdeckung erfolgte rasch. Die im März 1985 in Wien abgehaltene Konferenz zum Schutz der stratosphärischen Ozonschicht führte am 22. März 1985 zur Unterzeichnung des Wiener Übereinkommens zum Schutz der Ozonschicht[8] („Wiener Übereinkommen") durch 21 Teilnehmerstaaten, unter

---

4 Hierzu zählen Methan (CH_4), Distickstoffoxid (N_2O), teilhalogenierte Fluorkohlenwasserstoffe (H-FKW/HFC), perfluorierte Kohlenwasserstoffe (FKW/PFC) sowie Schwefelhexalfluorid (SF_6), vgl. Anlage A des Kyoto-Protokolls; vgl. ferner *Oberthür/Ott*, S. 31.

5 *Schröder*, S. 14; vgl. zur Weltklimakonferenz ferner *Stutz*, S. 39.

6 *Schröder*, S. 18.

7 *Schröder*, S. 18 f.

8 Vienna Convention for the Protection of the Ozone Layer, 26 ILM (1987) S. 1529 ff.; für eine deutsche Übersetzung vgl. BGBl. 1988 II S. 901 ff.

ihnen auch Deutschland.[9] Ziel des Wiener Übereinkommens ist die Verpflichtung der Mitgliedstaaten zur kooperativen Forschung und Beobachtung der Auswirkungen menschlichen Verhaltens auf die Ozonschicht sowie der Auswirkungen einer Veränderung der Ozonschicht auf Mensch und Umwelt.[10] Auf einer noch zu konstituierenden Konferenz der Vertragsparteien sollten sodann Ergebnisse vorgetragen und Lösungen ausgearbeitet werden.[11]

Eine solche Konferenz fand im September 1987 in Montreal statt. Resultat der Konferenz war das Montrealer Protokoll über Stoffe, die zum Abbau der Ozonschicht führen („Montrealer Protokoll") vom 16. September 1987.[12] Ziel des Montrealer Protokolls, welches am 1. Januar 1989 in Kraft trat, war die Verpflichtung der Teilnehmer der Konferenz zur schrittweisen Reduzierung ihrer FCKW-Produktion.[13]

Das Montrealer Protokoll war das erste weltweit anwendbare Umweltschutzprotokoll. Bis heute haben insgesamt 197 Staaten sowohl das Wiener Übereinkommen als auch das Montrealer Protokoll – teilweise in abgeänderter Form[14] – ratifiziert.[15]

II. Resolutionen der Generalversammlung der Vereinten Nationen

Im Fortgang an die nun gewonnene internationale Aufmerksamkeit beschäftigte sich die Generalversammlung der Vereinten Nationen (United Nations General Assembly; „UNGA") mit dem Thema des durch den Menschen verursachten Klimawandels.

---

9 Die Deutsche Demokratische Republik trat dem Übereinkommen erst am 25.01.1989 bei, jedoch gilt seit der Wiedervereinigung das Beitrittsdatum der Bundesrepublik; vgl. Status der einzelnen Ratifikationen, abrufbar unter http://ozone.unep.org/Ratification_status/ (Abrufdatum: 25.04.2013).

10 Art. 2 des Wiener Übereinkommens; zum Wiener Übereinkommen vgl. ausführlich *Schuppert*, S. 23 ff.

11 Art. 6 des Wiener Übereinkommens.

12 Montreal Protocol on Substances that Deplete the Ozone Layer, 26 ILM (1987), S. 1550 ff.; für eine deutsche Übersetzung vgl. BGBl. 1988 II S. 1014 ff.

13 Art. 2 des Montrealer Protokolls; vgl. *Schröder*, S. 18.

14 London Amendment (1990), 30 ILM (1991) S. 537 ff.; Copenhagen Amendment (1992), 32 ILM (1993), S. 874; sowie Montreal Amendment (1997) und Beijing Amendment (1999), abrufbar unter http://ozone.unep.org/Ratification_status/evolution_of_mp.shtml (Abrufdatum: 25.04.2013).

15 Stand: April 2013, vgl. http://ozone.unep.org/new_site/en/treaty_ratification_status.php (Abrufdatum: 25.04.2013).

Wegbereitend für weitere Diskussionen sowie Abkommen war die UNGA Resolution 43/53 vom 6. Dezember 1988.[16] In dieser Resolution forderte die Generalversammlung nicht nur – soweit noch nicht geschehen – zur Unterzeichnung des Wiener Übereinkommens sowie des Montrealer Protokolls auf, sondern wies auch auf die drohenden Gefahren für Mensch und Umwelt im Zusammenhang mit dem anthropogenen Treibhauseffekt hin. Die Generalversammlung unterstützte zudem das Vorgehen des Umweltprogramms der Vereinten Nationen (United Nations Environment Programme; „UNEP") und der Weltorganisation für Meteorologie (World Meteorological Organization; „WMO"), die im November 1988 den Weltklimarat (Intergovernmental Panel on Climate Change; „IPCC") gegründet hatten, um international koordinierte, wissenschaftliche Einschätzungen zu Auswirkungen des Klimawandels zu erarbeiten sowie diesbezügliche Lösungsstrategien zu formulieren.[17]

In Folge des ersten „*Assessment Reports*" des IPCC erließ die UNGA am 21. Dezember 1990 die Resolution 45/212.[18] Diese sah die Gründung eines sog. Intergovernmental Negotiating Committee („INC") vor, welches zur Vorbereitung der UN-Klimakonferenz in Rio de Janeiro im Jahre 1992 ein Rahmenübereinkommen zum Problemfeld „Klimawandel" ausarbeiten sollte.[19]

III. Rahmenübereinkommen der Vereinten Nationen, 1992

Ergebnis der Arbeit des INC war die Klimarahmenkonvention der Vereinten Nationen (United Nations Framework Convention on Climate Change; „UNFCCC").[20] Nach deren Verabschiedung am 9. Mai 1992 in New York City lag sie gemäß Art. 20 UNFCCC auf der UN-Konferenz für Umwelt und Entwicklung

---

16 Resolution 43/53 on the Protection of the Global Climate for Present and Future Generations of Mankind, abrufbar unter http://www.un.org/documents/ga/res/43/a43r053.htm (Abrufdatum: 25.04.2013).

17 *Oberthür/Ott*, S. 28; *Schütz*, S. 21.

18 Abrufbar unter http://www.un.org/documents/ga/res/45/a45r212.htm (Abrufdatum: 25.04.2013).

19 *Schröder*, S. 19.

20 *United Nations Framework Convention on Climate Change*, 31 ILM (1992), S. 851 ff.; vgl. für eine deutsche Übersetzung das „Gesetz zu dem Rahmenübereinkommen der Vereinten Nationen vom 9. Mai 1992 über Klimaänderungen vom 13. September 1993", BGBl. 1993 II S. 1783 ff.

in Rio de Janeiro im Juni 1992 sowie anschließend bis zum 19. Juni 1993 im Hauptquartier der Vereinten Nationen zur Unterzeichnung aus.[21] Sie trat gemäß Art. 23 UNFCCC am 21. März 1994 – 90 Tage nach der Ratifizierung durch den 50. Vertragspartner – in Kraft.[22] Da das Rahmenübereinkommen auch nach der Auslage zur Unterzeichnung weiterhin zum Beitritt offen stand und steht (vgl. Art. 22 UNFCCC), haben es bis heute 194 Staaten sowie die Europäische Union als Organisation der regionalen Wirtschaftsintegration (vgl. Art. 24 Kyoto-Protokoll) ratifiziert, darunter sämtliche Hauptverursacher von Treibhausgasemissionen, einschließlich den USA.[23]

Ziel der UNFCCC ist gemäß deren Art. 2 die Stabilisierung der Treibhausgaskonzentration in der Atmosphäre auf einem Niveau, auf dem eine gefährliche anthropogene Störung des Klimasystems verhindert wird.[24] Neben dieser allgemeinen Zielsetzung sowie zahlreichen weiteren Vorgaben enthält die UNFCCC Anhänge, in welchen die Vertragsstaaten des Übereinkommens aufgelistet sind, die konkrete Verpflichtungen eingegangen sind. So beinhaltet Anhang I der UNFCCC alle Vertragsstaaten des Übereinkommens, welche die Verpflichtung übernommen haben, ihre Treibhausgasemissionen zu reduzieren (sog. „Annex-I-Staaten“). Bei den Annex-I-Staaten handelt es sich um die OECD-Staaten aus dem Jahre 1992, mithin Industriestaaten, sowie mittel- und osteuropäische Transformationsländer, einschließlich der ehemaligen Sowjet-Republiken.[25] Anhang II der UNFCCC umfasst ausschließlich die OECD-Staaten aus dem Jahre 1992 (sog. „Annex-II-Staaten“). Die zusätzliche Verpflichtung der Annex-II-Staaten besteht in der finanziellen Unterstützung der Entwicklungsländer bei der Emissionsreduktion.[26] Ferner sollen sie den Transfer umweltfreundlicher Technologien in Entwicklungs- und Transformationsländer fördern.[27] Aus diesen Vorgaben der UNFCCC ergibt sich, dass Entwicklungsländer sowie Schwellenländer, die ebenfalls Vertragsstaaten des Übereinkommens sind (sog. „Nicht-Annex-I-Staaten“) zunächst keinerlei Verpflichtung trifft, ihre Emissionen zu reduzieren. Die UNFCCC

---

21 *Schröder*, S. 19.

22 *Haensgen*, S. 16; *Oberthür/Ott*, S. 63; *Pohlmann*, S. 33; *Schütz*, S. 21.

23 Stand: April 2013, vgl. Status of Ratification of the Convention, abrufbar unter http://unfccc.int/essential_background/convention/status_of_ratification/items/2631.php (Abrufdatum: 25.04.2013).

24 *Oberthür/Ott*, S. 64; *Schröder*, S. 20; *Schütz*, S. 21.

25 *Oberthür/Ott*, S. 65.

26 *Oberthür/Ott*, S. 66 f.

27 Vgl. Art. 4 UNFCCC.

folgt mithin dem Verursacherprinzip, wonach die Industrieländer bei der Emissionsreduktion die tragende Rolle einzunehmen haben.[28]

Die Bedeutung der UNFCCC kann nicht überschätzt werden. Sie bildete nicht nur die Grundlage für das wenige Jahre später ausgehandelte und verabschiedete Kyoto-Protokoll, sondern auch für mögliche künftige Abkommen mit dem Ziel, die Treibhausgaskonzentration in der Atmosphäre auf einem Niveau zu stabilisieren, auf dem eine gefährliche anthropogene Störung des Klimasystems verhindert wird.[29]

Das Verhältnis zwischen Übereinkommen und konkretisierendem Protokoll gleicht dabei dem zwischen Wiener Übereinkommen und Montrealer Protokoll. Während ersteres den Rahmen vorgibt, innerhalb dessen nach Lösungen gesucht und konkretisierende Abkommen ausgehandelt werden sollen, stellt letzteres das Ergebnis jener Vorgaben dar. So wird die UNFCCC als Rahmenübereinkommen für sämtliche künftigen Abkommen den Maßstab bilden, deren Ziel die Stabilisierung der Treibhausgaskonzentration und -emission auf ein ungefährliches Niveau ist. Das Wiener Übereinkommen hingegen dient ausschließlich dem Schutz der menschlichen Gesundheit und der Umwelt vor schädlichen Auswirkungen von Veränderungen der Ozonschicht.[30] Anders ausgedrückt dient die UNFCCC der Vermeidung eines stetig ansteigenden Treibhauseffektes, welcher das Klima auf der Erde wesentlich ändern könnte, während das Wiener Übereinkommen die Schutzschicht unserer Atmosphäre, konkret die Ozonschicht zum Schutz der Menschen und anderer Organismen vor ultravioletten Sonnenstrahlen, bewahren und eine Regeneration ermöglichen soll. Auch wenn sich beide Übereinkommen in der Sache mit dem Umweltschutz beschäftigen, so sind sie weder miteinander verbunden noch bauen sie aufeinander auf.

Dementsprechend befassen sich auch die konkretisierenden Protokolle mit gänzlich unterschiedlichen Gasen. Das Kyoto-Protokoll dient der Emissionsreduktion von Treibhausgasen wie CO_2 oder CH_4. Im Rahmen des Montrealer Protokolls, als Konkretisierung des Wiener Übereinkommens, verpflichten sich

---

28 Quelle: Bundesministerium für Umwelt, Naturschutz und Reaktorsicherheit („BMU"), Klimarahmenkonvention (KRK) - United Nations Framework Convention on Climate Change (UNFCCC), abrufbar unter http://www.bmu.de/klimaschutz/internationale_klimapolitik/klimarahmenkonvention/doc/44134.php (Abrufdatum: 25.04.2013); vgl. auch *Bail*, EuZW 1998, 457 f.

29 Vgl. Art. 2 UNFCCC; zur völkerrechtlichen Bedeutung der UNFCCC vgl. ausführlich *Stutz*, S. 45 f.

30 Vgl. Präambel des Wiener Übereinkommens, 26 ILM (1987) S. 1529 ff.; für eine deutsche Übersetzung vgl. BGBl. 1988 II S. 901 ff.; vgl. ferner *Oberthür/Ott*, S. 31.

die Vertragsparteien hingegen zu Reduktion von Produktion und Verbrauch ozonschichtschädlicher Stoffe wie FCKW.

IV. 1. Vertragsstaatenkonferenz, Berlin 1995 (COP-1) – Berliner Mandat

Gemäß Art. 7 Abs. 1 UNFCCC wurde die Konferenz der Vertragsparteien (Conference of the Parties, „COP") eingesetzt, welche nach Art. 7 Abs. 4 UNFCCC spätestens ein Jahr nach Inkrafttreten des Rahmenübereinkommens und anschließend jährlich tagen soll.[31] Die erste dieser Vertragsstaatenkonferenzen (sog. „COP-1") fand vom 28. März bis 7. April 1995 in Berlin statt.[32]

Auch wenn man sich zu diesem Zeitpunkt noch nicht auf konkrete Ziele und Fristen zur Reduzierung der Treibhausgasemissionen einigen konnte, so stellten die Vertragsparteien zumindest fest, dass die in der UNFCCC vorgegebenen Verpflichtungen, insbesondere die vorgegebenen Ziele für Annex-I-Staaten in Art. 4 Abs. 2 (a) und (b) UNFCCC nicht ausreichend seien.[33] Daher beschloss man im Rahmen des sog. Berliner Mandats für den Zeitraum nach dem Jahre 2000 (bis zu diesem Zeitpunkt galten die allgemeinen Vorgaben der UNFCCC), die Verpflichtungen der Annex-I-Staaten mittels eines Protokolls oder eines anderen rechtlich verbindlichen Instruments zu konkretisieren und zu verstärken.[34] Zur Bewerkstelligung dieses Vorhabens wurde umgehend eine *ad hoc*-Arbeitsgruppe (Ad Hoc Group on the Berlin Mandate) ins Leben gerufen mit dem Ziel, bis zur dritten Vertragsstaatenkonferenz in Kyoto im Jahre 1997 ein Protokoll oder ein anderes rechtlich verbindliches Instrument mit konkreten Emissionsreduktionszielen und -fristen auszuarbeiten.[35]

Neben diesem Hauptanliegen beschloss man auch die Durchführung einer Pilotphase, um erste Erfahrungen mit Emissionsreduktionsprojekten durch Annex-I-Staaten zu erlangen (sog. Activities Implemented Jointly).[36] Für die

---

31 *Oberthür/Ott*, S. 69.

32 *Oberthür/Ott*, S. 75; *Schröder*, S. 58; *Schütz*, S. 23.

33 Vgl. Beschluss 1/CP.1 (*Berlin Mandate*); dieser sowie sämtliche weiteren zitierten Beschlüsse sind abrufbar über die Datenbank der UNFCCC unter http://unfccc.int/documentation/decisions/items/3597.php (Abrufdatum: 25.04.2013); vgl. ferner *Haensgen*, S. 17; *Oberthür/Ott*, S. 75 ff., 80; *Schröder*, S. 60.

34 Beschluss 1/CP.1; vgl. zum Berliner Mandat ferner *Oberthür/Ott*, S. 79 f.; *Schröder*, S. 80; *Stutz*, S. 62 ff.

35 Beschluss 1/CP.1; vgl. ferner *Oberthür/Ott*, S. 80; *Schröder*, S. 60.

36 Beschluss 5/CP.1; vgl. ferner *Oberthür/Ott*, S. 80 f.; *Pohlmann*, S. 35; *Schröder*, S. 61.

erfolgreiche Durchführung dieser Projekte während der Pilotphase konnten die Annex-I-Staaten jedoch noch keinerlei „Credits“ erlangen, wie es später im Rahmen der Mechanismen des Kyoto-Protokolls möglich sein sollte.[37]

V. 3. Vertragsstaatenkonferenz, Kyoto 1997 (COP-3) – Kyoto-Protokoll

Der Durchbruch – nach der ohne nennenswerte Fortschritte verlaufenen 2. Vertragsstaatenkonferenz im Jahr 1996 in Genf[38] – gelang den Vertragsparteien auf ihrer dritten Konferenz in Kyoto im Jahr 1997.[39] Deren Resultat war die Verabschiedung des von der *ad hoc*-Arbeitsgruppe in seinen Grundzügen ausgearbeiteten Kyoto-Protokolls, welches am 11. Dezember 1997 verabschiedete wurde.[40] Das Kyoto-Protokoll, dessen deutscher Wortlaut nicht verbindlich ist,[41] trat am 16. Februar 2005 in Kraft.[42] Erforderlich für das Inkrafttreten war, dass 55 Staaten das Protokoll ratifizierten, unter denen Annex-I-Staaten sein mussten, auf die mindestens 55 % der gesamten CO_2-Emissionen im Jahr 1990 entfielen.[43] Ein Ziel, das aufgrund des Widerstandes der USA erst durch die Ratifikation Russlands im Jahr 2004 erreicht werden konnte.[44] Bis heute haben 191 Staaten

37 *Pohlmann*, S. 35; *Schröder*, S. 61.

38 Zur COP-2 vgl. *Oberthür/Ott*, S. 86 ff.; *Schröder*, S. 62 f.

39 Zum Ablauf der Verhandlungen ausführlich *Oberthür/Ott*, S. 128 ff.

40 *Kyoto Protocol to the United Nations Framework Convention on Climate Change*, 37 ILM (1998), S. 22 ff.; vgl. für eine deutsche Übersetzung das „Gesetz zum dem Protokoll von Kyoto vom 11. Dezember 1997 zum Rahmenübereinkommen der Vereinten Nationen über Klimaänderungen (Kyoto-Protokoll) vom 27. April 2002“, BGBl. 2002 II S. 966 ff.; vgl. ferner *Schröder*, S. 63.

41 Vgl. Art. 28 Kyoto-Protokoll, wonach nur Ausfertigungen in den Amtssprachen der Vereinten Nationen, mithin in arabisch, chinesisch, englisch, französisch, russisch und spanisch gleichermaßen verbindlich sind. Im Fortgang dieser Ausarbeitung wird in Zitaten dennoch auf die deutsche Übersetzung des Protokolls verwiesen, sofern es nicht maßgeblich auf den verbindlichen Wortlaut ankommt.

42 Vgl. *Holtwisch*, S. 43; *Schütz*, S. 24.

43 Art. 25 Kyoto-Protokoll; vgl. ferner *Schröder*, S. 63.

44 Die USA hatten zwar, wie aus Annex B des Kyoto-Protokolls ersichtlich, das Protokoll zunächst unterzeichnet. Zur Ratifizierung kam es jedoch nicht. Grundlage für die Ablehnung der Ratifikation war die *Byrd-Hagel Resolution* vom 12. Juni 1997 welche vorsah, dass Klimaschutzabkommen nicht ratifiziert werden sollten, solange diese nicht auch eine Verpflichtung von Entwicklungsländern vorsahen. Zudem

sowie die EU als Organisation der regionalen Wirtschaftsintegration das Kyoto-Protokoll ratifiziert.[45]

Ziel und Vorgabe gemäß Art. 3 Kyoto-Protokoll ist, dass die Annex-I-Staaten der UNFCCC ihre Treibhausgasemissionen innerhalb der ersten Verpflichtungsperiode von 2008 bis 2012 um mindest 5 % senken, verglichen mit deren Emissionswerten aus dem Jahr 1990.[46] Damit gingen die Vertragsstaaten im Vergleich zur UNFCCC einen wesentlichen Schritt in Richtung konkreter Emissionsreduktion, indem sie erstmals quantifizierte Emissionsbegrenzungs- und Reduktionsverpflichtungen beschlossen.[47] Dieses Ziel trifft jedoch nur die Annex-I-Staaten der UNFCCC, die in Annex B des Kyoto-Protokolls („Annex-B-Staaten") aufgelistet sind und mithin das Kyoto-Protokoll ratifiziert haben. Aufgrund der Verknüpfung zwischen Annex-B-Staaten und Annex-I-Staaten treffen nur Industrieländer verbindliche Vorgaben.[48] Transformationsländer, das heißt Länder im Übergang zur Marktwirtschaft, können für ihre Reduktionsverpflichtungen ein anderes Basisjahr als 1990 bestimmen.[49] Zu beachten ist schließlich, wie sich aus Annex B des Kyoto-Protokolls ergibt, dass nicht jeden Annex-B-Staat die gleiche Reduktionsverpflichtung trifft.[50] Die Verpflichtungen sind vielmehr angepasst an die Leistungsfähigkeit des jeweiligen Staates.[51] So kommt es, dass Australien, Island und Norwegen ihre Treibhausgasemissionen verglichen zum Niveau von 1990 um 1–10 % steigern dürfen und Neuseeland, Russland sowie die Ukraine das Niveau von 1990 halten sollen, während etwa die Staaten der Europäischen Union zu einer Reduktion um 8 % verpflichtet sind.[52]

Neben dieser Zielsetzung, ist die Einführung der sog. Flexiblen Mechanismen (*Flexible Mechanisms* oder auch *Kyoto Mechanisms*) zentrales Element des

---

dürfe der US-Wirtschaft kein schwerwiegender Schaden drohen; *Byrd-Hagel Resolution*, abrufbar unter http://www.nationalcenter.org/KyotoSenate.html (Abrufdatum: 25.04.2013); vgl. zur Entwicklung in den USA ausführlich *Oberthür/Ott*, S. 105 ff.; *Schröder*, S. 34 ff.

45 Stand: April 2013, vgl. Status of Ratification of the Kyoto Protocol, abrufbar unter http://unfccc.int/kyoto_protocol/status_of_ratification/items/2613.php (Abrufdatum: 25.04.2013).

46 Art. 3 Kyoto-Protokoll; vgl. auch *Oberthür/Ott*, S. 135; *Schröder*, S. 64 f.

47 *Brown*, 21 Arb. Int'l, 361 (365); *Oberthür/Ott*, S. 135; *Schröder*, S. 64; *Schütz*, S. 25.

48 *Oberthür/Ott*, S. 135; *Schröder*, S. 64.

49 Art. 3 Abs. 5 Kyoto-Protokoll. Für abweichende Basisjahre haben sich Bulgarien (1989), Ungarn (Mittel aus den Jahren 1985 bis 1987), Polen (1988) und Rumänien (1989) entschieden; vgl. Beschluss 9/CP.2.

50 *Oberthür/Ott*, S. 135.

51 *Brown*, 21 Arb. Int'l, 361 (366).

52 Vgl. Annex B des Kyoto-Protokolls.

Kyoto-Protokolls.[53] Die Bezeichnung als Flexible Mechanismen resultiert daraus, dass den Annex-B-Staaten geographische Flexibilität bei der Umsetzung ihrer Reduktionsverpflichtungen eingeräumt wird.[54] Das Kyoto-Protokoll sieht drei Flexible Mechanismen[55] vor: *Joint Implementation* („JI"; Gemeinsame Umsetzung, vgl. Art. 6 Kyoto-Protokoll), *Clean Development Mechanism* („CDM"; Mechanismus für umweltverträgliche Entwicklung, vgl. Art. 12 Kyoto-Protokoll) und *Emission Trading* („ET"; Emissionsrechtehandel, vgl. Art. 17 Kyoto-Protokoll).[56]

VI. Weitere Entwicklung bis zum Inkrafttreten des Kyoto-Protokolls

Die weiteren Vertragsstaatenkonferenzen dienten hauptsächlich der Konkretisierung der Vorgaben des Kyoto-Protokolls, insbesondere der genauen Ausarbeitung der Funktionsweise der Flexiblen Mechanismen.

1. COP-4 – Buenos Aires Plan of Action

Auf der 4. Vertragsstaatenkonferenz (COP-4) in Buenos Aires im November 1998 verhandelte man über zahlreiche ungeklärte Aspekte des Kyoto-Protokolls.[57] Resultat der Konferenz war der „*Buenos Aires Plan of Action*"[58], in dem sich die Vertragsstaaten im Wesentlichen darauf einigten, bis zur 6. Vertragsstaatenkonferenz in Den Haag die Ausgestaltung des Kyoto-Protokolls abzuschließen.[59] Die Ausarbeitung sollte der Konkretisierung der Flexiblen Mechanismen dienen und das baldige Inkrafttreten des Kyoto-Protokolls ermöglichen.

---

53 *Schröder*, S. 68.

54 *Oberthür/Ott*, S. 136.

55 In älterer Literatur wird teilweise von vier Flexiblen Mechanismen gesprochen, vgl. *Schröder*, S. 68; vgl. ferner *Oberthür/Ott*, S. 136, die zwischen vier Flexibilitätsmechanismen, aber drei Kyoto-Mechanismen unterscheiden.

56 Darüber hinaus in älterer Literatur auch das sog. „*bubbling*" nach Art. 4 Kyoto-Protokoll, vgl. *Oberthür/Ott*, S. 136.

57 Vgl. ausführlich *Oberthür/Ott*, S. 365 ff.

58 Beschluss 1/CP.4; *Pohlmann*, S. 45.

59 Beschlüsse 1/CP.4, 7/CP.4.

2. COP-6

Die 6. Vertragsstaatenkonferenz (COP-6) in Den Haag im November 2000 verlief trotz des engagierten Vorhabens der vorangegangenen zwei Jahre erfolglos.[60] Die Vertragsstaaten konnten sich nicht darauf einigen, inwieweit natürliche Wälder oder andere Kohlenstoffdioxidsenken den reduktionsverpflichteten Staaten bei der Erfüllung ihrer eingegangenen Verpflichtungen dienlich sein durften und ob solche Senken in den CDM einbezogen werden sollten.[61] Des Weiteren herrschte Uneinigkeit darüber, ob und wenn ja, in welchem Umfang die Annex-I-Staaten ihre Reduktionsverpflichtungen im eigenen Land zu erbringen haben.[62] Aufgrund dieses erfolglosen Verlaufs vertagten die Vertragsstaaten die Konferenz auf Mitte 2001.[63]

3. COP-6/2

Diese „zweite" 6. Vertragsstaatenkonferenz (COP-6*bis* oder COP-6/2) fand im Juli 2001 in Bonn statt. Den Vertragsstaaten gelang eine Einigung hinsichtlich der Streitfragen der vergangenen Konferenz in Den Haag. Der Bonner Beschluss, der unter Enthaltung der USA, welche bereits im März 2001 vom Kyoto-Protokoll zurückgetreten waren,[64] zustande kam, war wegbereitend für die weitere Entwicklung der Flexiblen Mechanismen und sah eine weitreichende Anrechnung von Kohlenstoffdioxidsenken vor.[65] Hinsichtlich der Frage, inwieweit die Annex-I-Staaten ihre Verpflichtungen im eigenen Land zu erbringen haben, fand der Beschluss nur vage Formulierungen (*„use of the mechanisms shall be supplemental to domestic action, and that domestic action shall thus constitute a significant*

60 *Pohlmann*, S. 45.

61 Quelle: BMU, Vertragsstaatenkonferenzen im Rahmen der Klimarahmenkonvention, abrufbar unter http://www.bmu.de/uebrige-seiten/vertragsstaatenkonferenzen-im-rahmen-der-klimarahmenkonvention-1-10/ (Abrufdatum: 25.04.2013).

62 Quelle: BMU, Vertragsstaatenkonferenzen im Rahmen der Klimarahmenkonvention, abrufbar unter http://www.bmu.de/uebrige-seiten/vertragsstaatenkonferenzen-im-rahmen-der-klimarahmenkonvention-1-10/ (Abrufdatum: 25.04.2013).

63 Beschluss 1/CP.6.

64 *Byrd-Hagel Resolution*, abrufbar unter http://www.nationalcenter.org/KyotoSenate.html (Abrufdatum: 25.04.2013); vgl. zur Entwicklung in den USA ausführlich *Oberthür/Ott*, S. 105 ff.; *Schröder*, S. 34 ff.

65 Beschluss 5/CP.6 (*Bonn Agreements on the implementation of the Buenos Aires Plan of Action*); vgl. auch *Pohlmann*, S. 45.

element of the effort made by each Party“).[66] Ebenso wurde über Sanktionen bei Nichteinhaltung der Vorgaben des Kyoto-Protokolls verhandelt („*procedures and mechanisms relating to compliance*“).[67] Hierbei ging es jedoch ausschließlich um die Sanktion selbst. Zur rechtlichen Einordnung und Durchsetzung dieser Sanktionen ist dem Bonner Beschluss nichts zu entnehmen. Es wird lediglich die Möglichkeit eines Beschwerdeverfahrens erwähnt, in welchem sich der betroffene Vertragsstaat gegen die von der Durchsetzungsabteilung („*Enforcement Branch*“) im Rahmen eines Nichteinhaltungsverfahrens getroffenen Entscheidung zur Verhängung einer Sanktion wehren kann.[68]

4. COP-7 – Marrakesh Accords

Der Ausgang der 7. Vertragsstaatenkonferenz (COP-7) in Marrakesch im November 2001 war für viele Ratifikationen maßgeblich, so auch für die deutsche am 31. Mai 2002.[69] Die auf dieser Konferenz verabschiedeten „*Marrakesh Accords*“ bestehen aus 39 Beschlüssen, welche Lösungen für einen Großteil an noch ungeklärten Fragen lieferten.[70] Die *Marrakesh Accords* enthalten unter anderem detaillierte Regelungen über Funktionsweise und Ausgestaltung der Flexiblen Mechanismen,[71] der Anrechenbarkeit von Kohlenstoffdioxidsenken,[72] der Möglichkeit zur Erfüllungskontrolle[73] sowie Maßnahmen zur Förderung des Klimaschutzes in den Entwicklungsländern.[74] Detailfragen bezüglich des Kyoto-Protokolls und seiner Vorgaben wurden aufgrund dieser Beschlüsse weitestgehend geklärt und der Weg für das baldige Inkrafttreten des Protokolls geebnet.

66 Beschluss 5/CP.6.
67 Beschluss 5/CP.6.
68 Beschluss 5/CP.6.
69 Deutschland, wie auch andere Staaten, hatten das Kyoto-Protokoll zwar schon kurz nach dessen Verabschiedung symbolisch unterzeichnet; im Falle Deutschlands am 29. April 1998. Jedoch folgte die Ratifikation erst nach der endgültigen Ausarbeitung der Vorgaben des Protokolls; vgl. Status der Ratifikationen, abrufbar unter http://unfccc.int/kyoto_protocol/status_of_ratification/items/2613.php.
70 Beschlüsse 1/CP.7 bis 39/CP.7 (*Marrakesh Accords*); vgl. ferner *Pohlmann*, S. 46.
71 Beschlüsse 15/CP.7 bis 19/CP.7.
72 Beschluss 11/CP.7.
73 Beschlüsse 20/CP.7 bis 24/CP.7.
74 Beschlüsse 2/CP.7 bis 4/CP.7; Beschluss 3/CP.7 richtet sich an Länder im Übergang zur Marktwirtschaft („*countries with economies in transition*“); vgl. zu den Inhalten der *Marrakesh Accords* ausführlich *Stutz*, S. 99 ff.

Während das Kyoto-Protokoll das Konzept der Flexiblen Mechanismen im Prinzip nur vorstellte, finden sich in den *Marrakesh Accords* detaillierte Regelungen und Vorgaben.[75]

5. Weitere Vertragsstaatenkonferenzen

Die hierauf folgenden Konferenzen bis hin zur 10. Vertragsstaatenkonferenz hatten nur vereinzelt Auswirkungen auf das Kyoto-Protokoll. So ging es etwa um die nähere Ausgestaltung des CDM als auch um Aufforstungs- und Wiederaufforstungsprojekte in Entwicklungsländern.[76] Darüber hinaus beriet man über die Stärkung institutioneller und personeller Kapazitäten von Entwicklungsländern sowie den Technologietransfer.[77]

VII. Post-Kyoto-Prozess

Aufgrund des Ablaufs der ersten Verpflichtungsperiode des Kyoto-Protokolls im Jahre 2012,[78] stand bei den weiteren Verhandlungen der Vertragsstaaten die Frage im Vordergrund, ob und falls ja, in welcher konkreten Ausgestaltung es eine zweite Verpflichtungsperiode geben sollte. Daneben ging es bei den Vertragsstaatenkonferenzen, die ab Inkrafttreten des Kyoto-Protokolls zugleich die Tagungen der Vertragsstaaten des Kyoto-Protokolls waren (COP/CMP)[79], um die Weiterentwicklung der Flexiblen Mechanismen und die Frage der Einbeziehung der Entwicklungsländer.

1. COP-13/CMP-3 – Bali Action Plan

Eine der bedeutendsten Vertragsstaatenkonferenzen des Post-Kyoto-Prozesses war die 13. Vertragsstaatenkonferenz im Jahre 2007 in Bali (COP-13/CMP-3), deren Resultat der „*Bali Action Plan*" war.[80] In diesem verständigten sich die

---

75 *Brown*, 21 Arb. Int'l, 361 (368).

76 Beschlüsse 21/CP.8, 18/CP.9 und 19/CP.9.

77 Beschlüsse 2/CP.10, 3/CP.10 und 6/CP.10.

78 Vgl. Art. 3 Kyoto-Protokoll.

79 Die englische Fassung des Kyoto-Protokolls spricht von der „*Conference of the Parties serving as the Meeting of the Parties*", vgl. etwa Art. 18 Kyoto-Protokoll; Abkürzung hierfür ist COP/CMP.

80 Beschluss 1/CP.13.

Vertragsstaaten, bis zur 15. Vertragsstaatenkonferenz in Kopenhagen im Jahre 2009 rechtlich verbindliche Nachfolgereglungen zum Kyoto-Protokoll auszuarbeiten. Erstmals erklärten sich auch Entwicklungsländer dazu bereit, künftig „messbare, berichtspflichtige und überprüfbare“ Klimaschutzmaßnahmen zu ergreifen, bei denen ihnen die Industriestaaten finanzielle und technologische Unterstützung leisten sollen.[81]

2. COP-15/CMP-5 – Copenhagen Accord

Den mit dem Ziel der Ausarbeitung von Nachfolgeregelungen beauftragten Arbeitsgruppen[82] gelang es jedoch nicht, bis zur 15. Vertragsstaatenkonferenz einen konsensfähigen Entwurf eines Nachfolgeabkommens vorzustellen. Die Erwartungen, die man in die Kopenhagener Konferenz im Jahre 2009 steckte, wurden enttäuscht. Den ausgearbeiteten „*Copenhagen Accord*“ nahm die Vertragsstaatenkonferenz lediglich zur Kenntnis,[83] was bedeutet, dass es sich nicht um ein verbindliches Abkommen, sondern um eine politische Erklärung handelt, die als Grundlage für weitere Verhandlungen dient.[84] Zu den Kernpunkten des *Copenhagen Accord* zählt das 2-Grad-Celsius-Ziel, wonach das Ziel der Emissionsreduktionen sein soll, den globalen Temperaturanstieg auf unter 2 Grad Celsius gegenüber vorindustriellem Niveau zu begrenzen. Daneben sagten die Industriestaaten zu, ihre konkreten Emissionsminderungsziele bis zum Jahre 2020 an das UN-Klimasekretariat zu melden. Diesem Beschluss Folge leistend, notifizierte unter anderem die Europäische Union ihre Emissionsreduktionsziele und gab bekannt, dass sie ihre Gesamtemissionen um 20 % unter den Wert von 1990 reduzieren werde.[85]

---

81 Vgl. Beschluss 1/CP.13, unter 1. (b) (ii).

82 *Ad Hoc Working Group on Long-term Cooperative Action under the Convention* („AWG-LCA“) als Arbeitsgruppe der Vertragsstaaten des UNFCCC und *Ad Hoc Working Group on Further Commitments for Annex I Parties under the Kyoto Protocol* („AWG-KP“) als Arbeitsgruppe der Vertragsstaaten des Kyoto-Protokolls.

83 Beschluss 2/CP.15.

84 *Schütz*, S. 26.

85 Vgl. Pressemitteilung IP/10/97, abrufbar unter http://europa.eu/rapid/press-release_IP-10–97_en.htm (Abrufdatum: 25.04.2013). Die EU stellte sogar eine Reduzierung um 30 % in Aussicht, sofern andere Großemittenten ihren Teil der globalen Aufgaben ebenfalls übernehmen.

3. COP-16/CMP-6 – Cancún Agreement

Ein erfreulicheres Ende nahm dagegen die 16. Vertragsstaatenkonferenz (COP-16/ CMP-6) in Cancún Ende 2010. Zwar kam es nicht zur Verabschiedung eines konkreten Nachfolgeabkommens des Kyoto-Protokolls, jedoch gelang es den Vertragsstaaten, sich gegen den Widerstand Boliviens auf die Inhalte des „*Cancún Agreement*“ zu einigen.[86] In diesem bekannten sich die Vertragsstaaten der UNFCCC unter anderem erstmals verbindlich zum 2-Grad-Celsius-Ziel.[87] Die Annex-B-Staaten des Kyoto-Protokolls erkannten die Feststellungen des IPCC an, wonach eine Senkung der weltweiten Treibhausgasemissionen bis zum Jahre 2020 in Höhe von 25–40 % verglichen zum Jahre 1990 erforderlich ist.[88] Die freiwilligen Zusagen der Industriestaaten bzgl. ihrer Emissionsreduktionsziele im Rahmen des *Copenhagen Accord* wurden zur Kenntnis genommen und finden damit Eingang in einen verbindlichen Beschluss.[89]

4. COP-17/CMP-7

Der Optimismus nach der Konferenz von Cancún schwand jedoch zunehmend, je näher die 17. Vertragsstaatenkonferenz (COP-17/CMP-7) Ende des Jahres 2011 in Durban rückte. Auf ein rechtlich verbindliches Nachfolgeabkommen konnten sich die Vertragsstaaten bis zu diesem Zeitpunkt nicht einigen. Eine künftige Einigung schien ungewiss, da Vorschläge für verbindliche Abkommen in der Vergangenheit immer wieder scheiterten. So kündigte beispielsweise Japan an, einer zweiten Verpflichtungsperiode zu widersprechen, solange die Verpflichtungen des Kyoto-Protokolls nur 27 % der weltweiten Treibhausgasemissionen betreffen, da Länder wie die USA und China den Verpflichtungen des Protokolls nicht unterworfen sind.[90] Auch China, Indien und Südafrika

---

86 Beschluss 1/CP.16.

87 Ein noch ambitionierteres 1,5-Grad-Ziel wird zudem erwogen, sollte eine im Jahre 2015 vorzunehmen Überprüfung der Ziele und Fortschritte der Emissionsreduktionen ergeben, dass das angestrebte 2-Grad-Ziel nicht ausreichend sei, Quelle: FAZ.NET, Endspurt in Cancún – Viele Nationen unterstützen Klima-Kompromiss, abrufbar unter http://www.faz.net/themenarchiv/politik/vereinte-nationen/endspurt-in-cancun-viele-nationen-unterstuetzen-klima-kompromiss-1579818.html (Abrufdatum: 25.04.2013).

88 Beschluss 1/CMP.6.

89 Vgl. Beschlüsse 1/CP.16 und 1/CMP.6.

90 Quelle: Ministry of Foreign Affairs of Japan; Keynote Speech by State Secretary for Foreign Affairs Yutaka Banno at Clima Change Symposium, In Search of Better

fordern größere Anstrengungen der Industrieländer.[91] So schien bereits im Vorfeld zur COP-17/CMP-7 ein bruchloser Übergang zu einem potentiellen Nachfolgeabkommen sowie einer zweiten Verpflichtungsperiode unmöglich. Aufgrund des langen Ratifikationsprozesses sagten Fachleute wie der Verhandlungsführer der EU-Kommission, Herr Artur Runge-Metzger, voraus, es könne bis zum Jahre 2014 oder 2015 andauern, ehe man die wichtigsten Treibhausgasemittenten unter einen Hut bekomme.[92] Unter diesen negativen Vorzeichen war es nicht verwunderlich, dass zur Beginn der Konferenz in Durban sogar ein völliges Scheitern für möglich gehalten wurde.[93]

Umso überraschender war der Ausgang der um fast zwei Tage verlängerten COP-17/CMP-7 am Morgen des 11. Dezember 2011. Die Vertragsstaaten einigten sich neben der Einrichtung eines Weltklimafonds[94] auf ein alle Staaten der Erde einbeziehendes Klimaschutzabkommen, welches bis zum Jahre 2015 ausgearbeitet und beschlossen und ab dem Jahre 2020 in Kraft treten soll.[95] Streit herrschte jedoch bis zuletzt über die rechtliche Bindungswirkung dieses Folgeabkommens. Des Weiteren beschloss man die für die vorliegende Arbeit bedeutsame Verlängerung des Kyoto-Protokolls in Form einer zweiten Verpflichtungsperiode ab dem 1. Januar 2013, die bis Ende 2017 (alternativ bis Ende 2020) laufen soll.[96] Hinsichtlich einer zweiten Verpflichtungsperiode des Kyoto-Protokolls kündigten jedoch bisherige Signatarstaaten wie Russland, Japan und Kanada an, sich nicht mehr verpflichten zu lassen. Somit entfallen im Rahmen der zweiten Verpflichtungsperiode lediglich noch 15 % der weltweiten Treibhausgasemissionen auf die verbleibenden Signatarstaaten des Kyoto-Protokolls.[97]

Governance on Climate Change, vom 02.03.2011, abrufbar unter http://www.mofa.go.jp/announce/svm/state110302.html (Abrufdatum: 25.04.2013).

91 *Bünder*, FAZ, Nr. 131 vom 7. Juni 2011, S. 13.

92 *Bünder*, FAZ, Nr. 131 vom 7. Juni 2011, S. 13.

93 *Mihm*, FAZ, Nr. 277 vom 28. November 2011, S. 11.

94 Beschluss 3/CP.17.

95 Beschluss 1/CP.17, dort unter 4.

96 Beschluss 1/CMP.7, dort unter 1.; für eine Zusammenfassung der Ergebnisse der 17. Vertragsstaatenkonferenz vgl. *Mihm*, FAZ, Nr. 289 vom 12. Dezember 2011, S. 2; Spiegel Online, Uno-Konferenz – Durban-Gipfel beschließt Fahrplan zu neuem Klimavertrag, abrufbar unter http://www.spiegel.de/wissenschaft/natur/0,1518,802995,00.html; Sueddeutsche.de, Ergebnisse des Klima-Gipfels in Durban – Meilenstein oder Mogelpackung? abrufbar unter http://www.sueddeutsche.de/wissen/ergebnisse-des-klimagipfels-in-durban-meilenstein-oder-mogelpackung-1.1231504 (Abrufdatum jeweils: 25.04.2013).

97 *Mihm*, FAZ, Nr. 289 vom 12. Dezember 2011, S. 2.

Bereits zwei Tage nach Ende der Konferenz in Durban verkündete Kanada zudem seinen Ausstieg aus dem Kyoto-Protokoll noch vor Ablauf der ersten Verpflichtungsperiode.[98] Der Austritt Kanadas erfolgte am 15. Dezember 2011.[99] Gemäß Art. 27 Abs. 2 Kyoto-Protokoll wird er am 15. Dezember 2012 wirksam. Das Land begründet seinen Abschied vom Kyoto-Protokoll, welcher der erste überhaupt ist, damit, dass die größten Treibhausgasemittenten das Protokoll nicht ratifiziert hätten und eine Erfüllung der Kyoto-Verpflichtungen Kanadas nur mit unverhältnismäßig hohem finanziellen Aufwand (Kosten in Höhe von etwa 10 Mrd. Euro) noch möglich sei.[100] Sanktionen muss Kanada nicht fürchten. Das Kyoto-Protokoll bzw. die hierauf beruhenden Vereinbarungen der Vertragsstaaten sehen bei Nichteinhaltung lediglich strengere Auflagen im Rahmen einer zweiten Verpflichtungsperiode vor, was im Falle von Kanada jedoch ins Leere läuft, da das Land bereits angekündigt hat, sich auch künftig nicht im Rahmen des Kyoto-Protokolls verpflichten zu lassen.[101] Auch Art. 27 Kyoto-Protokoll sieht keinerlei Sanktionen vor. Die Vorschrift enthält lediglich Fristenregelungen, ab wann ein Vertragsstaat berechtigt ist, vom Protokoll zurückzutreten und ab wann ein solcher Rücktritt wirksam wird.[102]

5. COP-18/CMP-8

Umso näher die 18. Vertragsstaatenkonferenz (COP-18/CMP-8) in Doha Ende 2012 rückte, umso eher vertrübten sich abermals die Hoffnungen hinsichtlich der Verabschiedung eines verbindlichen Nachfolgeabkommens zum Kyoto-Protokoll.[103] Tatsächlich stand die Konferenz bis kurz vor ihrem Ende vor dem Scheitern, da in keinem der wesentlichen Verhandlungspunkte (Nachfolgeabkommen, Fortschreibung des Kyoto Protokolls, Finanzierung) ein Fortschritt oder Kompromiss erkennbar war.[104] Einigen konnten sich die Vertragsstaaten schließlich auf die Verlängerung des Kyoto-Protokolls im Rahmen einer zweiten Verpflichtungsperiode bis einschließlich des Jahres 2020.[105]

---

98 *Welter/Mihm*, FAZ, Nr. 291 vom 14. Dezember 2011, S. 11.

99 Vgl. *Despositary Notification*, abrufbar unter http://unfccc.int/files/kyoto_protocol/background/application/pdf/canada.pdf.pdf (Abrufdatum: 25.04.2013).

100 *Welter/Mihm*, FAZ, Nr. 291 vom 14. Dezember 2011, S. 11.

101 *Welter/Mihm*, FAZ, Nr. 291 vom 14. Dezember 2011, S. 11.

102 Vgl. Art. 27 Kyoto-Protokoll.

103 *Mihm*, FAZ, Nr. 275 vom 24. November 2012, S. 12.

104 *Mihm*, FAZ, Nr. 286 vom 7. Dezember 2012, S. 13.

105 Beschluss 1/CMP.8.

Zudem konnten einige osteuroäpische Staaten, insbesondere Polen und Russland, erreichen, dass ihre in der ersten Verfplichtungsperiode ungenutzten Emissionszertifikate in die zweite Verpflichtungsperiode übertragen werden.[106]

VIII. Ausblick

Die auf der 17. Vertragsstaatenkonferenz gefassten Beschlüsse wurden sowohl positiv also auch negativ interpretiert. Der damalige Umweltminister Norbert Röttgen sprach von einem „wegweisenden Erfolg für den Klimaschutz", während der ehemalige Bundespräsident Christian Wulff einen tragfähigen Nachfolger für das Kyoto-Protokoll nur in weiter Ferne sehen mochte.[107] Die südafrikanische Außenministerin Maite Nkoana-Mashabane äußerte, dass man in der von ihr geleiteten Konferenz „Geschichte geschrieben" habe.[108] Umweltschutzorganisationen dagegen stehen den Ergebnissen von Durban eher kritisch bis ablehnend gegenüber.[109] Vergleichbare Stimmen finden sich zum Ausgang der 18. Vertragsstaatenkonferenz in Doha.[110]

Tatsächlich sind die Ergebnisse aus Durban und Doha hinsichtlich eines alle Länder der Erde umspannenden Klimaschutzabkommens im Hinblick auf dessen Effektivität fraglich. Insbesondere müssen sich die Staaten noch darauf einigen, ob das künftige Abkommen rechtlich bindend sein wird. Die Beschlüsse aus Durban sehen diesbezüglich vor, ein „neues Protokoll, ein anderes Rechtsinstrument

---

106 Quelle: Zeit Online, Viel heiße Luft aus Doha, abrufbar unter http://www.zeit.de/wirtschaft/2012-12/doha-klimakonferenz-ergebnis (Abrufdatum: 25.04.2013).

107 Quelle: Spiegel Online, Uno-Konferenz – Wulff kritisiert Durban Ergebnisse, abrufbar unter http://www.spiegel.de/politik/deutschland/0,1518,803088,00.html (Abrufdatum: 25.04.2013).

108 Quelle: Reuters Deutschland, Zeitplan für neues Klimaabkommen in Durban beschlossen, abrufbar unter http://de.reuters.com/article/topNews/idDEBEE7BB00E20111212 (Abrufdatum: 25.04.2013).

109 Greenpeace bezeichnet die Beschlüsse als „Rückschlag", Quelle: Greenpeace, Rückschlag für den Klimaschutz in Durban, abrufbar unter http://www.presseportal.de/pm/6343/2163471/greenpeace-rueckschlag-fuer-den-klimaschutz-in-durban; dem WWF gehen die Ergebnisse nicht weit genug, Quelle: WWF, Klimagipfel Durban: Enttäuschendes Ergebnis, abrufbar unter http://www.wwf.de/klimakonferenz-mit-schwachem-ergebnis/ (Abrufdatum jeweils: 25.04.2013).

110 *Müller-Jung*, FAZ, Nr. 288 vom 10. Dezember 2012, S. 2.

oder ein vereinbartes Ergebnis mit Rechtskraft“ zu entwickeln.[111] Auf das von der EU und den Entwicklungsländern geforderte „rechtlich verbindliche Abkommen“ konnte man sich nicht einigen.[112] Insofern ist fraglich, ob man von einem Durchbruch sprechen kann oder lediglich ein Ergebnis erzielt hat, dass insbesondere den USA, China und Indien – den Hauptemittenten von Treibhausgasen, gemessen anhand der absoluten Treibhausgasemissionen weltweit[113] – in die Hände spielt und Schlupflöcher hinsichtlich der rechtlichen Bindungswirkung bietet. Dieser Thematik kann jedoch im Rahmen dieser Ausarbeitung, so spannend sie für die Weiterentwicklung eines effektiven Klimaschutzes ist, nicht weiter nachgegangen werden.

Zentral für das Thema dieser Arbeit war der Beschluss, das Kyoto-Protokoll ab dem Jahre 2013 in eine zweite Verpflichtungsperiode zu überführen. Offen ist, welche konkreten Reduktionsverpflichtungen die Industriestaaten in einer zweiten Verpflichtungsperiode eingehen werden. Den Vertragsstaaten wurde im Nachgang der COP-18/CMP-8 eine Frist eingeräumt, innerhalb derer sie ihre einzugehenden Reduktionsverpflichtungen für den Zeitraum der Jahre 2013–2020 festsetzen können.[114] Die Vorgabe lautete bisher, eine Reduktion der Treibhausgasemissionen um 25–40 % im Vergleich zum Jahr 1990 in Angriff zu nehmen.[115] Fest steht jedenfalls, dass das Kyoto-Protokoll und seine Flexiblen Mechanismen bis zum Ende des Jahres 2020 noch bestehen werden. Hieran ändert auch der Ausstieg Russlands, Kanadas und Japans nichts. Diese Ausstiege sind zwar von großer Bedeutung für die Effektivität des Kyoto-Protokolls hinsichtlich des globalen Klimaschutzes, die Thematik der vorliegenden Arbeit wird hiervon jedoch nicht berührt.

Aufgrund festgefahrener Verhandlungspositionen der Industrieländer einerseits sowie der Entwicklungs- und Schwellenländer andererseits bleibt derzeit völlig offen, ob es die Vertragsstaaten bis zum Jahre 2015 tatsächlich erreichen, ein konsensfähiges Nachfolgeabkommen zu entwerfen, welches sodann ab dem Jahre 2020 in Kraft treten könnte. Die vergangenen Vertragsstaatenkonferenzen haben jedenfalls gezeigt, dass im Vorfeld zum Scheitern verurteilte Vorhaben doch

---

111 Quelle: Reuters Deutschland, Zeitplan für neues Klimaabkommen in Durban beschlossen, abrufbar unter http://de.reuters.com/article/topNews/idDEBEE7BB00E20111212 (Abrufdatum: 25.04.2013).

112 *Mihm*, FAZ, Nr. 289 vom 12. Dezember 2011, S. 2.

113 Quelle: FAZ, Nr. 280 vom 1. Dezember 2011, S. 15 (unter Heranziehung von Angaben der International Energy Agency (IEA), des Intergovernmental Panel on Climate Change (IPCC) sowie des Potsdam-Instituts für Klimafolgenforschung (PIK) e.V.).

114 Vgl. Beschluss 1/CMP.8 (sog. *Doha Amendment*).

115 *Mihm*, FAZ, Nr. 289 vom 12. Dezember 2011, S. 2.

noch beschlossen werden, andererseits aber auch erhoffte Durchbrüche aufgrund unnachgiebiger Verhandlungen ausbleiben.

Neben dieser grundlegenden Problematik ist des Weiteren im Gespräch, neue Marktmechanismen sowie Minderungsmaßnahmen einzuführen.[116] Hierzu fehlt jedoch bislang eine detaillierte Ausarbeitung.

116 Quelle: Deutsche Emissionshandelsstelle, Neue Marktmechanismen & NAMAs (Stand: 25.06.2012), abrufbar unter http://www.dehst.de/DE/Klimaschutzprojekte/Projektmechanismen/CDM/CDM-ab-2013/CDM_ab_2013_node.html (Abrufdatum: 25.04.2013); vgl. auch Beschluss 1/CP.18, dort unter II. D. 2.

D. Die Flexiblen Mechanismen des Kyoto-Protokolls

Kernelement zur Erreichung der Vorgaben des Kyoto-Protokolls sind die bereits erwähnten Flexiblen Mechanismen. Diese eröffnen den Annex-B-Staaten die Möglichkeit, ihren Verpflichtungen durch Projekte in anderen Industriestaaten (im Falle von *Joint Implementation*) und in Entwicklungsländern (im Falle von *Clean Development Mechanism*) nachzukommen sowie durch Handel von Emissionsrechten die Vorgaben des Kyoto-Protokolls zu erfüllen.[117] Da sich die Emissionsreduktionen global auswirken ist es gleichgültig, in welchem Land die jeweilige Maßnahme vorgenommen wird.[118] So ermöglichen die Flexiblen Mechanismen die kosteneffiziente Durchführung von Großprojekten in Entwicklungsländern oder Osteuropa.[119] Dass die Möglichkeit der kostengünstigen Emissionsreduktion tatsächlich genutzt wird, zeigt die Verteilung der JI-Projekte. Von derzeit 756 JI-Projekten (sowohl *Track-1-* als auch *Track-2-JI*; ohne zurückgenommene oder abgelehnte Projekte) werden 183 Projekte in Russland, 315 Projekte in der Ukraine sowie weitere 208 Projekte in anderen Staaten Osteuropas durchgeführt.[120] CDM-Projekte finden zu rund 95 % in Lateinamerika sowie in der Region Asien-Pazifik statt.[121]

Zu beachten ist im Rahmen der projektbezogenen Flexiblen Mechanismen die Voraussetzung der „*Additionality*". Das bedeutet, die durch die Flexiblen Mechanismen erzielten Emissionsreduktionen müssen zusätzlich zu den sonstigen Klimaschutzanstrengungen des jeweiligen Staates erfolgen und die Reduktionen hätten ohne das konkrete Projekt nicht erreicht werden dürfen.[122]

---

117 *Oberthür/Ott*, S. 136.

118 *Bodansky*, 18 Yale J. Int'l L., 451 (520); *Ehrmann*, ZUR 2006, 410 (411).

119 *Netto/Barani Schmidt*, in: Legal Aspects of Implementing the Kyoto Protocol Mechanisms, S. 175; zur Kosteneffizienz allgemein auch *Holtwisch*, S. 52 f.; *Oberthür/Ott*, S. 136.

120 Quelle: UNEP Risø Centre, JI projects (Stand: 1. April 2013), abrufbar unter http://cdmpipeline.org/ji-projects.htm (Abrufdatum: 25.04.2013).

121 Quelle: UNEP Risø Centre, CDM projects by host region (Stand: 1. April 2013), abrufbar unter http://cdmpipeline.org/cdm-projects-region.htm (Abrufdatum: 25.04.2013).

122 So für CDM-Projekte ausdrücklich Art. 12 Abs. 5 c) Kyoto-Protokoll; vgl. ferner *Ehrmann*, ZUR 2006, 410 (411); *Pohlmann*, S. 143 ff.

I. Vorab: Emissionszertifikate – „Assigned Amount Units“

Da Emissionen bzw. deren Reduktionen nicht handelbar sind, erhält jeder Industriestaat Emissionszertifikate in Höhe seiner insgesamt zulässigen Emissionshöhe, zu der sich der jeweilige Staat im Rahmen der ersten Verpflichtungsperiode verpflichtet hat. Diese Emissionszertifikate, die sowohl gehandelt als auch in andere, gleichwertige *Credits* umgewandelt und ihrerseits gehandelt werden können, werden als *Assigned Amount Unit* („AAU“) bezeichnet und entsprechen jeweils einer Tonne Kohlenstoffdioxidäquivalent[123].[124] Falls ein Industriestaat einen Überschuss an AAUs besitzt, also weniger Emissionen ausstößt als gestattet, kann er die überschüssigen AAUs im Wege des Emissionshandels veräußern. Falls mehr Emissionen ausgestoßen werden, müssen AAUs hinzugekauft werden. Dieses System wird als „*Cap and Trade*“ bezeichnet.[125] Für die erfolgreiche Durchführung von JI- oder CDM-Projekten werden den Staaten *Credits* gutgeschrieben, die dem Wert der AAUs entsprechen. Hierauf wird in der nachfolgenden Darstellung der einzelnen Mechanismen noch näher eingegangen. Alle Einheiten des Kyoto-Protokolls, gleich ob AAU oder die noch zu besprechenden *Credits* aus JI- und CDM-Projekten, entsprechen alle einer Tonne Kohlenstoffdioxidäquivalent, dienen als Maßeinheit für die Erlaubnis zum Ausstoß von Treibhausgasen in der jeweiligen Menge über einen festgelegten Zeitraum und sind unter bestimmten Voraussetzungen übertragbar.[126]

123 Eine Tonne Kohlenstoffdioxidäquivalent entspricht einer metrischen Tonne Kohlenstoffdioxid (CO_2) oder einer Menge eines anderen in Anhang A des Kyoto-Protokolls aufgeführten Treibhausgases mit einem äquivalenten Erderwärmungspotential (*Global Warming Potential*; „GWP“). Da beispielsweise Methan (CH_4) auf einen Zeitraum von 100 Jahren 21mal treibhauseffektiver ist als Kohlenstoffdioxid (d.h. das GWP von Methan ist 21, das von Kohlenstoffdioxid ist 1), entsprechen bereits 47,62kg freigesetzten Methans einer Tonne Kohlenstoffdioxidäquivalent, bzw. 1 Tonne Methan entspricht 21 Tonnen Kohlenstoffdioxidäquivalent.

124 Vgl. Definition der AAUs in den Beschlüssen 3/CMP.1, Annex, A.1.(c) und 13/CMP.1, Annex, I.A.3; vgl. ferner *Pohlmann*, S. 47.

125 *Simonetti/de Witt Wijnen*, in: Legal Aspects of Carbon Trading, S. 157 (159).

126 *Wemaere/Streck*, in: Legal Aspects of Implementing the Kyoto Protocol Mechanisms, S. 35 f.

1. Nationale Register für Emissionszertifikate

Die jedem Industriestaat entsprechend seiner eingegangenen Verpflichtungen zugewiesenen AAUs, die alle mit einer einmaligen Seriennummer versehen sind, werden in nationalen Registern erfasst und gespeichert.[127] In Deutschland übernimmt diese Aufgabe die Deutsche Emissionshandelsstelle („DEHSt") im Umweltbundesamt.[128] Die DEHSt eröffnet und führt die deutschen Handelskonten und hat so die Kontrolle über sämtliche in Deutschland im Umlauf befindlichen Zertifikate; sie dient jedoch nicht als Handelsplattform zwischen Käufern und Verkäufern.[129] Sämtliche nationalen und internationalen Transaktionen durch die DEHSt zwischen den Händlerkonten müssen zusätzlich durch das Unionsregister (ehemals europäisches Zentralregister) (*European Transaction Log*, „EUTL") und das Zentralregister der Vereinten Nationen (*International Transaction Log*, „ITL") bestätigt werden.[130] Vergleichbare Register finden sich in sämtlichen Annex-B-Staaten, wie etwa das Schweizer Emissionshandelsregister.[131]

2. Der Lebenszyklus von Emissionszertifikaten am Beispiel Deutschlands

Zwecks Veranschaulichung und zum besseren Verständnis des Emissionshandelssystems soll nachfolgend am Beispiel Deutschlands dargestellt werden, welchen Lebenszyklus Emissionszertifikate durchlaufen, bis sie letztlich zur abschließenden

---

127 *Wemaere/Streck*, in: Legal Aspects of Implementing the Kyoto Protocol Mechanisms, S. 35 (36); zu Emissionsregistern ausführlich *Pohlmann*, S. 120 f.; innerhalb Europas werden die Handelskonten zentral im Unionsregister der Europäischen Kommission geführt, in dem jeder Mitgliedsstaat einen eigenen Bereich besitzt, Quelle: DEHSt, Grundlagen des Emissionshandels, abrufbar unter http://www.dehst.de/DE/Emissionshandel/Grundlagen/grundlagen_node.html (Abrufdatum: 25.04.2013).

128 Quelle: DEHSt, Unionsregister, abrufbar unter http://www.dehst.de/DE/Service/Unionsregister/Unionsregister_node.html (Abrufdatum: 25.04.2013).

129 Quelle: DEHSt, Funktionsweise des Handels, abrufbar unter http://www.dehst.de/DE/Emissionshandel/Grundlagen/grundlagen_node.html (Abrufdatum: 25.04.2013).

130 Quelle: DEHSt, Internationale Registerarchitektur und europäischer Emissionshandel, abrufbar unter http://www.dehst.de/DE/Service/Unionsregister/Aufbau/Aufbau_node.html (Abrufdatum: 25.04.2013); vgl. hierzu ausführlich *Hobley/Hawkes*, in: Legal Aspects of Implementing the Kyoto Protocol Mechanisms, S. 127 (136 ff.).

131 Quelle: Emissionshandelsregister der Schweizerischen Eidgenossenschaft, abrufbar unter https://www.national-registry.ch/ (Abrufdatum: 25.04.2013).

Beurteilung der Erfüllung der Vorgaben des Kyoto-Protokolls dienen und entweder in eine neue Verpflichtungsperiode übertragen werden oder erlöschen.[132]

Jeder Annex-B-Staat hat sich im Rahmen des Kyoto-Protokolls auf seine Reduktionsverpflichtungen festgelegt. Der sich hieraus nach dem Basisjahr 1990 für Deutschland ergebende *Assigned Amount* beträgt 4.868.096.694.[133] Das bedeutet, Deutschland erhält im Rahmen der ersten Verpflichtungsperiode für die Jahre 2008–2012 knapp 4,9 Mrd. Emissionszertifikate, jeweils entsprechend einer Tonne Kohlenstoffdioxidäquivalent.

Ein Teil dieser AAUs wird – vereinfacht ausgedrückt – in *European Allowances* („EUA“) umgewandelt, welche ausschließlich für den innereuropäischen Emissionshandel bestimmt sind. Diese EUAs sind einerseits handelbare Emissionsberechtigungen innerhalb der EU, bleiben aber gleichzeitig auch AAUs.[134] Neben der kostenlosen Verteilung eines Teiles der EUAs durch die DEHSt können reduktionsverpflichtete Anlagenbetreiber weitere EUAs käuflich erwerben bzw. ersteigern.[135] Die Konten der jeweiligen Unternehmen führt die DEHSt.

Die reduktionsverpflichteten Unternehmen müssen jährliche Berichte über ihren Emissionsausstoß vorlegen, die als Grundlage für die abzugebenden Emissionsberechtigungen dienen. Die Unternehmen buchen die ihren Emissionen entsprechende Menge an Zertifikaten zurück auf das Konto des Staates, auf dem sie von EUAs wieder in AAUs umgewandelt werden. Benötigt ein Unternehmen mehr Zertifikate als ihm zustehen, muss es weitere Zertifikate ankaufen oder durch Projekte erwerben. Die „benutzten“ AAUs[136] auf dem Konto des Staates überträgt

---

132 Vgl. zum Ganzen ausführlich DEHSt, Weitere Informationen zu den Emissionszertifikaten – Erläuterung der Zertifikatstypen und Lebenszyklus, abrufbar unter http://www.dehst.de/SharedDocs/Downloads/DE/Register/REG_Emissionszertifikate.html; vgl. ferner DEHSt, EU-Emissionsberechtigungen und Kyoto Einheiten, abrufbar unter http://www.dehst.de/DE/Service/Unionsregister/Berechtigungen_Kyoto-Zertifikate/Berechtigungen_Kyoto-Zertifikate_node.html (Abrufdatum jeweils: 25.04.2013).

133 Vgl. *Annual compilation and accounting report for Annex B Parties under the Kyoto Protocol*, Dokument FCCC/KP/CMP/2008/9/Rev.1, 27.11.2008, dort S. 9, abrufbar unter http://unfccc.int/resource/docs/2008/cmp4/eng/09r01.pdf (Abrufdatum: 25.04.2013).

134 *Pohlmann*, in: Legal Aspects of Carbon Trading, S. 337 (360).

135 Vertiefend *Pohlmann*, in: Legal Aspects of Carbon Trading, S. 337 (356 ff.).

136 Die AAUs sind als benutzt bezeichnet, da ihnen konkrete Emissionen entgegenstehen. Das abgebende Unternehmen hat Treibhausgase in Höhe der Menge der Zertifikate emittiert.

dieser auf sein Ausbuchungskonto, von dem aus keine weitere Transaktion mehr vorgenommen werden kann. Das Ausbuchungskonto dient zur abschließenden Beurteilung der Einhaltung der nach dem Kyoto-Protokoll eingegangenen Verpflichtung. Es muss mindestens so viele Zertifikate aufweisen, die der Menge der emittierten Treibhausgase entsprechen. Der jeweilige Annex-B-Staat erreicht sein Kyoto-Ziel jedoch auch dann, wenn er eine größere Menge an Treibhausgasen emittiert als ursprünglich angegeben. Er muss dann aber dafür sorgen, dass die überschießende Menge an Emissionen durch weitere, zuzukaufende Zertifikate in seinem Ausbuchungskonto gedeckt wird. Allein maßgeblich für die Einhaltung des Kyoto-Ziels ist mithin die ausreichende Menge an Zertifikaten auf dem Ausbuchungskonto des Annex-B-Staates.[137]

Sollte ein Staat am Ende der ersten Verpflichtungsperiode und nach Prüfung der Einhaltung der Kyoto-Vorgaben noch einen Vorrat an AAUs auf seinem Guthabenkonto aufweisen, werden diese in die nächste Verpflichtungsperiode überführt.[138]

II. Joint Implementation, Art. 6 Kyoto-Protokoll

Der Begriff *Joint Implementation* taucht in den Artikeln des Kyoto-Protokolls nicht auf. Jedoch schafft Art. 6 Kyoto-Protokoll die Basis für das, woraus sich nach mehrjährigen Verhandlungen der Mechanismus der *Joint Implementation* entwickelte.[139]

Durch den Mechanismus der *Joint Implementation* kann ein reduktionsverpflichteter Annex-I-Staat in einem anderen Annex-I-Staat ein Klimaschutzprojekt

137 Vgl. zu den voranstehenden Erläuterungen ausführlich DEHSt, Emissionshandel Nutzerhandbuch (Februar 2012), dort, abrufbar unter http://www.dehst.de/SharedDocs/Downloads/Archiv/Register/REG_Nutzerhandbuch.pdf?__blob=publicationFile sowie DEHSt, Weitere Informationen zu den Emissionszertifikaten – Erläuterung der Zertifikatstypen und Lebenszyklus, abrufbar unter http://www.dehst.de/SharedDocs/Downloads/DE/Register/REG_Emissionszertifikate.html (Abrufdatum jeweils: 25.04.2013).

138 Quelle: DEHSt, Emissionszertifikate – Aktualisierte Fassung mit den neuen EU-Berechtigungen ab 2012 (Stand: 28.09.2012), abrufbar unter http://www.dehst.de/SharedDocs/Downloads/DE/Register/REG_Emissionszertifikate.pdf?—blob=publicationFile (Abrufdatum: 25.04.2013).

139 *Oberthür/Ott*, S. 203.

durchführen oder finanzieren und hierfür Reduktionszertifikate in Höhe der durch das Projekt eingesparten Treibhausgasemissionen erlangen.[140]

1. Entwicklung

Die Idee der gemeinsamen Umsetzung von Emissionsreduktionsverpflichtungen findet sich bereits in der UNFCCC.[141] Darin fordert Art. 3 Abs. 3 UNFCCC kosteneffiziente Maßnahmen, um den globalen Effekt der Emissionsreduktion finanziell so günstig wie möglich zu halten und bietet mithin Flexibilität in der Erreichung dieses Ziels. Gleichermaßen sieht Art. 4 Abs. 2 (a) UNFCCC vor, dass die Vertragsparteien ihre Politiken und Maßnahmen zur Emissionsreduktion gemeinsam mit anderen Vertragsparteien durchführen bzw. diese bei deren Maßnahmen unterstützen können. Schließlich ermächtigt Art. 4 Abs. 2 (d) UNFCCC die Vertragsstaatenkonferenzen, Entscheidungen hinsichtlich der Kriterien der gemeinsamen Umsetzung zu treffen und diese auszuarbeiten.

Auf der Grundlage dieser Rahmenvorgaben beschlossen die Vertragsstaaten auf ihrer ersten Tagung (COP-1) die Einführung der sog. *Activities Implemented Jointly* („AIJ") zwischen Annex-I-Staaten.[142] Die AIJ bildeten das Pilotprojekt zur heutigen *Joint Implementation* mit dem maßgeblichen Unterschied, dass die Parteien, die an den AIJ teilnahmen, weder für die hieraus resultierenden Emissionsreduktionen „*Credits*" erhielten noch die erzielten Reduktionen ihren jeweiligen Reduktionsverpflichtungen gutschreiben durften.[143] Die Emissionsreduktionen dienten allein dem allgemeinen Ziel der globalen Emissionsreduktion der UNFCCC sowie der Erfüllung der Verpflichtungen der Annex-I-Staaten, die freiwillig an der AIJ teilnahmen.[144] Die aufgrund der AIJ erzielten Emissionsreduktionen mussten real, messbar sowie langfristig anhaltend sein und hätten nicht bereits ohne das konkrete Projekt erzielt werden dürfen.[145] Diese Kriterien, die als „Zusätzlichkeit" („*additionality*") bezeichnet werden, finden sich auch heute

140 Vgl. Art. 6 Kyoto-Protokoll; ferner *Oberthür/Ott*, S. 208.
141 Vgl. Art. 3 Abs. 3, 4 Abs. 2 (a), (d) UNFCCC; vgl. auch *Oberthür/Ott*, S. 204.
142 Beschluss 5/CP.1; vgl. zu den AIJ ferner *Brown*, 21 Arb. Int'l, 361 (364 f.); *Oberthür/Ott*, S. 80.
143 *Oberthür/Ott*, S. 205; *Schröder*, S. 69.
144 Vgl. Beschluss 5/CP.1.
145 Vgl. Beschluss 5/CP.1.

noch als zentrale Voraussetzungen in den projektbezogenen Flexiblen Mechanismen von JI und CDM.[146]

Bereits vor Abschluss der Pilotphase der AIJ kam das Thema der JI während der Verhandlungen zum Kyoto-Protokoll im Jahre 1997 auf den Tisch.[147] Uneinigkeit bestand zwischen den Vertragsparteien insbesondere hinsichtlich der Einbeziehung von Entwicklungsländern, die ihrerseits eine Beteiligung an der JI ablehnten.[148] Aufgrund dessen fokussierten sich die Verhandlungen auf die Ausarbeitung eines Mechanismus speziell für Entwicklungsländer, was schließlich zur Entstehung des CDM führte.[149] Das Erreichen der Einbeziehung der Entwicklungsländer in den Emissionsreduktionsprozess erleichterte die Einigung der Annex-I-Staaten zugunsten eines ähnlichen Mechanismus, der JI, unter Industriestaaten mit Reduktionsverpflichtungen.[150] Die Regelungen des Kyoto-Protokolls zur JI sind denen der AIJ nachempfunden und dienen aufgrund ihrer weiten Formulierung eher als Rahmenvorgabe denn als konkrete Ausgestaltung des Mechanismus.[151] Auf konkrete Vorgaben zur Durchführung der JI einigten sich die Vertragsparteien schließlich auf ihrer siebten Tagung (COP-7) im Rahmen der *Marrakesh Accords*.[152] Weitere Konkretisierungen beschlossen die Vertragsparteien des Kyoto-Protokolls auf ihrer Tagung in Montreal (COP-11/CMP-1).[153]

2. Funktionsweise

Der Mechanismus der JI ermöglicht es Annex-I-Staaten mit konkreten Emissionsreduktionsverpflichtungen nach Annex B des Kyoto-Protokolls, ihre Emissionsminderungen teilweise im Ausland zu erfüllen. Im Unterschied zum CDM kann bei der JI das Gastland des Klimaschutzprojektes nur ein anderer Annex-I-Staat

146 So in Art. 6 Abs. 1 b) und 12 Abs. 5 c) Kyoto-Protokoll; vgl. auch *Brown*, 21 Arb. Int'l, 361 (364 f.).

147 *Streck*, in: Legal Aspects of Implementing the Kyoto Protocol Mechanisms, S. 107 (109 f.).

148 *Oberthür/Ott*, S. 206; Schröder, S. 69; *Streck*, in: Legal Aspects of Implementing the Kyoto Protocol Mechanisms, S. 107 (110).

149 *Oberthür/Ott*, S. 207; *Streck*, in: Legal Aspects of Implementing the Kyoto Protocol Mechanisms, S. 107 (110).

150 *Streck*, in: Legal Aspects of Implementing the Kyoto Protocol Mechanisms, S. 107 (110).

151 Vgl. Art. 6 Kyoto-Protokoll.

152 Vgl. Beschluss 16/CP.7, Annex (*Guidelines for the implementation of Article 6 of the Kyoto Protocol*; „*JI Guidelines*“).

153 Vgl. *JI Guidelines* im Rahmen des Beschlusses 9/CMP.1.

sein.[154] Der Industriestaat, der das Projekt durchführt bzw. finanziert, kann die durch das Projekt tatsächlich erzielten Emissionsminderungen in Form von Emissionsminderungszertifikaten (*Emission Reduction Unit*, „ERU“) bzgl. seines eigenen Reduktionsziels anrechnen lassen.[155] Der Vorteil des Gaststaates des Projekts liegt darin, dass in seinem Hoheitsgebiet Treibhausgasemissionen durch das Projekt reduziert werden und er abstrakt betrachtet damit weniger Treibhausgase emittiert, als ihm durch seine eingegangene Verpflichtung zugestanden werden. Diesen Überschuss an Emissionszertifikaten können der Gaststaat oder das betroffene Unternehmen veräußern. Da es sich hierbei um Erträge des Projekts des Investors handelt, wird sich dieser die überschüssigen Zertifikate, welchen den erzielten Emissionsreduktionen entsprechen, veräußern und auf sein eigenes Reduktionsziel anrechnen lassen.

Mit der Genehmigung des Projekts durch den Gaststaat werden die den tatsächlich erzielten Emissionsminderungen entsprechenden AAUs des Gaststaates in gleichwertige ERUs umgewandelt und auf das Konto des Investitionsstaates bzw. des ausführenden, autorisierten Unternehmens gutgeschrieben, das von den zu Anfang dieses Abschnitts erläuterten nationalen Registern geführt wird.[156] Die Umwandlung der Zertifikate erfolgt nach dem „*Baseline and Credit*“ System.[157] Hiernach wird eine fiktive Basis an ausgestoßenen Emissionen berechnet, die ohne das Projekt bestehen würde („*business-as-usual scenario*“). Die Differenz zwischen dieser fiktiven Linie und den tatsächlich niedrigeren Emissionen wird durch den Gaststaat in ERUs umgewandelt und übertragen. Dies bedeutet jedoch auch, dass der Investor für fehlgeschlagene Projekte, bei denen die Emissionen nach Durchführung der JI nicht unter der fiktiven Basislinie liegen, keinerlei Zertifikate erhält.

Wie bereits angedeutet, sind nicht nur Staaten berechtigt, am Mechanismus der *Joint Implementation* teilzunehmen, sondern auch private Unternehmen, sofern sie hierfür autorisiert wurden.[158] Eine solche Autorisierung geschieht mittels eines „*Letter of Approval*“ („LoA“).[159] Wird das Projekt im Gaststaat durch Private ausgeführt, so benötigen diese einen LoA vom Gaststaat. Ist der Investor und

---

154 Vgl. Art. 6 Kyoto-Protokoll; ferner *Holtwisch*, S. 53; *Oberthür/Ott*, S. 208; *Schröder*, S. 69.

155 *Oberthür/Ott*, S. 208; *Pohlmann*, S. 47 f.; *Schröder*, S. 69.

156 *Haensgen*, S. 21; *Pohlmann*, S. 48; *Schütz*, S. 31; *Streck*, in: Legal Aspects of Implementing the Kyoto Protocol Mechanisms, S. 107 (109).

157 *Holtwisch*, S. 54; *Simonetti/de Witt Wijnen*, in: Legal Aspects of Carbon Trading, S. 157 (159).

158 Vgl. Art. 6 Abs. 3 Kyoto-Protokoll; ferner *Pohlmann*, S. 49; *Schröder*, S. 70.

159 *Simonetti*, 28 JENRL, 171 (176).

Empfänger der aus dem Projekt resultierenden ERUs ein Privater, so benötigt dieser ebenfalls einen LoA, jedoch von einem beliebigen Annex-I-Staat.[160] In Deutschland sind Anträge auf Ausstellung eines LoA an die DEHSt zu richten.[161]

3. Track-1-JI und Track-2-JI

Es ist zwischen zwei Arten der JI, „*Track-1-JI*" und „*Track-2-JI*", zu unterscheiden, denen beiden prinzipiell das gleiche System zugrunde liegt.[162] Der Unterschied zwischen den beiden Arten der JI liegt darin, wer Regeln und Vorgehensweise für das Projekt vorgibt und deren Einhaltung sowie die aus dem Projekt resultierenden Emissionsreduktionen kontrolliert. Im Rahmen der *Track-1-JI* liegen sowohl die Festlegung der einzuhaltenden Kriterien als auch die abschließende Kontrolle der Emissionsreduktion beim Gaststaat des Projekts.[163]

Dagegen unterliegt die *Track-2-JI* den Vorgaben und der Überwachung des hierfür ins Leben gerufenen *JI Supervisory Committee* („JISC").[164] Die Kontrolle der Planung und Durchführung des Projekts sowie der erzielten Emissionsreduktion übernimmt eine unabhängige internationale Prüforganisation (sog. *Accredited Independent Entity*; „AIE").[165] Grundlage sämtlicher Kontrollen bildet die von den Parteien vor Beginn des Projekts auszuarbeitende und zu veröffentlichende Projektdokumentation (*Project Design Document*; „PDD").[166] Die Einhaltung der

---

160 *Simonetti*, 28 JENRL, 171 (177); die *JI Guidelines* machen keine Vorgaben bzgl. des Staates, der den LoA für den ERU-Käufer ausstellt, wodurch der LoA auch von einem Staat ausgefertigt werden kann, mit dem das private Unternehmen in keiner Verbindung steht. Der ausstellende Staat ist jedoch verantwortlich für die Einhaltung der *JI Guidelines* durch das von ihm autorisierte private Unternehmen (Nr. 29 der *JI Guidelines*, Beschluss 9/CMP.1, Annex).

161 Quelle: DEHSt, Anforderungen zur Antragstellung nach dem Projekt-Mechanismen-Gesetz, abrufbar unter http://www.dehst.de/DE/Klimaschutzprojekte/Projektmechanismen/Antragstellung/antragstellung_node.html (Abrufdatum: 25.04.2013).

162 Vgl. ausführlich *Hoogzaad/Streck*, in: Legal Aspects of Carbon Trading, S. 176 (178 ff.).

163 *Holtwisch*, S. 54; *Hoogzaad/Streck*, in: Legal Aspects of Carbon Trading, S. 176 (178).

164 Vgl. Beschluss 10/CMP.1; ferner *Holtwisch*, S. 54; allgemein zum JISC *Schütz*, S. 31.

165 *Hoogzaad/Streck*, in: Legal Aspects of Carbon Trading, S. 176 (178); eine Liste der international zugelassenen Prüforganisationen ist abrufbar unter http://ji.unfccc.int/AIEs/List.html; hierunter fällt z.B. der TÜV-SÜD.

166 *Holtwisch*, S. 54.

PDD unterliegt zu jeder Zeit des Projekts der Kontrolle der AIE, deren Beschlüsse wiederum einer Nachprüfung durch das JISC unterzogen werden können.[167]

Beide Systeme haben Vor- und Nachteile. So wird eine *Track-1-JI* in Ermangelung der Zwischenschaltung des JISC sowie unabhängiger Dritter stets zügiger und kostengünstiger ablaufen, weshalb dieses System auch als *„fast track JI"* bezeichnet wird.[168] Die *Track-1-JI* bietet zwangsläufig auch ein größeres Maß an Flexibilität bei der Ausgestaltung der Rahmenvorgaben. Dagegen bietet *Track-2-JI* die Sicherheit eines feststehenden, für alle Staaten einheitlichen Regelwerks, wodurch es dem noch zu erläuternden CDM, dem ebenfalls ein dem JISC entsprechendes Komitee übergeordnet ist, ähnelt. Da die Ausarbeitung von Rahmenvorgaben für die Durchführung von JI-Projekten seitens der Annex-B-Staaten eher schleppend verlief, wird die *Track-2-JI* bislang von vielen Investoren bevorzugt.[169] Dies dürfte sich jedoch in Zukunft ändern. Mit Ausnahme von Kanada, Kroatien, Norwegen und Slowenien haben mittlerweile alle Annex-B-Staaten an Rahmenvorgaben gearbeitet und diese veröffentlicht.[170]

Die deutschen Rahmenbedingungen für *Track-1-JI* weisen im übrigen die Besonderheit auf, dass sie den Investor dem Prinzip der Gegenseitigkeit (Reziprozität) unterwerfen. Das bedeutet, das Projekt eines Investors in Deutschland ist nur gestattet, soweit im Heimatstaat des Investors JI-Projekte zu vergleichbaren Konditionen erlaubt sind.[171]

4. Voraussetzungen

Investitionsstaat und Gaststaat des JI-Projektes haben gleichermaßen eine Reihe an Voraussetzungen zu erfüllen, um das geplante Projekt durchzuführen und

---

167 Vgl. ausführlich zum Ganzen *Simonetti*, 28 JENRL, 171 (183 ff.).

168 *Hoogzaad/Streck*, in: Legal Aspects of Carbon Trading, S. 176 (180); *Pohlmann*, S. 49.

169 *Hoogzaad/Streck*, in: Legal Aspects of Carbon Trading, S. 176 (180).

170 Stand: April 2013; eine vollständige Liste sämtlicher Staaten und deren Rahmenvorgaben ist abrufbar unter http://ji.unfccc.int/JI_Parties/PartiesList.html (Abrufdatum: 25.04.2013).

171 Vgl. German Manual for JI Host Country Approval – Guidance for Applicants, Version 1.2, Stand: März 2009, S. 43 unter *„Reciprocity of JI rules with investor country"*, abrufbar unter http://www.dehst.de/SharedDocs/Downloads/EN/JI-CDM/JI-CDM_JI_Manual_host_country.html (Abrufdatum: 25.04.2013).

ERUs erwerben bzw. transferieren zu dürfen. Diese Vorgaben ergeben sich aus den *Marrakesh Accords*.[172] Demnach muss ein Land:

(1) Vertragsstaat des Kyoto-Protokolls sein, mithin das Kyoto-Protokoll ratifiziert haben;
(2) die Berechnung seines *Assigned Amount* vorliegen haben (AAUs nach Annex B des Kyoto-Protokolls);
(3) ein nationales System zur Abschätzung von Treibhausgasemissionen und deren Speicherung in Senken etabliert haben;
(4) ein computerbasiertes nationales Register eingerichtet haben;
(5) sein jährliches Emissionsinventar rechtzeitig eingereicht haben (jährliche Bestandsaufnahme und Dokumentation);
(6) zusätzliche Informationen (z.B. bzgl. Senken) über den *Assigned Amount* eingereicht haben.

Um ein JI-Projekt in einem anderen Annex-B-Staat durchführen zu dürfen, muss der Heimatstaat des Investors sämtliche dieser sechs Voraussetzungen erfüllen. Gaststaat des Projekts kann jeder Annex-B-Staat sein, der zumindest die Voraussetzungen (1), (2) und (4) einhält.[173] In diesem Fall steht jedoch nur die *Track-2-JI* zur Verfügung und das Projekt muss den Regelungen und Kontrollen des JISC unterworfen werden. Erfüllt jedoch auch der Gaststaat sämtliche der sechs Voraussetzungen, so kann das Projekt ohne internationale Überprüfung im Wege der *Track-1-JI* durchgeführt werden. Den Parteien steht es frei, sich trotz des Vorliegens der sechs Voraussetzungen beim Gaststaat, dennoch für die *Track-2-JI* zu entscheiden.[174]

5. Projektvertrag

Die rechtliche Absicherung des gesamten Projekts erfolgt durch einen Projektvertrag. Ein derartiger Vertrag, der eine Vielzahl an Parteien umfassen kann, legt

172 Vgl. Beschluss 16/CP.7, Annex, Nr. 21.

173 Vgl. *JI Guidelines*, Beschluss 9/CMP.1, Annex, Nr. 24.

174 Quelle: Deutsche Emissionshandelsstelle, Teilnahmekriterien zur Durchführung von JI-Projekten, abrufbar unter http://www.dehst.de/DE/Klimaschutzprojekte/Projektmechanismen/JI/ji_node.html (Abrufdatum: 25.04.2013); so erfüllt beispielsweise Russland die Voraussetzungen für eine Track-1-JI, führt jedoch nur Track-2-Projekte durch, vgl. *Quennet/Loktionov*, WiRO 2010, 177 (178); vgl. ferner *JI Guidelines*, Beschluss 9/CMP.1, Annex, Nr. 25.

sämtliche Verpflichtungen der Beteiligten fest und regelt insbesondere Transfer und Zahlung der generierten Zertifikate.[175] Zudem wird der Projektvertrag Vorgaben zum anwendbaren Recht und Streitbeilegungsregelungen beinhalten.[176] Sollten die Parteien beispielsweise eine schiedsverfahrensrechtliche Streitbeilegung wünschen, wäre eine entsprechende Schiedsvereinbarung in den Projektvertrag zu integrieren, sofern ein Mustervertrag einen derartigen Verweis nicht bereits enthält.

Die *International Emissions Trading Association* stellt diesbezüglich einen Mustervertrag zur Verfügung, das sog. *Emission Reduction Purchase Agreement* („ERPA").[177] Das ERPA gilt zwar ausdrücklich für CDM-Projekte, ist aber auch auf JI-Projekte anwendbar.[178]

III. Clean Development Mechanism, Art. 12 Kyoto-Protokoll

Der *Clean Development Mechanism*, der in Art. 12 Kyoto-Protokoll geregelt ist, ähnelt dem Mechanismus der JI mit dem grundsätzlichen Unterschied, dass CDM-Projekte nicht zwischen zwei reduktionsverpflichteten Industriestaaten, sondern zwischen einem Industriestaat und einem Entwicklungs- bzw. Schwellenland stattfinden.[179] Neben dem Anliegen der Industriestaaten, mit dem CDM-Projekt ihre Reduktionsverpflichtungen zu erfüllen, ist weiteres maßgebliches Ziel des Projekts, einen Beitrag zur nachhaltigen Entwicklung in Entwicklungs- und Schwellenländern zu erreichen und mithin zum Ziel der UNFCCC beizutragen.[180]

---

175 *Werksman/Baumert/Dubash*, Climate Notes, 1 (4).

176 *Werksman/Baumert/Dubash*, Climate Notes, 1 (4).

177 Mustervertrag abrufbar unter http://www.ieta.org/trading-documents (Abrufdatum: 25.04.2013).

178 Sowohl der Transfers von Zertifikaten aus CDM-Projekten als auch der Transfer von ERUs aus JI-Projekten unterliegt in der Regel einem ERPA, vgl. ausführlich zu sämtlichen Vertragsarten *Wilder/Fitz-Gerald*, in: Legal Aspects of Carbon Trading, S. 295 ff.

179 Vgl. Art. 12 Kyoto-Protokoll; *Oberthür/Ott*, S. 221 f.; *Pohlmann*, S. 42 f.

180 Vgl. Art. 12 Abs. 2, 3 Kyoto-Protokoll; ferner *Haensgen*, S. 72; *Holtwisch*, S. 56; *Netto/Barani Schmidt*, in: Legal Aspects of Implementing the Kyoto Protocol Mechanisms, S. 175; *Oberthür/Ott*, S. 221 f.; *Schütz*, S. 32.

1. Entwicklung

Wie bereits im Rahmen der Entwicklung des Mechanismus der JI erläutert, resultierte der des CDM aus der Diskussion zur JI und dem Anliegen, einen Mechanismus speziell für Entwicklungs- und Schwellenländer auszuarbeiten.[181] Ebenfalls parallel zur JI wurde der CDM im Rahmen der *Marrakesh Accords* mittels der darin vereinbarten „*Modalities and Procedures*" näher ausgestaltet.[182] Hiermit einhergehend wurde die Einsetzung eines „*CDM Executive Board*" („CDM-EB"), welches die Aufsicht über CDM Projekte übernimmt,[183] sowie der unverzügliche Start des Mechanismus beschlossen.[184] Eine weitere Konkretisierung des CDM erfolgte, wie auch beim JI, im Rahmen der COP-11/CMP-1 in Montreal im Jahre 2005.[185]

2. Funktionsweise

Im Rahmen des CDM führt ein Annex-I-Staat mit Emissionsreduktionsverpflichtungen nach Annex B des Kyoto-Protokolls ein Emissionsreduktionsprojekt in einem Nicht-Annex-I-Staat aus bzw. finanziert ein solches. Während das Entwicklungs- oder Schwellenland aus dem Technologietransfer profitiert, den das CDM-Projekt mit sich bringt, werden dem durchführenden bzw. finanzierenden Annex-I-Staat die aus dem Projekt resultierenden Emissionsminderungen als Minderungszertifikate (*Certified Emission Reduction*; „CER") gutgeschrieben.[186] Die aus dem Projekt erlangten CERs kann der Annex-I-Staat oder das durchführende Unternehmen auf seine eingegangenen Reduktionsverpflichtungen anrechnen.[187]

Ebenfalls parallel zu JI-Projekten wird zur Berechnung der konkret reduzierten Emissionen bei CDM-Projekten eine fiktive Basislinie anhand eines *Baseline and Credit* Szenarios erstellt.[188] Sowohl bei JI- als auch CDM-Projekten müssen

181 Zur Entwicklung ausführlich *Oberthür/Ott*, S. 217 ff.

182 *Modalities and procedures for a clean development mechanism as defined in Article 12 of the Kyoto Protocol* („*CDM Modalities and Procedures*"), Beschluss 17/CP.7, Annex.

183 *Holtwisch*, S. 57; *Pohlmann*, S. 44.

184 Vgl. Beschluss 17/CP.7, dort unter Nr. 1 und 3.

185 *CDM Modalities and Procedures*, Beschluss 3/CMP.1, Annex.

186 *Oberthür/Ott*, S. 222; *Pohlmann*, S. 42 f.; *Schröder*, S. 70.

187 *Oberthür/Ott*, S. 222; *Schröder*, S. 70.

188 *Pohlmann*, S. 124 f., 143 ff.; *Schütz*, S. 32 f.

die Emissionsreduktionen mithin zusätzlich zu denen auftreten, die ohnehin entstanden wären. Bei CDM-Projekten spielt dieser Aspekt jedoch eine besondere Rolle.[189] Denn anders als bei JI-Projekten, bei denen Emissionsrechte von einem Annex-I-Staat auf den anderen übertragen werden, findet eine solche Übertragung bei CDM-Projekten nicht statt.[190] Den Gaststaaten eines CDM-Projekts wurden keinerlei Emissionszertifikate übertragen, da sie als Entwicklungs- und Schwellenländer von vornherein keine Reduktionsverpflichtung trifft.[191] Die CERs, die dem Investitionsstaat bei einer erfolgreichen Durchführung des Projekts zugute kommen, werden also nicht von einem anderen Konto abgebucht, sondern werden erst geschaffen. Dies führt zu einer Vermehrung der global in Umlauf befindlichen Emissionsrechte.[192] Umso wichtiger ist es, dass den gutgeschriebenen CERs reale Emissionsminderungen gegenüberstehen.[193] CDM-Projekte bedürfen daher zwingend einer internationalen Überwachung, was bei JI-Projekten aufgrund der Übertragung bestehender Emissionsrechte nicht zwangsläufig der Fall ist.[194]

Wiederum parallel zu JI-Projekten beginnt auch das CDM-Projekt mit der Erarbeitung des PDD.[195] Das vom Projektentwickler anzufertigende PDD stellt im Grunde einen Genehmigungsantrag dar, der einer international zugelassene Prüforganisation (*Designated Operational Entity*; „DOE“) zur Überprüfung vorgelegt werden muss.[196] Nach anschließender Beteiligung der Öffentlichkeit (z.B. durch

189 *Michaelowa*, in: Legal Aspects of Carbon Trading, S. 248 ff.; *Voigt*, in: Legal Aspects of Carbon Trading, S. 272 (275).

190 *Oberthür/Ott*, S. 222.

191 *Oberthür/Ott*, S. 222.

192 Ausführlich zur ökologischen Zusätzlichkeit *Haensgen*, S. 79 ff.; allgemein *Oberthür/Ott*, S. 222.

193 Die tatsächliche Emissionsminderung ist natürlich auch wesentlicher Bestandteil eines JI-Projektes. Durch die Übertragung (und gerade nicht die Erschaffung) von Emissionsrechten von dem Konto eines Staates auf das Konto eines anderen, ist einem Überschuss an Emissionszertifikaten, denen keine Emissionsminderung gegenübersteht, vorgebeugt. Sollte es ihm Rahmen eines JI-Projektes nicht zu einer Emissionsreduktion gekommen sein, muss sich der übertragende Staat mit weiteren Emissionsrechten eindecken um seine Reduktionsverpflichtung einzuhalten. Eine solche Pflicht trifft ein Entwicklungs- oder Schwellenland, dessen Emissionen durch das Projekt tatsächlich nicht gemindert wurden, nicht; vgl. hierzu auch *Streck*, in: Legal Aspects of Implementing the Kyoto Protocol Mechanisms, S. 107 (111 ff.).

194 *Quennet/Loktionov*, WiRO 2010, 177 (178).

195 *Pohlmann*, S. 123.

196 *Ehrmann*, ZUR 2006, 410 (412); *Holtwisch*, S. 57; *Pohlmann*, S. 126; *Schütz*, S. 35, 57 f.; die DOEs im Rahmen von CDM-Projekten entsprechen den AIEs bei JI-Pro-

Hearings im Gastland und Veröffentlichungen im Internet) sowie der Plausibilitätsprüfung durch die DOE findet die Registrierungsphase mit der Prüfung, Anerkennung und Registrierung des Projektes durch das CDM-EB ihren Abschluss.[197] Die Realisierung des Projekts liegt sodann in den Händen der Projektentwickler. Diese müssen jährliche Berichte zu den durch das Projekt erzielten Emissionsminderungen erstellen, welche durch die DOE zertifiziert werden.[198] Bei erfolgreicher Zertifizierung erfolgt zu Ende des CDM-Projekts die Ausgabe der CERs durch das CDM-EB.[199]

3. Voraussetzungen

Während das Gastland des CDM-Projekts lediglich das Kyoto-Protokoll ratifiziert haben muss, sind vom Heimatstaat des Investors folgende Teilnahmekriterien zu erfüllen:[200]

(1) Ratifikation des Kyoto-Protokolls;
(2) Berechnung des *Assigned Amount* vorliegend (ergibt sich aus Annex B des Kyoto-Protokolls);
(3) Etablierung eines nationalen Systems zur Abschätzung von anthropogenen Treibhausgasemissionen und deren Speicherung durch Senken;
(4) Einrichtung eines computerbasierten nationalen Registers;
(5) Rechtzeitige Einreichung des jährlichen Emissionsinventars;
(6) Einreichung zusätzlicher Informationen über den *Assigned Amount*.

Die Voraussetzungen zur Teilnahme an CDM-Projekten für den Heimatstaat des Investors entsprechen mithin exakt denen der JI-Projekte.

Überdies ist, ebenfalls wie bei JI-Projekten, zur Durchführung des CDM-Projekts die vorherige Zustimmung des Gaststaates erforderlich, welche grundsätzlich durch einen LoA erfolgt.[201] Diese Zustimmung ist neben dem PDD und

---

jekten; so kann etwa der TÜV-SÜD sowohl DOE als auch AIE sein; eine Liste aller derzeit zur Verfügung stehenden DOEs ist abrufbar unter http://cdm.unfccc.int/DOE/list/index.html (Abrufdatum: 25.04.2013).

197 *Holtwisch*, S. 58; *Pohlmann*, S. 126 f.; *Schütz*, S. 58.

198 *Pohlmann*, S. 128 f.

199 *Holtwisch*, S. 58; *Pohlmann*, S. 129 ff.; *Schütz*, S. 59.

200 Vgl. Beschluss 17/CP.7, Annex, Nr. 31.

201 *Pohlmann*, S. 136; *Schütz*, S. 35, 57.

dessen Absegnung durch die DOE Voraussetzung für die Registrierung des Projekts durch das CDM-EB.[202] Steht auf Seiten des Investors ein Unternehmen, so benötigt auch dieses eine Genehmigung mittels eines LoAs von einem beliebigen Staat.[203] In Deutschland ist für die Ausstellung eines LoAs die DEHSt zuständig.[204]

4. Projektvertrag

Auch CDM-Projekten liegt in der Regel ein ERPA zugrunde, welcher die Rechte und Pflichten der am Projekt beteiligten Parteien regelt. Insofern wird auf die Ausführungen zum ERPA bei JI-Projekten verwiesen.

IV. Emissionshandel, Art. 17 Kyoto-Protokoll

Der Flexible Mechanismus des Emissionshandels nach Art. 17 Kyoto-Protokoll ermöglicht es Annex-I-Staaten mit Reduktionsverpflichtungen nach Annex B des Kyoto-Protokolls, zur Erfüllung ihrer eingegangenen Verpflichtungen, ergänzend zu den im eigenen Land ergriffenen Maßnahmen, Emissionsrechte untereinander zu handeln.[205]

1. Entwicklung

Das Konzept des Emissionshandels ist nicht neu. So wurde beispielsweise im *Clean Air Act* der USA aus dem Jahre 1963 im Rahmen mehrerer Gesetzesergänzungen bis hin zum Jahre 1990 der Handel mit Emissionsrechten angeregt.[206] In

---

202 Quelle: DEHSt, CDM-Projektzyklus, abrufbar unter http://www.dehst.de/DE/Klimaschutzprojekte/Projektmechanismen/CDM/Projektentwicklung/CDM-Projektzyklus.html?nn=2941798 (Abrufdatum: 25.04.2013).

203 So bereits schon im Rahmen von JI-Projekten; vgl. zum CDM-Projekt Beschluss 17/CP.7, Annex, Nr. 33.

204 Quelle: DEHSt, Anforderungen zur Antragstellung nach dem Projekt-Mechanismen-Gesetz, abrufbar unter http://www.dehst.de/DE/Klimaschutzprojekte/Projektmechanismen/Antragstellung/antragstellung_node.html (Abrufdatum: 25.04.2013).

205 Vgl. Art. 17 Kyoto-Protokoll.

206 Quelle: United States Environmental Protection Agency, The Clean Air Act Amendements of 1990, abrufbar unter http://epa.gov/oar/caa/caaa_overview.html (Abrufdatum: 25.04.2013).

der EU gab es zudem Bestrebungen, die aus Viehmist entstehenden Emissionen gering zu halten. Der Viehmist und die daraus resultierenden Emissionen sollten kontingentiert werden, indem Bauern nur eine gewisse Anzahl an Vieh halten durften. Wollten die Bauern ihren Viehbestand aufstocken, mussten sie anderen Bauern zusätzliche „Emissionsrechte" abkaufen.[207]

Dementsprechend ist es nicht überraschend, dass auch bei den Verhandlungen zum Kyoto-Protokoll der Gedanke des Emissionshandels aufgegriffen wurde. Wie schon bei den Mechanismen der JI und des CDM fand auch die Vorschrift des Art. 17 Kyoto-Protokoll zum Emissionshandel ihre weitere Ausgestaltung in den *Marrakesh Accords* sowie in den Beschlüssen der COP-11/CMP-1 in Montreal im Jahre 2005 (*Modalities, rules and guidelines for emissions trading under Article 17 of the Kyoto Protocol*; *„IET Modalities*").[208]

Die *IET Modalities* stellten zudem sprachliche Ungenauigkeiten des Art. 17 Kyoto-Protokoll richtig. So ist in Art. 17 Kyoto-Protokoll von *„trading*", also dem Handel von Emissionsrechten, die Rede. Gemeint ist hiermit allerdings nicht der Handel, sondern lediglich der Transfer, wie Beschluss 18/CP.7 klarstellt.[209] Während unter „Handel" der Kauf und Verkauf von Emissionsrechten zu verstehen ist, meint „Transfer" die Übertragung und Annahme der gehandelten Rechte. Zwar sind Handel und Transfer, wie im deutschen Recht, meist verbunden, jedoch muss nicht jeder Handel direkt zu einem Transfer führen, etwa in Drei-Parteien-Konstellationen, und ist daher abstrakt zu betrachten.[210] Da sich Art. 17 Kyoto-Protokoll allein mit der Übertragung der Emissionsrechte befasst, ist ein solcher Transfer nur in der Zeit der ersten Verpflichtungsperiode zwischen 2008 und 2012, bzw. während einer anschließenden Verpflichtungsperiode möglich, während der Handel jederzeit stattfinden kann.[211] Da Art. 17 Kyoto-Protokoll mithin keine Angaben zum Handel macht, kann jeder, egal ob Unterzeichner des Kyoto-Protokolls oder nicht, egal ob staatlich oder privat, Emissionsrechte handeln. So kam es dazu, dass bereits vor Inkrafttreten des Kyoto-Protokolls Emissionsrechte

---

207 So beispielsweise in den Niederlanden in den 90er Jahren, vgl. OECD, Multifunctionality in Agriculture: What Role for Private Initiatives? (2005), S. 99 ff., abrufbar unter www.oecd.org/dataoecd/63/20/40782982.pdf (Abrufdatum: 25.04.2013).

208 Beschlüsse 18/CP.7, Annex und 11/CMP.1, Annex.

209 Beschluss 18/CP.7, Annex, Nr. 2 (*„transfer and/or acquire*").

210 Vgl. zur Abgrenzung bei Art. 17 Kyoto-Protokoll *de Witt Wijnen*, in: Legal Aspects of Implementing the Kyoto Protocol Mechanisms, S. 403 (410).

211 *de Witt Wijnen*, in: Legal Aspects of Implementing the Kyoto Protocol Mechanisms, S. 403 (410).

unter dem Vorbehalt gehandelt wurden, dass das Protokoll und seine Vorgaben zu einem späteren Zeitpunkt tatsächlich in Kraft treten.[212] Führt ein Handel jedoch zu einem Transfer, kann dieser nur von den Parteien des Kyoto-Protokolls vollzogen werden.[213]

Des Weiteren stellen die *Marrakesh Accords* klar, dass auch Unternehmen autorisiert werden dürfen, am Emissionshandel teilzunehmen, was Art. 17 Kyoto-Protokoll, anders als bei JI und CDM, nicht ausdrücklich vorsah.[214]

2. Funktionsweise

Im Rahmen des Emissionshandels werden nicht die Emissionen selbst gehandelt. Vielmehr geht es um den Transfer der dem jeweiligen Annex-B-Staat zugewiesenen Emissionsrechte.[215]

Im Gegensatz zum *Baseline and Credit* System der projektbezogenen Flexiblen Mechanismen basiert der Emissionshandel auf einem *Cap and Trade* System.[216] Wie bereits zu Eingang dieses Abschnitts erwähnt, erhält jeder Annex-B-Staat Emissionsrechte, die der Höhe seiner eingegangenen Reduktionsverpflichtungen entsprechen. Dieser *Assigned Amount* stellt den *Cap*, also den Höchstwert seiner gestatteten Treibhausgasemissionen dar. Liegen die Emissionen des jeweiligen Staates bzw. Unternehmens über seinem *Assigned Amount*, muss er weitere Emissionsrechte hinzukaufen. Stößt er hingegen weniger Treibhausgase aus als gestattet, kann er seine überzähligen Emissionsrechte veräußern.[217] Die überschüssigen Zertifikate werden international meistbietend veräußert, wodurch ihr Preis letztlich durch Angebot und Nachfrage bestimmt wird.[218] Der Emissionshandel ist

---

212 *Brown*, 21 Arb. Int'l, 361 (370).

213 *de Witt Wijnen*, in: Legal Aspects of Implementing the Kyoto Protocol Mechanisms, S. 403 (410).

214 Beschluss 18/CP.7, Annex, Nr. 5.

215 *Schröder*, S. 70 Fn. 225; *Werksman*, 8 RECIEL, 251 (252).

216 Zur Erläuterung und Abgrenzung der beiden Systeme vgl. *Wemaere/Streck/Chagas*, in: Legal Aspects of Carbon Trading, S. 35 (41 f.).

217 *Oberthür/Ott*, S. 243; *Pohlmann*, S. 47; *Schröder*, S. 70; *Simonetti/de Witt Wijnen*, in: Legal Aspects of Carbon Trading, S. 157 (159).

218 Quelle: BMU, Kyoto-Mechanismen (Stand: Juli 2010), abrufbar unter http://www.bmu.de/klimaschutz/kyoto-mechanismen/doc/20217.php (Abrufdatum: 25.04.2013).

nicht begrenzt auf den Handel von AAUs, sondern ermöglicht dies für sämtliche Emissionsrechte, also auch ERUs, CERs und *Removal Units* (RMUs)[219].[220]

Der Transfer der Emissionsberechtigungen erfolgt über die nationalen Emissionshandelsregister, in Deutschland also über die DEHSt. Dem übertragenden Staat werden Emissionsberechtigungen von seinem Konto bei dem nationalen Register abgezogen, die der erwerbende Staat in gleicher Höhe auf seinem Konto gutgeschrieben erhält.[221] Jede dieser Transaktionen muss durch die ITL und auf europäischer Ebene zusätzlich durch die EUTL genehmigt werden.[222] Ist ein Unternehmen zum Emissionshandel autorisiert, benötigt es ein Konto bei dem nationalen Register des ihn ermächtigenden Annex-B-Staates.[223]

3. Voraussetzungen

Der Emissionshandel unterliegt grundsätzlich den gleichen Voraussetzungen wie die Teilnahme an JI- und CDM-Projekten. Annex-B-Staaten, die Emissionsrechte übertragen oder sich aneignen wollen, müssen die folgenden Voraussetzungen erfüllen:[224]

(1) Ratifikation des Kyoto-Protokolls;
(2) Berechnung des *Assigned Amount* vorliegend (ergibt sich aus Annex B des Kyoto-Protokolls);

---

219 RMUs sind Emissionsrechte, die aus der Minderung von Treibhausgasen durch Senken nach Art. 3 Abs. 3 Kyoto-Protokoll resultieren. Auf diese Emissionsrechte, die ebenfalls zur Erfüllung der Reduktionsverpflichtung dienen, wird im Rahmen dieser Ausarbeitung nicht weiter eingegangen.

220 Beschluss 18/CP.7, Annex, Nr. 1; vgl. ferner *Holtwisch*, S. 58 f.; *Oberthür/Ott*, S. 250; *Pohlmann*, S. 49; *Schütz*, S. 36; *Simonetti/de Witt Wijnen*, in: Legal Aspects of Carbon Trading, S. 157; zu beachten ist für die zweite Verpflichtungsperiode, dass ab dem Jahr 2013 innerhalb der EU nur noch solche CERs gehandelt werden dürfen, die aus einem sog. *Least Developed Country* stammen, Quelle: DEHSt, Clean Development Mechanism (CDM) ab 2013, abrufbar unter http://www.dehst.de/DE/Klimaschutzprojekte/Projektmechanismen/CDM/CDM-ab-2013/CDM_ab_2013_node.html (Abrufdatum: 25.04.2013).

221 *Simonetti/de Witt Wijnen*, in: Legal Aspects of Carbon Trading, S. 157 (162).

222 Vgl. hierzu ausführlich *Hobley/Hawkes*, in: Legal Aspects of Implementing the Kyoto Protocol Mechanisms, S. 127 (136 ff.).

223 *Simonetti/de Witt Wijnen*, in: Legal Aspects of Carbon Trading, S. 157 (162).

224 Vgl. Beschluss 18/CP.7, Annex, Nr. 2.

(3) Etablierung eines nationalen Systems zur Abschätzung von anthropogenen Treibhausgasemissionen und deren Speicherung durch Senken;
(4) Einrichtung eines computerbasierten nationalen Registers;
(5) Rechtzeitige Einreichung des jährlichen Emissionsinventars;
(6) Einreichung zusätzlicher Informationen über den *Assigned Amount*.

Die Voraussetzungen zum Emissionshandel erfüllen derzeit alle Annex-B-Staaten.[225]

Unternehmen können nur am Emissionshandel teilnehmen, sofern sie hierfür autorisiert wurden.[226] Da die *IET Modalities* keine Angaben zum Sitz oder Gründungsort des Unternehmens machen, kann ein Annex-B-Staat jedes Unternehmen, unabhängig von dessen Sitz oder Gründungsort, zum Emissionshandel ermächtigen, selbst wenn es aus einem Nicht-Annex-B-Staat stammt.[227] Der autorisierende Staat muss jedoch die oben genannten Voraussetzungen für den Handel mit Emissionsrechten erfüllen.[228]

Neben diesen allgemeinen Voraussetzungen ist weiterhin erforderlich, dass der am Emissionshandel teilnehmende Annex-B-Staat, seine sog. *Commitment Period Reserve* nicht bereits unterschritten hat bzw. diese Grenze nicht durch den auszuführenden Transfer unterschreiten wird.[229] Die *Commitment Period Reserve* ist in den *IET Modalities* definiert und schreibt zur Vermeidung eines Ausverkaufs der Emissionsrechte vor, dass jeder Annex-B-Staat eine Mindestreserve von 90 % seiner zugeteilten Emissionsrechte oder in Höhe des Fünffachen seines zuletzt festgestellten Emissionsausstoßes einbehalten muss.[230] Für Unternehmen, die am Emissionshandel teilnehmen kann dies zur Folge haben, dass sie trotz eines Überschusses an AAUs auf ihrem Konto den Transfer letztlich nicht durchführen können, da ansonsten der Staat, in dessen nationalem Register das Unternehmen sein

225 Stand: April 2013, Quelle: UNFCCC, Eligibility under Articles 6, 12 and 17, abrufbar unter http://unfccc.int/files/kyoto_mechanisms/compliance/enforcement_branch/application/pdf/eligibility_list_ltu_20121024_for_posting.pdf (Abrufdatum: 25.04.2013).
226 Beschluss 18/CP.7, Annex, Nr. 5.
227 *Simonetti/de Witt Wijnen*, in: Legal Aspects of Carbon Trading, S. 157 (161).
228 *Simonetti/de Witt Wijnen*, in: Legal Aspects of Carbon Trading, S. 157 (161).
229 *Holtwisch*, S. 60 f.; *de Witt Wijnen*, in: Legal Aspects of Implementing the Kyoto Protocol Mechanisms, S. 403 (413 f.).
230 Beschluss 18/CP.7, Annex, Nr. 6; für eine Beispielsrechnung zu dieser abstrakten Formulierung vgl. *de Witt Wijnen*, in: Legal Aspects of Implementing the Kyoto Protocol Mechanisms, S. 403 (413 f.).

Konto führt, seine *Commitment Period Reserve* unterschreiten würde. Um hieraus resultierende Rechtsstreitigkeiten zu vermeiden, sollten Käufer und Verkäufer im Vorfeld vereinbaren, dass eine solche Unmöglichkeit der Übertragung der veräußerten Emissionsrechte nicht dem Verkäufer zuzurechnen, sondern als höhere Gewalt zu qualifizieren ist, sog. *Force-Majeure*-Klausel.[231]

4. Handel mit „heißer Luft" – Green Investment Schemes

Der Handel mit überschüssigen Zertifikaten birgt das Risiko, dass nicht jede Emissionsminderung tatsächlich mit einer effektiven Klimaschutzpolitik in Verbindung steht. Insbesondere in mittel- und osteuropäischen Staaten wie etwa Russland und der Ukraine erlitt die Wirtschaft in den 90er Jahren eine Krise, die zu einem wirtschaftlichen Zusammenbruch und zu einem massiven Rückgang der Emissionen nach dem für die Reduktionsverpflichtung maßgeblichen Zeitpunkt im Jahre 1990 führte,[232] sodass diese Staaten derzeit etwa 30–40 % weniger Treibhausgase als im Jahre 1990 ausstoßen, ohne sich aktiv um eine Emissionsreduktion bemüht zu haben.[233] Dieser Überschuss an Emissionsrechten, die nicht aus Klimaschutzprojekten resultieren, wird als „heiße Luft" bzw. „*hot air*" bezeichnet.[234] Kaufen andere Annex-B-Staaten diese heiße Luft, um ihre Reduktionsverpflichtungen erfüllen zu können, hat tatsächlich keinerlei Emissionsminderung stattgefunden.

Zur Steigerung der Effektivität der Emissionsreduktion durch den Emissionshandel wurden daher die sog. *Green Investment Schemes* („GIS") eingeführt.[235] Bei den GIS handelt es sich um eine Art hybriden Mechanismus, der den

231 *de Witt Wijnen*, in: Legal Aspects of Implementing the Kyoto Protocol Mechanisms, S. 403 (414); die *International Emissions Trading Association* (IETA) stellt Musterverträge zum Emissionshandel zur Verfügung, die auch Formulierungen für eine *Force-Majeure*-Klausel enthalten, vgl. etwa *IETA Emissions Trading Master Agreement v3.0* (ETMA), abrufbar unter http://www.ieta.org/trading-documents (Abrufdatum: 25.04.2013).

232 *Oberthür/Ott*, S. 255; *Schröder*, S. 70.

233 Quelle: BMU, Kyoto Mechanismen (Stand: Juli 2010), abrufbar unter http://www.bmu.de/klimaschutz/kyoto-mechanismen/doc/20217.php (Abrufdatum: 25.04.2013); vgl. ferner *Quennet/Loktionov*, WiRO 2010, 177.

234 *Oberthür/Ott*, S. 255; *Schröder*, S. 70 f.; *Simonetti/de Witt Wijnen*, in: Legal Aspects of Carbon Trading, S. 157 (164); vgl. zum Handel mit heißer Luft ferner ausführlich *Stutz*, S. 297 f.

235 Hierzu ausführlich *Simonetti/de Witt Wijnen*, in: Legal Aspects of Carbon Trading, S. 157 (164 ff.).

herkömmlichen Emissionshandel mit der Verpflichtung des veräußernden Staates kombiniert, die aus dem Handel erhaltenen finanziellen Mittel in Klimaverbesserungsmaßnahmen im eigenen Land zu investieren.[236] Der erwerbende Staat finanziert mithin Klimaschutzprojekte im Verkäuferstaat. Das gleiche Prinzip ist auch für den Handel mit CERs und ERUs denkbar, die aus Projekten resultieren, deren ökologischer Nutzen fragwürdig erscheint.[237]

Verbindlich ist die Vereinbarung der GIS nicht. Es sind auch weiterhin Transaktionen möglich, ohne dass sich ein Klimaschutzprojekt im Verkäuferstaat anschließt. Dies resuliert daraus, dass zwar der Emissionshandel auf Art. 17 Kyoto-Protokoll sowie den *IET Modalities* basiert, jedoch für die Reinvestition des Veräußerungserlöses keine internationalen Vorgaben existieren.[238] Werden derartige Transaktionen nicht mit den GIS verbunden, erfüllt der erwerbende Staat oder das jeweilige Unternehmen seine Reduktionsverpflichtung aber lediglich mit „heißer Luft". Es obliegt daher dem jeweiligen Staat oder Unternehmen, entsprechende Regelungen für GIS-Geschäfte auszuarbeiten. Je nach Ausgestaltung der GIS unterliegt eine dementsprechende Transaktion entweder dem Völkerrecht oder als handelsrechtlicher Vertrag dem Internationalen Privatrecht.[239] Entscheiden sich die Staaten oder Unternehmen für die Ausgestaltung des GIS-Vertrages als handelsrechtlichen Vertrag, so steht den Parteien insbesondere die Wahl des anwendbaren Rechts sowie des zuständigen Gerichts bzw. die Wahl der Schiedsgerichtsbarkeit als Streitbeilegungsmechanismus offen.[240]

Die vom veräußernden Staat mit dem Verkaufserlös durchzuführenden Maßnahmen beinhalten entweder die Durchführung konkreter Emissionsreduktionsprojekte (*hard greening*) oder sonstiger ökologisch dienlicher Maßnahmen, wie etwa technologische Weiterentwicklung und ökologische Fortbildung (*soft greening*).[241] Da der erwerbende Staat die zusätzlichen Zertifikate noch innerhalb der Verpflichtungsperiode benötigt, der veräußernde Staat aber keinen Vorgaben unterliegt und das „*greening*" somit auch noch nach Ablauf einer Verpflichtungsperiode erfolgen könnte, trägt der Käufer das Risiko, dass er trotz eines

236 *Simonetti/de Witt Wijnen*, in: Legal Aspects of Carbon Trading, S. 157 (165).

237 *Simonetti/de Witt Wijnen*, in: Legal Aspects of Carbon Trading, S. 157 (165), Fn. 31 zum Handel mit CERs die aus Projekten zur Minderung der Emission des Treibhausgases HCF-23 (Fluoroform) resultieren.

238 *Simonetti/de Witt Wijnen*, in: Legal Aspects of Carbon Trading, S. 157 (165).

239 *Simonetti/de Witt Wijnen*, in: Legal Aspects of Carbon Trading, S. 157 (166).

240 *Simonetti/de Witt Wijnen*, in: Legal Aspects of Carbon Trading, S. 157 (166).

241 *Simonetti/de Witt Wijnen*, in: Legal Aspects of Carbon Trading, S. 157 (168).

GIS-Handels zum Ende der Verpflichtungsperiode seine Reduktionsziele nur mit Hilfe von „heißer Luft“ erreicht hat.[242]

Unabhängig davon, ob die Parteien die Durchführung der GIS nicht vereinbart haben oder ob das vereinbarte Klimaschutzprojekt erst nach Ende einer Verpflichtungsperiode durchgeführt wird, hat das Erreichen der Reduktionsverpflichtung mit Hilfe von „heißer Luft“ keine unmittelbaren wirtschaftlichen Auswirkungen. Wie später noch aufzuzeigen ist, sieht das Kyoto Protokoll lediglich Sanktionen für die Nichteinhaltung der Reduktionsverpflichtung insgesamt vor, trifft jedoch keine Aussage dazu, diese Verpflichtung nicht mit „heißer Luft“ erfüllen zu können. Die Einhaltung mit Hilfe von „heißer Luft“ zieht daher allenfalls Rufschäden nach sich. Ob sich hieraus mittelbar wirtschaftliche Folgen für den betroffenen Staat oder das Unternehmen ergeben, etwa dadurch, dass andere Parteien es ablehnen mit derartigen Staaten und Unternehmen in Zukunft Emissionsrechte zu handeln, erscheint unwahrscheinlich. Künftige Handelspartner könnten ihrerseits die Durchführung von GIS vereinbaren und somit eigene Rufschädigungen durch ein *greening* der Zertifikate vermeiden.

5. Anwendbares Recht

Mangels Vorgaben im Kyoto-Protokoll und in den *IET Modalities* stellt sich die Frage, welches Recht auf Handel und Transfer von Emissionsrechten anwendbar ist.

Da der Handel selbst, wie dargelegt, nicht den Regelungen des Kyoto-Protokolls unterliegt, können die Parteien das auf ihren Vertrag anwendbare Recht frei bestimmen.[243] Liegt keine Rechtswahl vor, so bestimmt sich das anwendbare Recht nach den Regeln des Internationalen Privatrechts.

Der Transfer der Emissionsrechte unterliegt dagegen sowohl den Regelungen des Kyoto-Protokolls als auch den *IET Modalities*. Ein Rechtsstreit zwischen den Vertragsparteien ist in einem solchen Fall jedoch nur schwer vorstellbar, da die einzige Aufgabe der Parteien darin liegt, den Transfer über ihr nationales Register zu veranlassen.[244] Denkbar wäre allenfalls eine Streitigkeit zwischen einem Unternehmen und dem Annex-B-Staat, von dem das Unternehmen eine Autorisierung

---

242 *Simonetti/de Witt Wijnen*, in: Legal Aspects of Carbon Trading, S. 157 (170 f.).

243 *de Witt Wijnen*, in: Legal Aspects of Implementing the Kyoto Protocol Mechanisms, S. 403 (414 f.).

244 *de Witt Wijnen*, in: Legal Aspects of Implementing the Kyoto Protocol Mechanisms, S. 403 (415).

zum Transfer von Emissionsrechten erlangen möchte. Ein solcher Fall würde höchstwahrscheinlich den nationalen Gesetzen des Annex-B-Staates unterfallen.[245]

V. „Burden Sharing" als Flexibler Mechanismus?

Art. 4 Kyoto-Protokoll gestattet den Annex-I-Staaten, ihre eingegangen Verpflichtungen gemeinsam zu erfüllen. In einem solchen Fall erreichen die zusammengeschlossenen Annex-I-Staaten ihre Verpflichtungen dann, wenn ihre addierten Emissionen die Summe der ihnen zugewiesenen Emissionsrechte nicht überschreiten.[246]

Die Bestimmung des Art. 4 Kyoto-Protokoll ist für die EU aufgrund des Bestehens von Gemeinschaftskompetenzen, des Binnenmarktes und einer differenzierten Lastenverteilung innerhalb der Gemeinschaft von zentraler Bedeutung.[247] Man spricht in diesem Zusammenhang auch von der „*EU bubble*".[248] Die damalige Europäische Gemeinschaft sowie die ursprünglichen 15 Mitgliedstaaten der EU unterzeichneten das Kyoto-Protokoll und gingen die Verpflichtung ein, ihre Treibhausgasemissionen gemeinsam um 8 % unter das Niveau von 1990 zu reduzieren.[249] Die Europäische Gemeinschaft und ihre 15 Mitgliedstaaten verständigten sich im sog. *Burden Sharing Agreement* auf die gemeinsame Erfüllung der eingegangenen Verpflichtungen und legten in dessen Anhang II ihre jeweiligen quantifizierten Verpflichtungen zur Emissionsbegrenzung und -verringerung fest.[250] Demnach hat sich beispielsweise Deutschland verpflichtet, seine Emissionen gemessen am Stand von 1990 um 21 % zu senken, während Spanien seine Emissionen im Vergleich zu 1990 um 15 % steigern darf. Der Beitritt zwölf weiterer Staaten zur EU seit dem Jahre 2004 lässt die eingegangenen Verpflichtungen der ursprünglich

---

245 *de Witt Wijnen*, in: Legal Aspects of Implementing the Kyoto Protocol Mechanisms, S. 403 (415).

246 Art. 4 Kyoto-Protokoll; so haben bei einem Zusammenschluss beispielsweise von zwei Staaten, die beide eine Reduktionsverpflichtung von 8 % eingegangen sind, beide Staaten ihre Verpflichtung erfüllt, wenn etwa Staat A nur 2 % seiner Emissionen reduziert hat, Staat B dafür aber seine Emissionen um 14 % reduzieren konnte.

247 *Bail*, EuZW 1998, 457 (461).

248 *Pohlmann*, in: Legal Aspects of Carbon Trading, S. 337; *Schröder*, S. 83.

249 Vgl. Annex B des Kyoto-Protokolls.

250 Vgl. Ratsentscheidung 2002/358/EG: Entscheidung des Rates vom 25. April 2002 über die Genehmigung des Protokolls von Kyoto zum Rahmenübereinkommen der Vereinten Nationen über Klimaänderungen im Namen der Europäischen Gemeinschaft sowie die gemeinsame Erfüllung der daraus erwachsenden Verpflichtungen, ABl. L 130 vom 15.05.2002, S. 1–3.

15 Mitgliedstaaten unberührt, was sich aus Art. 4 Abs. 4 Kyoto-Protokoll ergibt. Die neuen Mitgliedstaaten sind, bis auf Malta und Zypern, eigene Reduktionsverpflichtungen eingegangen.[251]

Ob diese Lastenverteilung, die Art. 4 Kyoto-Protokoll ermöglicht, einen Flexiblen Mechanismus darstellt, scheint indes fraglich. Vereinzelt wird die Möglichkeit der gemeinsamen Erfüllung als ein solcher Flexibler Mechanismus angesehen.[252] Demgegenüber wird die Lastenteilung in der neueren Literatur nicht mehr unter die Flexiblen Mechanismen subsumiert.[253] Letzteres verdient Zustimmung. Flexible Mechanismen dienen den Annex-I-Staaten zur Erfüllung eines Teils ihrer Reduktionsverpflichtungen. So können über die Projektmechanismen der JI und des CDM wie auch über den Emissionshandel zusätzliche Emissionszertifikate erworben oder überzählige Berechtigungen veräußert werden. Um einen solchen Austausch an Emissionsrechten durch Handel oder Emissionsminderungsprojekte geht es bei der gemeinsamen Erfüllung nach Art. 4 Kyoto-Protokoll indes nicht. Hier wird allein zu Beginn der Verpflichtungsperiode festgelegt, welches gemeinsame Ziel der Emissionsreduktion erreicht werden soll und wie die Lastenverteilung der Staaten untereinander für die Erreichung dieses Ziels ausfallen soll. Um ihre jeweiligen Ziele zu erreichen, können sich die Staaten sodann, unterstützend zu ihren eigenen Anstrengungen, der projektbezogenen Flexiblen Mechanismen sowie des Emissionshandels bedienen. Ein Austausch von Emissionsberechtigungen zur flexiblen Erreichung des Minderungsziels sieht Art. 4 Kyoto-Protokoll mithin nicht vor. Er gestattet lediglich eine unterschiedliche anfängliche Verteilung der Emissionsrechte zur Erreichung des gemeinsamen Ziels.

---

251 Zur aktuellen Übersicht der Reduktionsverpflichtungen jedes EU-Mitgliedstaates vgl. Übersicht bei *Pohlmann*, in: Legal Aspects of Carbon Trading, S. 337 (338); vgl. ferner Entscheidung 2006/944/EG: Entscheidung der Kommission vom 14. Dezember 2006 über die gemäß der Entscheidung 2002/358/EG des Rates erfolgende Festlegung der Emissionsmengen, die der Gemeinschaft und jedem ihrer Mitgliedstaaten im Rahmen des Kyoto-Protokolls zugeteilt werden (bekannt gegeben unter Aktenzeichen K(2006) 6468), ABl. L 358 vom 16.12.2006, S. 87–89.

252 Vgl. etwa *Bail*, EuZW 1998, 457 (461); *Oberthür/Ott*, S. 136, die zwischen vier Flexibilitätsmechanismen (einschließlich Art. 4 Kyoto-Protokoll) und drei Kyoto-Mechanismen unterteilen; *Schröder*, S. 68 f.

253 Vgl. Auflistung der Flexiblen Mechanismen bei *Freestone*, in: Legal Aspects of Carbon Trading, S. 3 (12 ff.); vgl. ferner *Holtwisch*, S. 52; *Pohlmann*, S. 46; *Schütz*, S. 31 ff.; vgl. auch BMU, Kyoto Mechanismen (Stand: Juli 2010), abrufbar unter http://www.bmu.de/klimaschutz/kyoto-mechanismen/doc/20217.php (Abrufdatum: 25.04.2013).

VI. Schutzprogramm für Wälder (REDD/REDD+)

Der Vollständigkeit halber sei an dieser Stelle noch das UN-Programm zur Reduktion von Emissionen aus Entwaldung und Schädigung von Wäldern (*Reducing Emissions from Deforestation and Degradation*; „REDD") erwähnt. Das REDD-Programm ist für den globalen Umweltschutz von immenser Bedeutung, da die Emissionen aus Entwaldung und Waldschädigung fast 20 % der anthropogenen Treibhausgasemissionen ausmachen.[254]

Seit der Klimakonferenz in Bali im Jahre 2007 wird über die Einbeziehung des REDD-Programms in den Post-Kyoto-Prozess und potentielle künftige Abkommen verhandelt.[255] Im Rahmen der Verhandlungen wurde das REDD-Programm um die Wiederaufforstung zerstörter Wälder erweitert („REDD+") und schließlich im Rahmen der Klimakonferenz in Cancún Ende 2010 endgültig in die weitere Ausarbeitung eines Post-2012-Abkommens mit einbezogen.[256]

Um einen Flexiblen Mechanismus handelt es sich bei REDD bzw. REDD+ indes nicht. Zwar wurde angedacht, den Waldschutz in den Emissionshandel in der Form zu integrieren, dass reduktionsverpflichtete Staaten und Unternehmen Zertifikate erwerben könnten, indem sie Waldflächen vor der Entwaldung oder Schädigung bewahren.[257] Hiergegen plädierten jedoch die EU-Staaten und setzten eine Lösung durch, wonach ein Fonds, dessen finanzielle Mittel durch Industriestaaten zur Verfügung gestellt werden sollen, die finanziellen Einbußen der vom „Verbot" der Entwaldung betroffenen Staaten auffangen soll.[258]

---

254 Quelle: The United Nations Collaborative Programme on Reducing Emissions from Deforestation and Forest Degradation in Developing Countries („UN-REDD") – About REDD+, abrufbar unter http://www.un-redd.org/AboutREDD/tabid/582/Default.aspx (Abrufdatum: 25.04.2013).

255 Vgl. Beschluss 2/CP.13.

256 Vgl. Beschluss 2/CP.15 (*Copenhagen Accord*), dort unter Nr. 6 und 8 sowie Beschluss 1/CP.16 (*Cancún Agreement*) dort unter III. C. und Anhänge I und II; siehe auch Mitteilung des UN-REDD, abrufbar unter http://www.un-redd.org/NewsCentre/COP16_Press_Release_en/tabid/6595/Default.aspx (Abrufdatum: 25.04.2013); vgl. ferner Weltbank, 2010 Annual Report: Carbon Finance for Sustainable Development, S. 83 f., abrufbar unter siteresources.worldbank.org/INTCARBONFINANCE/Resources/64897_World_Bank_web.pdf (Abrufdatum: 25.04.2013).

257 Quelle: Lexikon der Nachhaltigkeit, abrufbar unter http://www.nachhaltigkeit.info/artikel/un_klimakonferenz_in_cancun_mexiko_2010_1443.htm (Abrufdatum: 25.04.2013).

258 Quelle: Lexikon der Nachhaltigkeit, abrufbar unter http://www.nachhaltigkeit.info/artikel/un_klimakonferenz_in_cancun_mexiko_2010_1443.htm (Abrufdatum: 25.04.2013).

E. Konfliktpotential

Nachdem nun Entwicklung und Funktionsweise der Flexiblen Mechanismen des Kyoto-Protokolls in ihren Grundzügen dargestellt wurden, ist im Folgenden auf die möglichen Rechtsstreitigkeiten einzugehen, die sowohl das Kyoto-Protokoll selbst als auch die Flexiblen Mechanismen in sich bergen. Diese Aufarbeitung geschieht vor dem Hintergrund der sich hieran anschließenden Darstellung der möglichen Verfahrenswege zur Streitbeilegung, insbesondere des Schiedsverfahrens. In dem Kapitel zur Streitbeilegung sollen die aufzuzeigenden Konflikte dem jeweils für sie passenden Konfliktlösungsmechanismus zugeordnet werden, also z.B. dem Schiedsverfahren, dem staatlichen Verfahren vor den Zivil- oder Verwaltungsgerichten sowie den sonstigen Streitbeilegungsmöglichkeiten, etwa nach den Regelungen der UNFCCC und des Kyoto-Protokolls. Schließlich stellt sich die Frage, ob es in bestimmten Fallkonstellationen zu einer Rechtlosstellung einer Partei kommen kann.

Die möglichen Streitigkeiten lassen sich in solche unterteilen, die sich allein auf das Kyoto-Protokoll bzw. die UNFCCC beziehen sowie solche, die in Verbindung mit den Flexiblen Mechanismen auftreten können. Letztgenannte Streitigkeiten sind wiederum, unabhängig von der konkret streitigen Frage, in einer Vielzahl von Parteikonstellationen denkbar. So können Streitigkeiten nicht nur zwischen zwei Staaten, sondern auch zwischen Privaten sowie zwischen einem Staat auf der einen Seite und einem Privaten auf der anderen Seite entstehen. Die Staaten des möglichen Rechtsstreits müssen nicht zwangsläufig reduktionsverpflichtete Annex-B-Staaten sein. Dies ergibt sich bereits daraus, dass ansonsten beispielsweise in einem CDM-Projekt der Gaststaat, der kein Annex-B-Staat sein darf, faktisch rechtlos gestellt wäre. Schließlich sind auch Streitigkeiten zwischen einem Staat bzw. Privaten und einem Drittunternehmen wie der AIE (bei JI-Projekten) oder der DOE (bei CDM-Projekten) denkbar. Auch auf mögliche Konflikte mit den übergeordneten Exekutivorganen JISC und CDM-EB ist im Rahmen dieses Kapitels einzugehen. Übergreifend gilt es zudem, mögliche Streitigkeiten unter Beteiligung Dritter, wie etwa Treuhändern, herauszuarbeiten. Schließlich wird es auch darum gehen, das Konfliktpotential aufzuzeigen, welches aufgrund des Zusammentreffens von Vorgaben des Kyoto-Protokolls und Regelungen in internationalen Investitionsschutzabkommen entstehen kann.

Die Darstellung möglicher Streitigkeiten ist nicht als abschließend zu betrachten. Vielmehr sollen praxisnahe, wahrscheinliche oder bereits eingetretene

Beispiele aufgezeigt werden, in denen sich das Konfliktpotential realisieren könnte bzw. realisiert hat.

I. Streitigkeiten im Zusammenhang mit UNFCCC und Kyoto-Protokoll

Zunächst ist auf mögliche Streitigkeiten einzugehen, die im Zusammenhang mit dem Kyoto-Protokoll selbst bzw. der UNFCCC entstehen können.[259] Diese Streitigkeiten werden sich ausschließlich auf zwischenstaatlicher Ebene abspielen, da allein Staaten und nicht Private die Adressaten und Vertragsparteien sowohl des Kyoto-Protokolls als auch der UNFCCC sind.[260]

Eine große Vielfalt an möglichen Streitigkeiten wird es in diesem Bereich nicht geben. Denkbar sind lediglich Streitigkeiten über Auslegung und Interpretation des jeweiligen Vertragstextes sowie über die Einhaltung der Vorgaben des Kyoto-Protokolls, so zum Beispiel der durch einen Annex-B-Staat eingegangenen Verpflichtungen zur Emissionsreduktion.[261]

1. Auslegungs- und Interpretationsstreitigkeiten

Streitigkeiten sind, wie bereits angedeutet, bzgl. Auslegung und Interpretation von Vorgaben der UNFCCC sowie des Kyoto-Protokolls werden vor allem um die Auslegung uneindeutiger Begrifflichkeiten des jeweiligen Vertragstextes gehen.

Prominentes Beispiel für einen realen Konflikt hinsichtlich der Auslegung der UNFCCC war die Abstimmung zum *Cancún Agreement*. Die diesbezügliche Abschlussabstimmung Ende des Jahres 2010 stand unter dem massiven Protest Boliviens, das sich dem Entwurf für die Abschlusserklärung widersetzte. Die mexikanische Außenministerin Patricia Espinosa ließ die Bedenken Boliviens gegen die Erklärung zwar zu Protokoll nehmen, setzte sich aber über den Widerspruch

259 Vgl. ausführlich *Ratliff*, in: Legal Aspects of Implementing the Kyoto Protocol Mechanisms, S. 377 (379 ff.).

260 Vgl. etwa Art. 1 Nr. 6, 7 Kyoto-Protokoll i.V.m. Annex B des Kyoto-Protokolls sowie Annex I und II der UNFCCC.

261 *Brown*, 21 Arb. Int'l, 361 (370 f.); *Ratliff*, in: Legal Aspects of Implementing the Kyoto Protocol Mechanisms, S. 377 (379 ff.).

hinweg und erklärte den Entwurf letztlich für angenommen.[262] Unabhängig von der Begründetheit der Einwände Boliviens ist fraglich, ob das Veto Boliviens übergangenen werden durfte. Während der bolivianische Uno-Botschafter, Pablo Solón, dieses Vorgehen als „Anschlag auf die Regeln der Vereinten Nationen“ bezeichnete, die nur Entscheidungen im Konsens erlauben, entgegnete die mexikanische Außenministerin Espinosa, Konsens bedeute weder Einstimmigkeit noch, „dass eine einzelne Delegation allen anderen Delegationen ein Veto aufzwingen“ könne.[263]

Streit herrschte mithin über die Auslegung der Vorgabe, Entscheidungen im Konsens zu treffen, welche sowohl die UNFCCC als auch das Kyoto-Protokoll an verschiedenen Stellen vorsehen.[264] So laut der Widerstand Boliviens auch war, kam es nach Kenntnis des Verfassers diesbezüglich zu keinem gerichtlichen Verfahren. Es wäre ohnehin unklar gewesen, gegen wen Bolivien in diesem Fall hätte klagen wollen. Eine Klage vor dem Internationalen Gerichtshof in Den Haag wäre nur gegen einen anderen Staat,[265] nicht aber gegen die Vertragsstaatenkonferenz als solche möglich gewesen. Als zu verklagender Staat wäre allenfalls Mexiko in Betracht gekommen, da dessen Außenministerin sich dem Widerspruch Boliviens widersetzte und den Entwurf für angenommen erklärte. Letztlich dürfte der Widerspruch nur formal die Bedeutung haben, dass Bolivien das *Cancún Agreement* nicht für oder gegen sich gelten lassen muss. Da sich die Vertragsstaaten im Rahmen der COP-17/CMP-7 in Durban mittlerweile einstimmig auf die Ausarbeitung eines Nachfolgeabkommens einigten, erscheint der Widerspruch Boliviens ohnehin überholt.

2. Nichteinhaltung von Vorgaben des Kyoto-Protokolls

Bedeutender und in der Praxis häufiger vorkommend sind Konflikte im Zusammenhang mit der Nichteinhaltung eines Staates hinsichtlich der Vorgaben des

262 Quelle: Sueddeutsche.de, Weltklimakonferenz in Cancún – Klimagipfel erzielt erste Einigung (vom 11.12.2010), abrufbar unter http://www.sueddeutsche.de/politik/weltklimakonferenz-in-cancn-gipfel-steuert-auf-kompromiss-zu-bolivien-blockiert-1.1035027 (Abrufdatum: 25.04.2013).

263 Quelle: Spiegel Online, Gipfel von Cancún – Weltgemeinschaft beschließt Klima-Kompromiss (vom 11.12.2010), abrufbar unter http://www.spiegel.de/wissenschaft/natur/0,1518,734080,00.html (Abrufdatum: 25.04.2013).

264 Vgl. etwa Art. 7 Abs. 2 (k), 15 Abs. 3 UNFCCC sowie Art. 13 Abs. 5, 20 Abs. 3, 21 Abs. 4 Kyoto-Protokoll.

265 Quelle: International Court of Justice, How the Court works, abrufbar unter http://www.icj-cij.org/court/index.php?p1=1&p2=6 (Abrufdatum: 25.04.2013).

Kyoto-Protokolls. Die Befolgung der Vorgaben des Kyoto-Protokolls, gemeinhin als „Erfüllungskontrolle" oder „*Compliance*" bezeichnet,[266] umfasst nicht nur die Einhaltung der eingegangenen Reduktionsverpflichtungen des jeweiligen Annex-B-Staates, sondern sämtliche Vorgaben, die das Kyoto-Protokoll und seine darauf beruhenden Vereinbarungen aufstellen.[267] Unter den Oberbegriff der *Compliance* fallen somit beispielsweise Streitigkeiten über die Nichteinrichtung bzw. nicht ordnungsgemäße Einrichtung eines nationalen Registers,[268] die fehlende, mangelhafte oder nicht rechtzeitige Einreichung des jährlichen Emissionsinventars einschließlich zusätzlicher Informationen hinsichtlich des *Assigned Amount*[269] sowie die Unterschreitung der *Commitment Period Reserve*.[270]

---

266 Quelle: BMU, Klimakonferenz von Marrakesch: Kyoto-Protokoll kann in Kraft treten, dort S. 3, abrufbar unter http://www.bmu.de/files/pdfs/allgemein/application/pdf/cop7.pdf; vgl. ferner UNFCCC, Compliance under the Kyoto Protocol, abrufbar unter http://unfccc.int/kyoto_protocol/compliance/items/2875.php (Abrufdatum jeweils: 25.04.2013).

267 Einen Überblick über einige *Compliance*-Streitigkeiten gibt *Brown*, 1 J. Int'l Disp. Settlement, 447 (458 ff.).

268 So im Fall von Kanada, dessen Verfahren am 15. Juni 2008 eingestellt wurde, vgl. zusammenfassend *Informal information note by the secretariat: The compliance procedure with respect to Canada*, abrufbar unter http://unfccc.int/kyoto_protocol/compliance/enforcement_branch/items/5298.php (Abrufdatum: 25.04.2013).

269 So in einer Reihe von Anträgen gegen Annex-I-Staaten bzgl. einer etwaigen verspäteten Einreichung des jährlichen Emissionsinventars und zusätzlich Informationen bzgl. des *Assigned Amount*; Zusammenstellung aller Anträge und diesbezüglicher Stellungnahmen abrufbar unter http://unfccc.int/playground/items/5516.php (Abrufdatum: 25.04.2013). Lediglich im Falle von Lettland und Slowenien kam es zur Entscheidung, nicht weiter vorzugehen, da hinreichende Dokumente vorlägen. In allen anderen Fällen konnte mangels erforderlicher Mehrheit kein Beschluss gefasst werden, wodurch das Verfahren nicht weiter betrieben werden konnte.

270 So im Fall von Kroatien, vgl. zusammenfassend *Informal information note by the secretariat: The compliance procedure with respect to Croatia*, abrufbar unter http://unfccc.int/kyoto_protocol/compliance/enforcement_branch/items/5456.php (Abrufdatum: 25.04.2013). Dem Verfahren lag die Frage zugrunde, ob Kroatien ein höherer *Assigned Amount* zugestanden werden sollte, was zugleich zu einer Erhöhung der *Commitment Period Reserve* geführt hätte. Die Nichteinhaltung der Vorgaben des Kyoto-Protokolls wurde am 26. November 2009 festgestellt, womit Kroatien nicht mehr berechtigt war, an den Flexiblen Mechanismen teilzunehmen. Kroatien reichte hiergegen am 14. Januar 2010 Beschwerde ein. Die Sanktionen gegen Kroatien wurden am 8. Februar 2012 aufgehoben.

Am häufigsten vorkommend sind Streitigkeiten über die unzureichende Etablierung eines nationalen Systems zur Abschätzung der anthropogenen Treibhausgasemissionen. Ein solches System beinhaltet institutionelle, rechtliche und verfahrenstechnische Maßnahmen, welche die Emissionen des jeweiligen Staates sowohl abschätzen als auch die festgestellten Werte weiterleiten und archivieren.[271] Der erste Fall eines unzureichend etablierten nationalen Systems betraf Griechenland. In dem Verfahren wurde verbindlich festgestellt, dass Griechenland die Vorgaben des Kyoto-Protokolls nicht erfülle, was dazu führte, dass das Land nicht mehr an den Flexiblen Mechanismen teilnehmen durfte. Die Entscheidung wurde, nachdem Griechenland ausreichende Informationen zur Verfügung gestellt und ein hinreichendes System etabliert hatte, am 13. November 2008 aufgehoben, sodass Griechenland mittlerweile wieder vollumfänglich berechtigt ist, an den Flexiblen Mechanismen teilzunehmen.[272] Entsprechende Verfahren wurden zudem bis heute gegen Bulgarien, die Ukraine, Rumänien und Litauen initiiert. Die Sanktionen (Verbot der Teilnahme an den Flexiblen Mechanismen) gegen Bulgarien wurden am 4. Februar 2011 wieder aufgehoben.[273] Gleiches gilt für die Sanktionen gegen die Ukraine (Aufhebung am 9. März 2012) und Rumänien (Aufhebung am 13. Juli 2012).[274] Die Sanktionen gegen Litauen, dem es lediglich gestattet blieb, ERUs zu handeln, die aus JI-Projekten stammen, in denen es der Gaststaat war und welche im Rahmen der *Track-2-JI* verifiziert wurden, wurden am 24. Oktober 2010 aufgehoben.[275] Auch das nationale System der Slowakei wurde im August 2012 für

---

271 Vgl. Art. 5 Abs. 1 Kyoto-Protokoll sowie Beschluss 20/CP.7, Annex, II. A. (*Definition of national system*).

272 Vgl. zusammenfassend *Informal information note by the secretariat: The compliance procedure with respect to Greece*, abrufbar unter http://unfccc.int/kyoto_protocol/compliance/enforcement_branch/items/5455.php (Abrufdatum: 25.04.2013).

273 Vgl. zusammenfassend *Informal information note by the secretariat: The compliance procedure with respect to Bulgaria*, abrufbar unter http://unfccc.int/kyoto_protocol/compliance/questions_of_implementation/items/5538.php (Abrufdatum: 25.04.2013).

274 Vgl. zusammenfassend für die Ukraine *Informal information note by the secretariat: The compliance procedure with respect to Ukraine*, abrufbar unter http://unfccc.int/kyoto_protocol/compliance/questions_of_implementation/items/6077.php; für Rumänien *Informal information note by the secretariat: The compliance procedure with respect to Romania*, abrufbar unter http://unfccc.int/kyoto_protocol/compliance/questions_of_implementation/items/6030.php (Abrufdatum jeweils: 25.04.2013).

275 Vgl. zusammenfassend *Informal information note by the secretariat: The compliance procedure with respect to Lithuania*, abrufbar unter http://unfccc.int/kyoto_protocol/compliance/questions_of_implementation/items/6195.php (Abrufdatum: 25.04.2013).

unzureichend befunden. Ebenso seien diverse geschätzte Treibhausgasemissionen nicht nachvollziehbar. Eine hierauf basierende Nichteinhaltung der Vorgaben des Kyoto-Protokolls wurde zwar festgestellt, Sanktionen in Form eines Verbotes der Teilnahme an Flexiblen Mechanismen verhängte man jedoch bislang nicht.[276]

Streitigkeiten bzgl. *Compliance* können, wie bereits erwähnt, auch aufgrund der Nichteinhaltung der Reduktionsverpflichtung eines Annex-B-Staates entstehen. Ob es zu solchen Streitigkeiten kommen wird, die bislang noch nicht bekannt sind, wird sich mit Ablauf der ersten Verpflichtungsperiode zeigen. Erst dann wird abschließend festgestellt werden können, ob die reduktionsverpflichteten Staaten ihren Vorgaben nachkommen konnten. Im Falle Kanadas wäre ein solches Verfahren zu erwarten gewesen, da es aufgrund starken wirtschaftlichen Wachstums trotz Ergreifung von Maßnahmen zur Emissionsreduktion seine Vorgaben nicht hätte einhalten können. Zu einem Nichteinhaltungsverfahren wird es jedoch nicht kommen, da Kanada bereits zwei Tage nach Ende der Konferenz in Durban im Jahre 2011 seinen Ausstieg aus dem Kyoto-Protokoll noch vor Ablauf der ersten Verpflichtungsperiode verkündete.[277] Mangels Sanktionsmöglichkeiten hat damit weder die Nichteinhaltung der Reduktionsvorgaben Kanadas noch dessen frühzeitiger Ausstieg irgendwelche Folgen.

II. Streitigkeiten im Zusammenhang mit den Flexiblen Mechanismen

Nachfolgend ist auf potentielle sowie tatsächlich entstandene Streitigkeiten einzugehen, die im Zusammenhang mit den Flexiblen Mechanismen des Kyoto-Protokolls stehen. Die folgende Darstellung untergliedert sich zunächst in Streitigkeiten, in denen auf einer Seite des Rechtsstreits eine staatliche Behörde, eine supranationale Organisation (etwa die übergeordneten Kontrollgremien JISC und CDM-EB sowie die Kommission der EU) oder eine internationale Prüforganisation stehen. Des Weiteren ist auf Streitigkeiten einzugehen, die ausschließlich zwischen den Projekt- bzw. Vertragsparteien entstehen können, also im Verhältnis Staat-Staat, Staat-Privat und Privat-Privat sowie Konflikte unter Beteiligung Dritter.

---

276 Vgl. zusammenfassend *Informal information note by the secretariat: The compliance procedure with respect to Slovakia*, abrufbar unter http://unfccc.int/kyoto_protocol/compliance/questions_of_implementation/items/6920.php (Abrufdatum: 25.04.2013).

277 *Welter/Mihm*, FAZ, Nr. 291 vom 14. Dezember 2011, S. 11.

1. Streitigkeiten unter Beteiligung von Behörden, Organisationen und Gremien

Da einige Streitigkeiten zwischen Projekt- und Vertragsparteien erst aus einem vorausgehenden Konflikt einer der Parteien mit einer nationalen Behörde, einem übergeordneten Gremium wie dem JISC oder einer Prüforganisation (DOE und AIE) entstehen können, ist zunächst auf Streitigkeiten mit den letztgenannten Stellen einzugehen.

a) Verteilung der Zertifikate

Schon im Vorfeld zum eigentlichen Projekt oder Emissionshandel kann es zu Streitigkeiten zwischen privaten Unternehmen einerseits und einer staatlichen Behörde oder eine supranationalen Organisation andererseits hinsichtlich der Verteilung der Emissionszertifikate kommen.[278] Konkret könnte es darum gehen, dass ein Anlagenbetreiber der Auffassung ist, eine verglichen mit seinen Emissionen zu geringe Anzahl an AAUs erhalten zu haben. Ebenso könnten sich Anlagenbetreiber durch die Verteilung der Zertifikate gegenüber Wettbewerbern wirtschaftlich benachteiligt fühlen und hierin eine verbotene staatliche Beihilfe erblicken.

In diesem Zusammenhang kam es in Deutschland im Jahre 2005 zu rund 800 Beschwerden gegen die DEHSt hinsichtlich des nationalen Zuteilungsplans.[279] Hierbei ging es allerdings nicht um die Verteilung von AAUs nach dem Kyoto-Protokoll. Die Streitigkeit spielte sich vielmehr im Rahmen der ersten Phase des Europäischen Emissionshandelssystems („EU ETS") ab und drehte sich um die Vergabe der dortigen EUAs. Dennoch sind solche Konflikte auch im Rahmen des Kyoto-Protokolls denkbar, da die nationalen Stellen weiterhin Zertifikate verteilen und auch in Zukunft, etwa in einer zweiten Verpflichtungsperiode, ausgeben werden.

Die Beschwerden wurden jedoch von vornherein als aussichtslos betrachtet. Aufgrund des langwierigen Prozesses war nicht damit zu rechnen, dass die Verfahren vor 2008 abgeschlossen sein würden; mithin zu einem Zeitpunkt, zu dem schon die zweite Phase des EU ETS begann und der Transfer von AAUs in EUAs

---

278 *Brown*, 1 J. Int'l Disp. Settlement, 447 (462 f.).

279 Quelle: Point Carbon, German lawsuits left small chances for success, in: Carbon Market Europe (vom 08.04.2005), S. 4, abrufbar unter http://www.pointcarbon.com/wimages/CME_8_April_2005jspf_1.pdf (Abrufdatum: 25.04.2013).

erfolgte.[280] Zu einem streitigen Verfahren bis hin zum Gericht erster Instanz der Europäischen Gemeinschaften (heutiges Gericht der Europäischen Union) kam es jedenfalls im Falle der EnBW Energie Baden-Württemberg AG („EnBW").[281] In der Beschwerde gegenüber der Kommission aus dem Jahre 2004 rügte EnBW, der nationale Zuteilungsplan verstoße sowohl gegen die EU ETS-Richtlinie[282] als auch gegen Art. 87 EGV (heutiger Art. 107 AEUV). EnBW sah sich aufgrund des Zuteilungsplans gegenüber der RWE AG benachteiligt. Diese erhielt eine hohe Anzahl an Zertifikaten aufgrund von Altanlagen. Wegen den nunmehr emissionsärmeren Neuanlagen habe die RWE AG einen Überschuss an Zertifikaten, die sie verkaufen könne.[283] Da die EnBW lediglich Kernkraftwerke ersetzen könne, kämen ihr gegenüber aufgrund von diesbezüglich geltenden Sonderzuteilungsregelungen keine gleichwertigen Vorteile in Betracht, weshalb der nationale Zuteilungsplan zu einer Vorzugsbehandlung und einem ungerechtfertigten Wettbewerbsvorteil der RWE AG führe.[284] Die Kommission begründete die Ungleichbehandlung mit dem finanziellen Aufwand einer Neuanlage, der den finanziellen Vorteil des Überschusses an Zertifikaten ausgleiche sowie mit den positiven Auswirkungen der Übertragungsregel auf die Verwirklichung der Umweltziele der EU ETS-Richtlinie.[285] Das Gericht erster Instanz wies die Klage schließlich mit Beschluss vom 30. April 2007 als unzulässig zurück, da der Klägerin das Rechtsschutzinteresse fehle.[286]

---

280 Quelle: Point Carbon, German lawsuits left small chances for success, in: Carbon Market Europe (vom 08.04.2005), S. 4, abrufbar unter http://www.pointcarbon.com/wimages/CME_8_April_2005jspf_1.pdf (Abrufdatum: 25.04.2013).

281 EuG, Beschluss vom 30.04.2007, Rs. T-387/04, EnBW/Kommission, Slg. 2007 II-01195.

282 Richtlinie 2003/87/EG des Europäischen Parlaments und des Rates vom 13. Oktober 2003 über ein System für den Handel mit Treibhausgasemissionszertifikaten in der Gemeinschaft und zur Änderung der Richtlinie 96/61/EG des Rates, ABl. L 275, S. 32.

283 EuG, Beschluss vom 30.04.2007, Rs. T-387/04, EnBW/Kommission, Slg. 2007 II-01195, Rn. 37.

284 EuG, Beschluss vom 30.04.2007, Rs. T-387/04, EnBW/Kommission, Slg. 2007 II-01195, Rn. 37.

285 EuG, Beschluss vom 30.04.2007, Rs. T-387/04, EnBW/Kommission, Slg. 2007 II-01195, Rn. 43.

286 EuG, Beschluss vom 30.04.2007, Rs. T-387/04, EnBW/Kommission, Slg. 2007 II-01195, Rn. 137 f.; zur ausführlichen Begründung des fehlenden Rechtsschutzinteresses vgl. Rn. 93 ff.

b) Letter of Approval

Wie bereits im Rahmen der Erläuterung der Flexiblen Mechanismen dargelegt, können private Unternehmen nur nach ausdrücklicher Ermächtigung an den Mechanismen teilnehmen.[287] Eine solche Autorisierung erfolgt mittels eines LoA, den im Falle eines privaten Unternehmens im Gaststaat der Gaststaat selbst ausstellen muss, im Fall eines privaten Investors jeder Annex-I-Staat ausstellen kann.[288] Ein solcher LoA wird beantragt bei und ausgestellt von der sog. *Designated National Authority* (bei CDM-Projekten)[289] bzw. dem sog. *Designated Focal Point* (bei JI-Projekten)[290] des jeweiligen Staates, in Deutschland der DEHSt.[291]

Ein LoA ist jedoch nicht nur Mittel der Autorisierung eines Privaten, sondern dient allgemein als Genehmigung des geplanten JI- oder CDM-Projektes, ist zu Beginn des Projektes zwingend vorzulegen und als Zustimmung des Staates zum Projekt anzusehen.[292]

Streitigkeiten können mithin entstehen, wenn die national zuständige Behörde die Ausstellung eines LoA verweigert. Als Grund für die Verweigerung könnte in Betracht kommen, dass nach Ansicht der Behörde nicht alle notwendigen Unterlagen zur Beurteilung des Projekts eingereicht wurden. Ebenso ist denkbar, dass die Behörde der Ansicht ist, der teilnehmende Staat erfülle die Teilnahmevoraussetzungen des jeweiligen Projekts nicht. Kommt es nicht bereits im Vorfeld zu einem Konflikt hinsichtlich der Ausstellung des LoA, so ist es möglich, dass ein LoA auch noch im Nachhinein, also schon während der Ausführung des Projekts, widerrufen bzw. zurückgenommen wird.[293] Dies etwa in Fällen, in denen die Teilnahmevoraussetzungen nachträglich entfallen. Eine solche nachträgliche Rücknahme führt aller Wahrscheinlichkeit nach nicht nur zu Streitigkeiten mit der nationalen Behörde, sondern auch zu Konflikten der Projektparteien untereinander.

---

287 Vgl. Art. 6 Abs. 3 Kyoto-Protokoll.

288 *Simonetti*, 28 JENRL, 171 (177); vgl. ferner Nr. 29 der *JI Guidelines*, Beschluss 9/CMP.1, Annex.

289 Vgl. Nr. 29 der *CDM Modalities and Procedures*, Beschluss 3/CMP.1, Annex.

290 Vgl. Nr. 20(a) der *JI Guidelines*, Beschluss 9/CMP.1, Annex.

291 Quelle: DEHSt, Anforderungen zur Antragstellung nach dem Projekt-Mechanismen-Gesetz, abrufbar unter http://www.dehst.de/DE/Klimaschutzprojekte/Projektmechanismen/Antragstellung/antragstellung_node.html (Abrufdatum: 25.04.2013).

292 *O'Sullivan/Cormier*, in: Legal Aspects of Implementing the Kyoto Protocol Mechanisms, S. 213 (223); *Werksman/Baumert/Dubash*, Climate Notes, 1 (3).

293 *Brown*, 21 Arb. Int'l, 361 (376 f.).

c) Ausführung des JI- oder CDM-Projekts

Während der Durchführung eines JI- oder CDM-Projekts kann es in sämtlichen Stadien des Projekts zu Konflikten kommen.[294] Streitigkeiten können zum einen gegenüber den unabhängigen Prüforganisationen (AIE bei JI-Projekten und DOE bei CDM-Projekten) zum anderen gegenüber den übergeordneten Kontrollgremien, dem JISC im Rahmen der Track-2-JI sowie dem CDM-EB im Rahmen von CDM-Projekten, entstehen.

Wie bereits dargestellt, begleiten unabhängige internationale Prüforganisationen (AIEs und DOEs) das jeweilige Projekt und übermitteln ihre Ergebnisse an das JISC bzw. das CDM-EB.[295] Die Prüforganisationen werden dabei in jedem Stadium des Projekts beteiligt, angefangen bei der Zulassung, über die Prüfung und Überwachung des Vorhabens, bis hin zur Kontrolle und Bestätigung der durch das Projekt erzielten Emissionsreduktionen. Konflikte sind hier in allen Beteiligungsstadien denkbar,[296] so etwa in Fällen, in denen die Prüforganisation ihre Aufgaben nicht ordnungsgemäß wahrnimmt und hierdurch das Projekt beeinträchtigt oder wenn sie zu dem Ergebnis kommt, das Projekt erfülle nicht die Zielvorgaben bzw. reduziere die Emissionen nicht wie geplant.[297]

Gleichermaßen kann es zu Konflikten zwischen Projektparteien und JISC bzw. CDM-EB kommen, wenn letztere nach Durchsicht und Überprüfung der Berichte der Prüforganisationen zu einem Ergebnis gelangen, welches den Interessen einer oder beider Projektparteien widerspricht.[298] So etwa wenn JISC oder CDM-EB die Einführung neuer Methoden zur Berechnung der fiktiven Basislinie der Treibhausgasemissionen verweigern oder die Ausgabe der Zertifikate für die durch das Projekt vermeintlich erzielten Emissionsreduktionen ablehnen.[299] Zu Streitigkeiten könnte ferner die Benennung einer Prüforganisation als AIE bzw. DOE führen,

294 *Brown*, 1 J. Int'l Disp. Settlement, 447 (468).

295 *Hoogzaad/Streck*, in: Legal Aspects of Carbon Trading, S. 176 (178); *Ehrmann*, ZUR 2006, 410 (412).

296 *Kalas/Herwig*, 27 Ecology Law Quarterly, 53 (112 ff.).

297 *Brown*, 21 Arb. Int'l, 361 (377); *Ratliff*, in: Legal Aspects of Implementing the Kyoto Protocol Mechanisms, S. 377 (382 f.); *Simonetti*, 28 JENRL, 171 (195).

298 *Brown*, 1 J. Int'l Disp. Settlement, 447 (456); ausführlich zum Konfliktpotential *Kalas/Herwig*, 27 Ecology Law Quarterly, 53 (109 ff.).

299 *Meijer*, 39 N.Y.U. J. Int'L L. & Pol., 873 (893).

soweit fraglich erscheint, ob diese die Zulassungsvoraussetzungen erfüllt.[300] Gleiches gilt für eine möglicherweise begehrte Aufhebung der Zulassung.[301]

d) Rechtlicher Charakter von Emissionszertifikaten

Kein Streit im eigentlichen Sinne, sondern eher eine Grundsatzfrage ist die rechtliche Einordnung der Emissionszertifikate.[302] Dennoch wird dies als Streitigkeit aufgeführt, da unterschiedliche Ansichten hierüber in bestimmten Situationen zu Konflikten führen können.

Emissionszertifikate bestehen in verschiedensten Ausgestaltungen. Egal ob als AAU, ERU, CER oder RMU bezeichnet, handelt es sich stets um die gleiche Maßeinheit, die jeweils einer Tonne Kohlenstoffdioxidäquivalent entspricht.[303] Jedoch lässt sich weder dem Kyoto-Protokoll noch den darauf aufbauenden Beschlüssen der Vertragsstaatenkonferenzen die Rechtsnatur der Zertifikate entnehmen. Daher ist unklar, wie Emissionszertifikate rechtlich zu behandeln sind.

Brown diskutiert eine Vielzahl von Ansichten hinsichtlich des rechtlichen Charakters der Emissionszertifikate.[304] So stellt sich etwa die Frage, ob man AAUs als subjektiv-öffentliche Rechte ansehen kann, die einem von einer Behörde zugeteilt werden und zum Ausstoß einer festgelegten Menge an Treibhausgasen berechtigen.[305] Da Emissionszertifikate im Anschluss an die Zuteilung aber auch gehandelt werden, könnten sie ebenso als handelbare Wertpapiere oder Finanzinstrumente angesehen werden.[306] Auch in der deutschen Literatur herrscht Uneinigkeit, ob Emissionszertifikate dem öffentlichen Recht oder dem Privatrecht unterfallen.[307]

---

300 *Meijer*, 39 N.Y.U. J. Int'L L. & Pol., 873 (891 ff.); die jeweiligen Zulassungsvoraussetzungen sind über die Homepage der UNFCCC einsehbar, für AIEs abrufbar unter http://ji.unfccc.int/AIEs/index.html; für DOEs abrufbar unter http://cdm.unfccc.int/DOE/index.html (Abrufdatum jeweils: 25.04.2013).

301 *Meijer*, 39 N.Y.U. J. Int'L L. & Pol., 873 (891 ff.).

302 Zur Rechtsnatur von CERs ausführlich *Pohlmann*, S. 160 ff.

303 Vgl. Definition der AAUs in den Beschlüssen 3/CMP.1, Annex, A.1.(c) und 13/CMP.1, Annex, I.A.3.

304 *Brown*, 21 Arb. Int'l, 361 (373 ff.).

305 *Brown*, 21 Arb. Int'l, 361 (373).

306 *Quennet/Loktionov*, WiRO 2010, 177 (180).

307 Dem öffentlichen Recht zuordnend *Kobes*, NVwZ 2004, 1153 (1156) m.w.N.; dem Privatrecht zuordnend *Burgi*, RdE 2004, 29 (33 f.); einen hybriden Charakter annehmend *Wagner*, ZBB 2003, 409 (411 f.).

Viele Argumente sprechen für eine öffentlich-rechtliche Einordnung. Bei den Zertifikaten handelt es um Rechte gegenüber dem Staat, die eine bestimmte Menge an Treibhausgasemissionen gestatten. Auch werden die Zertifikate allein von staatlichen Stellen ausgegeben und dienen der Erfüllung einer dem Staat gegenüber obliegenden Abgabeverpflichtung.[308] Innerhalb der EU ist jedenfalls durch das Treibhausgas-Emissionshandelsgesetz („TEHG") klar, dass Emissionszertifikate keine Finanzinstrumente im Sinne von KWG oder WpHG sind.[309] Und auch die *Marrakesh Accords* stellen klar, dass die Vorgaben des Kyoto-Protokolls den Annex-I-Staaten keinerlei Rechte bzw. Rechtsansprüche verleihen sollen. Dort heißt es wörtlich:

> *„(...) the Kyoto Protocol has not created or bestowed any right, title or entitlement to emissions of any kind on Parties included in Annex I".*[310]

Es zeigt sich, dass aufgrund fehlender ausdrücklicher Regelungen sowie der genannten Meinungsstreitigkeit Konflikte nicht auszuschließen sind. Gleich welcher Ansicht man folgen mag, ist jedenfalls *Brown* darin zuzustimmen, dass die rechtliche Behandlung von Emissionszertifikaten nicht abstrakt, sondern unter Bezug auf den Einzelfall beantwortet werden sollte.[311]

Streitigkeiten mit einer staatlichen Stelle könnten etwa hinsichtlich steuerrechtlicher sowie insolvenzrechtlicher Aspekte entstehen. In steuerrechtlicher Hinsicht sind Streitigkeiten denkbar, die auf dem Handel von Emissionszertifikaten beruhen. Hier könnte sich die Frage stellen, ob Kapitalerträge aus einer Veräußerung zu versteuern sind und ob der Handel mit Zertifikaten als zu versteuernde Dienstleistung anzusehen ist.[312] Unter insolvenzrechtlichen Gesichtspunkten eröffnet sich die Problematik, ob Emissionszertifikate in die Insolvenzmasse fallen, einen realisierenden Geldwert haben und übertragbar sind.[313]

2. Streitigkeiten zwischen Projekt- bzw. Vertragsparteien

Des Weiteren ist auf mögliche Konflikte einzugehen, die ausschließlich zwischen den Parteien eines JI- oder CDM-Projekts sowie den Parteien im Rahmen des

---

308 *Kobes*, NVwZ 2004, 1153 (1156).

309 Vgl. § 15 TEHG.

310 Beschluss 15/CP.7.

311 *Brown*, 21 Arb. Int'l, 361 (374 f.).

312 *Brown*, 21 Arb. Int'l, 361 (374).

313 Ausführlich zum *Insolvency Act* 1986 (UK), *Brown*, 21 Arb. Int'l, 361 (374 f.).

Emissionshandels entstehen können. Die nachfolgenden Streitigkeiten können sowohl zwischen zwei Staaten oder staatlichen Unternehmen, einem Staat und einem Privaten sowie zwischen zwei Privaten auftreten. Zu beachten ist, dass die Streitigkeiten zwischen Staaten an dieser Stelle nichts mit den bereits erläuterten zwischenstaatlichen Streitigkeiten gemein haben. Während es sich in der folgenden Darstellung um projekt- und transaktionsbezogene Streitigkeiten handelt, in denen die Staaten oder staatliche Unternehmen wie Private agieren und am Wirtschaftsverkehr teilnehmen, ging es zuvor allein um völkerrechtliche Auslegungs- und Interpretationsstreitigkeiten bzgl. UNFCCC und Kyoto-Protokoll. Zudem sind Streitigkeiten zwischen einem Staat auf der einen Seite und einem Privaten auf der anderen nicht durch hoheitliches Handeln des Staates geprägt, sondern spielen sich auf gleichgeordneter, handelsrechtlicher Ebene ab.

a) Ausführung des JI- oder CDM-Projekts

Im Rahmen von JI- oder CDM-Projekten sind Streitigkeiten nicht nur unter Beteiligung von Prüforganisationen und übergeordneten Kontrollgremien, sondern auch allein zwischen den Projektparteien in sämtlichen Stadien des Projekts denkbar.[314] Die möglichen Konflikte spielen sich jedoch unter den Projektparteien nicht im Bereich der Projektgenehmigung und -abnahme, sondern im Rahmen der Ausführung ab.

Dementsprechend sind Konflikte vorprogrammiert, wenn das Projekt beispielsweise nicht die gewünschten Emissionsreduktionen erzielt und der Investor die in seinen Augen unzureichende Durchführung seitens des Gaststaates hierfür verantwortlich macht. Gleichermaßen können Streitigkeiten bei einer nicht ordnungsgemäßen Beaufsichtigung und Überwachung des Projekts entstehen, sofern diese Aufgabe den Projektparteien obliegt.[315]

Da dem jeweiligen JI- oder CDM-Projekt ein Vertrag zwischen den Projektparteien zugrunde liegt, sind Pflichtverletzungen hinsichtlich sämtlicher vertraglicher Verpflichtungen denkbar.[316] Diese reichen von der Finanzierung des Projekts über die ordnungsgemäße, vertraglich vereinbarte Ausführung bis hin zur Lieferung der Reduktionszertifikate sowie deren Abnahme.

---

314 Vgl. etwa die stichpunktartige Aufzählung bei *Ratliff*, in: Legal Aspects of Implementing the Kyoto Protocol Mechanisms, S. 377 (382 f.).

315 *Brown*, 21 Arb. Int'l, 361 (377).

316 *Ratliff*, in: Legal Aspects of Implementing the Kyoto Protocol Mechanisms, S. 377 (382 f.).

Schließlich sind Streitigkeiten auch als Folge eines nicht gewährten oder widerrufenen LoAs möglich. Sind die Projektparteien vor Ausstellung eines LoAs in Vertragsverhandlungen getreten und haben bereits einen Vertrag geschlossen, wird die Partei, deren national zuständige Stelle die Erteilung des LoAs verweigert, ihre vertraglichen Pflichten nicht mehr erfüllen können und sich gegebenenfalls schadensersatzpflichtig machen. Gleiches gilt in Fällen, in denen der LoA nachträglich widerrufen wird. Die Projektpartei, deren LoA versagt oder widerrufen wurde, wird daher nicht nur mit der nationalen Behörde in einem Rechtsstreit liegen (sofern die Partei gegen die Versagung oder den Widerruf vorgehen will), sondern dürfte sich auch einer Klage der anderen Projektpartei aufgrund vertraglicher Pflichtverletzungen ausgesetzt sehen. Umso ratsamer ist es, den Projektvertrag erst nach Ausstellung des LoAs abzuschließen, um so zumindest eine bereits anfängliche Unmöglichkeit der Leistungserbringung zu umgehen.[317]

b) Nichtlieferung

Dass die Nichtlieferung wie auch die Zuweniglieferung der vereinbarten Menge an Zertifikaten eine vertragliche Pflichtverletzung darstellt und zu Rechtsstreitigkeiten führt, erklärt sich von selbst. Zu erörtern ist daher lediglich, aus welchen Gründen es zu einer Nichtlieferung kommen könnte, die sowohl bei den projektbezogenen Flexiblen Mechanismen als auch beim Emissionshandel denkbar ist.

Die Versagung sowie der Widerruf eines LoA werden zwangsläufig zur Nichteinhaltung der vertraglichen Pflichten führen und, sofern es sich um den LoA des Gaststaates handelte, auch zur Nichtlieferung der Zertifikate.[318] Ebenso kann der Gaststaat bzw. das Gastunternehmen die durch das Projekt potentiell erzielten Reduktionszertifikate nicht übertragen, sofern das dem Projekt übergeordnete Kontrollgremium die Emissionsreduktionen nicht bestätigt. In einem solchen Fall wäre jedoch abzuwägen, ob der Investor nicht primär gegen die Entscheidung des Kontrollgremiums vorgeht, sofern dies möglich ist.[319] Gleiches gilt für Entscheidungen von DOE und AIE, welche die Lieferung der Reduktionszertifikate verzögern und unmöglich machen.

Unabhängig von Handlungen staatlicher Behörden oder übergeordneter Kontrollgremien ist eine Nichtlieferung in Fällen denkbar, in denen der veräußernde

---

317 *Brown*, 21 Arb. Int'l, 361 (376).

318 *Brown*, 1 J. Int'l Disp. Settlement, 447 (468).

319 Ob Entscheidungen von JISC und CDM-EB von Privaten angegriffen werden können wird im Rahmen der Streitbeilegung noch untersucht.

Staat die Voraussetzungen zur Teilnahme am Emissionshandel oder am JI- bzw. CDM-Projekt im Zeitpunkt des Vertragsschlusses zwar erfüllte, zur Zeit der Vertragserfüllung jedoch nicht mehr. Dies könnte der Fall sein, wenn der veräußernde Staat am Emissionshandel oder einer Track-1-JI teilnimmt, aber keine jährlichen Berichte zu seinem Emissionsinventar vorlegt. In einem solchen Szenario wäre es dem Veräußerer untersagt, die Zertifikate an den Käufer bzw. Investor zu übertragen, da die Voraussetzungen für den Emissionshandel bzw. das Track-1-JI-Projekt nicht erfüllt sind.

Ebenso denkbar sind Fälle, in denen durch Emissionshandel die *Commitment Period Reserve* eines Staates unterschritten würde. Hierzu käme es, wenn ein privates Unternehmen seine überschüssigen Zertifikate veräußern möchte und hierzu in vertragliche Beziehungen zu einem Unternehmen in einem anderen Staat tritt, welches diese Zertifikate erwerben soll. Stellt sich bei der Prüfung des Transfers der Zertifikate durch das nationale Register heraus, dass durch diesen Transfer die *Commitment Period Reserve* des Staates, in dessen Hoheitsgebiet der Sitz des veräußernden Unternehmens liegt, unterschritten würde, ist der Transfer unzulässig und kann nicht durchgeführt werden. Dem Verkäufer ist es in diesem Fall unmöglich, die vertraglich vereinbarte Menge an Emissionszertifikaten zu liefern. Möglich und ratsam ist, dass ein solcher Fall von den Vertragsparteien schon im Vorfeld vertraglich als höhere Gewalt definiert wird, um Schadensersatzansprüchen des Käufers zu entgehen.[320]

c) Unabgestimmte Verträge in Vertragsketten

Einen weiteren Aspekt, der zu Streitigkeiten im Rahmen des Emissionshandels führen kann, wirft *Brown* auf und bezieht sich dabei auf Konflikte in Vertragsketten, in denen unterschiedliche, nicht aufeinander abgestimmte Verträge verwendet werden.[321]

Während es für Projektverträge nur ein Muster gibt, das ERPA, finden sich zum Emissionshandel verschiedene Musterverträge, die aufgrund des Entwurfs durch unterschiedliche Interessengruppen ihrem Inhalt nach nicht identisch sind.[322]

320 *de Witt Wijnen*, in: Legal Aspects of Implementing the Kyoto Protocol Mechanisms, S. 403 (414); zum Begriff der höheren Gewalt in Projekt- und Emissionshandelsverträgen allgemein *Brown*, 1 J. Int'l Disp. Settlement, 447 (471 f.).

321 *Brown*, 21 Arb. Int'l, 361 (380 ff.).

322 Eine Übersicht verschiedener Musterverträge gibt *Brown*, 21 Arb. Int'l, 361 (380 f.).

Abweichungen können hier vor allem hinsichtlich der Vertragsstrafen sowie der Definition des Begriffs der höheren Gewalt gefunden werden.[323]

Brown veranschaulicht dieses Problem anhand eines einfachen Beispiels aufeinander aufbauender Verträge.[324] Kann in einer Reihe mehrerer Verträge, die alle am gleichen Tag zu erfüllen sind, bereits der erste Vertrag, aus welchem Grund auch immer, nicht erfüllt werden und können die Zertifikate nicht geliefert werden, löst dies unter verschiedenen Verträgen möglicherweise unterschiedliche Rechtsfolgen aus. Während in einem Vertrag bereits durch die Nichtlieferung unmittelbare Regressansprüche des Abnehmers aufgrund von Ersatzbeschaffungen möglich sind, gewährt ein anderer Vertrag dem Schuldner möglicherweise eine mehrtätige Frist zur Nacherfüllung.[325] Folgen hätte dies dann, wenn sich der Gläubiger, der seinem Schuldner eine Nacherfüllungsfrist gewähren muss, seinerseits als Schuldner in einem Folgevertrag unmittelbar ersatzpflichtig macht. Ein Schaden entsteht hieraus nicht zwangsläufig, er ist jedoch denkbar, wenn sich während der Nacherfüllungsfrist die Preise der Zertifikate nachhaltig ändern.[326] Ratsam ist es daher, die Kosten einer Ersatzbeschaffung vertraglich dem Schuldner aufzuerlegen.[327]

d) Greening

Wie bereits im Rahmen des Emissionshandels erläutert, soll der Erlös aus dem Verkauf von Zertifikaten in Emissionsreduktionsprojekte oder sonstige ökologische Maßnahmen reinvestiert werden. Dieser Vorgang wird als „*greening*" bezeichnet.[328] Findet ein solches *greening* nicht statt, bezeichnet man die gehandelten Zertifikate als *ungreened*.[329] Als *ungreened* können grundsätzlich nur AAUs bezeichnet werden, da die Vergabe von ERUs und CERs nur aufgrund von Emissionsreduktionsprojekten erfolgt.[330]

---

323 *Brown*, 21 Arb. Int'l, 361 (380 ff.).

324 Zum Ganzen *Brown*, 21 Arb. Int'l, 361 (381 f.).

325 *Brown*, 21 Arb. Int'l, 361 (381 f.).

326 *Brown*, 21 Arb. Int'l, 361 (381 f.).

327 *Brown*, 21 Arb. Int'l, 361 (382).

328 *Simonetti/de Witt Wijnen*, in: Legal Aspects of Carbon Trading, S. 157 (167).

329 *Simonetti/de Witt Wijnen*, in: Legal Aspects of Carbon Trading, S. 157 (170 f.).

330 In Ausnahmefällen können auch ERUs und CERs als *ungreened* bezeichnet werden, sofern sie im Rahmen des Emissionshandels veräußert werden und aus Projekten mit ökologisch fragwürdigem Nutzen stammen, vgl. *Simonetti/de Witt Wijnen*, in: Legal Aspects of Carbon Trading, S. 157 (165, Fn. 31) zum Handel mit CERs, die aus Projekten zur Minderung der Emission des Treibhausgases HCF-23 (Fluoroform) resultieren.

Um ein *greening* der Zertifikate zu Erreichen, werden sich die Parteien vertraglich auf die Einhaltung der GIS einigen. Eine solche Vereinbarung birgt weitere Risiken, die sich neben dem ohnehin schon bestehenden Konfliktpotential verwirklichen können.[331] Denkbar ist, dass die vereinbarte Maßnahme im Rahmen der GIS nicht hinreichend Emissionen reduziert oder dass sie nicht durchgeführt wird bzw. fehlschlägt.[332] Möglich wäre auch, dass die Maßnahme erst zu einem Zeitpunkt durchgeführt wird, der nicht mehr in der aktuellen Verpflichtungsperiode liegt, was dazu führt, dass der Käufer der Zertifikate seine Reduktionsverpflichtung lediglich mit *ungreened* AAUs erfüllt hätte.[333]

In solchen Fällen sind Rechtsstreitigkeiten zu erwarten, die sich maßgeblich um den Kaufpreis drehen werden. Haben die Vertragsparteien eine Vorabzahlung der Zertifikate vereinbart, wird der Käufer vermutlich einen Teil des Kaufpreises zurückverlangen, da er lediglich *ungreened* AAUs vom Verkäufer erhalten hat, die einen wesentlich geringeren Wert haben.[334] Wurde dagegen eine Zahlung Zug um Zug gegen Lieferung von *greened* AAUs oder Zahlung und Lieferung in festgelegten Tranchen vereinbart, wird der Käufer möglicherweise weitere Zahlungen verweigern.

e) Ergreifen einstweiliger Maßnahmen

In der Literatur zu Streitigkeiten im Zusammenhang mit den Flexiblen Mechanismen sind bislang solche Konflikte unbehandelt, die schon im Vorfeld zum eigentlichen Auslöser eines möglichen Rechtsstreits entstehen können und vor allem in den Bereich des einstweiligen Rechtsschutzes fallen.

---

331 Vgl. allgemein zu Risiken des *greening*, *Väyrynen/Lecocq*, in: Legal Aspects of Implementing the Kyoto Protocol Mechanisms, S. 155 (168 ff.); ferner zu Risiken und diesbezüglichen Lösungsvorschlägen *Simonetti/de Witt Wijnen*, in: Legal Aspects of Carbon Trading, S. 157 (172 ff.).

332 *Väyrynen/Lecocq*, in: Legal Aspects of Implementing the Kyoto Protocol Mechanisms, S. 155 (168 f.).

333 *Simonetti/de Witt Wijnen*, in: Legal Aspects of Carbon Trading, S. 157 (170 f.).

334 Bereits im Jahre 2010 ging man im Falle Bulgariens davon aus, dass *greened* AAUs, deren Erlös in ein *Green Investment Scheme* fließt, für etwa 7–8 Euro gehandelt werden könnten, wohingegen für *ungreened* AAUs ein Abschlag in Höhe von 2–3 Euro zu erwarten sei; Quelle: Barclays Capital, Weekly Carbon and Energy Matters (06.04.2010), S. 2, abrufbar unter http://www.etrade.co.kr/_bt_lib/util/download.jsp?path=EtwBoardData&fileName=Weekly+Carbon+and+Energy+Matters+6+Apr.+2010.pdf (Abrufdatum: 25.04.2013).

Angenommen es soll ein JI- oder CDM-Projekt durchgeführt werden bzw. befindet sich bereits in der Anfangsphase und der Investor hat schon erste Investitionen getätigt. Verzögert sich in der Folge das Projekt wesentlich, etwa aufgrund staatlicher Maßnahmen im Gaststaat sowie äußerer Einflüsse, oder deutet sich eine vom Gaststaat bzw. dem dort ermächtigten Privatunternehmen verursachte gänzliche Undurchführbarkeit des Projektes an, so wird der Investor geeignete Maßnahmen ergreifen, um sich vor finanziellen Verlusten zu schützen. Dem Investor stünde es in einem solchen Fall aufgrund der Vereinbarungen im Projektvertrag vermutlich zu, ein Schiedsverfahren gegen den Gaststaat oder das ermächtigte Privatunternehmen durchzuführen. Ein solches Verfahren bietet dem Investor jedoch nicht in jedem Fall ausreichend Rechtsschutz und wäre auch in allen anderen in diesem Zusammenhang genannten Streitigkeiten denkbar.

Gemeint sind hier vielmehr Fälle, in denen der Investor auf schnelle Hilfe im Wege des einstweiligen Rechtsschutzes angewiesen ist und die hierdurch möglicherweise auftauchenden Konflikte. Es ist vorstellbar und für den Investor auch ratsam, sich vor Beginn des Projektes für seine Investition gewisse Sicherheiten gewähren zu lassen. Dies könnte dadurch geschehen, dass der Gaststaat eine festgelegte Menge an Zertifikaten, die der prognostizierten Menge an durch das Projekt potentiell zu erzielenden Emissionsreduktionen entspricht, bereits vorab zur Sicherheit an einen Treuhänder überträgt. Die Sicherung bewahrt den Investor vor finanziellen Verlusten in Fällen, in denen er in das Projekt investiert, aber aufgrund eines seinerseits unverschuldeten Scheiterns keine Reduktionszertifikate hieraus erhält. Dann kann er zumindest durch Veräußerung der als Sicherung dienenden Zertifikate seine finanziellen Aufwendungen ausgleichen und sich gegebenenfalls anderweitig die benötigten Zertifikate zukaufen. Handelt der Investor primär aus wirtschaftlichen Gründen und plant, die Zertifikate nach Projektdurchführung weiter zu verkaufen, ist dieser Sicherungswert umso bedeutender. Befürchtet der Investor durch ein Zuwarten auf den Ausgang eines (schieds)gerichtlichen Verfahrens nun einen Wertverlust der AAUs,[335] wird er möglicherweise versuchen, im

335 Der Wert für Emissionszertifikate am freien Markt richtet sich nach Angebot und Nachfrage und unterliegt damit Schwankungen. CERs beispielsweise hatten im Oktober 2012, mithin kurz vor Ende der ersten Verpflichtungsperiode, lediglich noch einen Wert von rund 1 Euro/Stück, Quelle: European Energy Exchange AG, abrufbar unter http://www.eex.com/de/. Der geringe Wert ist dadurch begründet, dass CERs nicht bzw. frühstens ab dem Jahr 2015 (und auch nur zu einem geringen Umfang) in die zweite Verpflichtungsperiode überführt werden können, Quelle: DEHSt, Emissionszertifikate – Aktualisierte Fassung mit den neuen EU-Berechtigungen ab 2012 (Stand: 28.09.2012), abrufbar unter http://www.dehst.de/SharedDocs/Downloads/

Wege des einstweiligen Rechtsschutzes eine Veräußerung der treuhänderisch gehaltenen AAUs zu erreichen, um den Wert seiner Sicherung aufrecht zu erhalten.

Ergreift der Investor solche einstweiligen Maßnahmen, wird es nicht um die dem Fall eigentlich zugrundeliegende Problematik des fehlgeschlagenen Projektes, sondern beispielsweise um Streitigkeiten hinsichtlich des Wertes der Zertifikate gehen. Während der Investor den Wertverlust fürchtet, wird der Gaststaat einen solchen ablehnen oder sogar eine künftige Wertsteigerung behaupten, um die für den einstweiligen Rechtsschutz erforderliche Dringlichkeit zurückzuweisen.[336]

Neben dem konkreten Wert könnten sich die Parteien darüber streiten, ob es für diese Zertifikate überhaupt Käufer gibt. Denn in einem Fall wie dem dargestellten werden die dem Treuhänder übertragenen Zertifikate wahrscheinlich *ungreened* sein, das heißt es handelt sich, wie bereits erläutert, um Zertifikate, deren Verkaufserlös noch nicht in Emissionsreduktionsprojekte oder sonstige ökologisch dienliche Maßnahmen reinvestiert wurde. Aufgrund der durch die Vertragsstaaten des Kyoto-Protokolls eingegangenen Verpflichtung zum Umweltschutz, bei der es sich jedenfalls auch um eine moralische Verpflichtung handelt, wäre die Erfüllung der Vorgaben des Kyoto-Protokolls allein durch Zukauf von „heißer Luft" in Form von *ungreened* AAUs, die keinen positiven ökologischen Effekt in sich tragen, jedenfalls mit einem Reputationsverlust sowohl des veräußernden als auch des erwerbenden Staates verbunden. Vor diesem Hintergrund erscheint fraglich, ob sich ein Käufer für *ungreened* AAUs finden lässt. Falls ja, wäre dies jedenfalls mit erheblichen Werteinbußen verbunden.

3. Streitigkeiten unter Beteiligung Dritter

Mit der vorgenannten Fallkonstellation, in der AAUs als Sicherung an einen Treuhänder übertragen wurden, gehen Konflikte unter Einbeziehung eines Dritten, eben eines solchen Treuhänders, einher. Die Zuziehung eines Treuhänders ist auch in weiteren Fällen denkbar, etwa im Emissionshandel, insbesondere wenn die veräußerten Zertifikate noch einem *greening* unterzogen werden müssen. Vereinbaren

---

DE/Register/REG_Emissionszertifikate.pdf?__blob=publicationFile. Zu Beginn des Jahres 2010 dagegen hatten CERs noch einen Wert zwischen 10–12 Euro/Stück, Quelle: Point Carbon, abrufbar unter http://www.pointcarbon.com/ (Abrufdatum jeweils: 25.04.2013).

336 Zur Dringlichkeit sowie weiteren Voraussetzungen des einstweiligen Rechtsschutzes ist später im Rahmen der schiedsverfahrensrechtlichen Streitbeilegung näher einzugehen.

die Parteien die Lieferung und Zahlung der Zertifikate in Tranchen, in denen sich der Veräußerer zum *greening* der jeweiligen Menge an Zertifikaten verpflichtet, ist es sinnvoll, Zahlungs- und Lieferungsrisiken durch Zwischenschaltung eines Treuhänders zu minimieren.[337]

Die möglichen Streitigkeiten müssen nicht notwendigerweise ein Fehlverhalten des Dritten zum Gegenstand haben. Ein solcher Fall wäre hinsichtlich eines Treuhänders vermutlich einfach über die Treuhandvereinbarung abzuhandeln. Vielmehr können potentielle Konflikte allein schon auf der Tatsache beruhen, dass ein Dritter an der Transaktion beteiligt ist und dessen Bindung an Schiedsvereinbarung und Schiedsspruch streitig ist. In einem vorgeschalteten Verfahren zum einstweiligen Rechtsschutz kann es zudem zu Auslegungsstreitigkeiten kommen. So etwa, wenn in der Schiedsvereinbarung zwar eine Bindung des Dritten an den Schiedsspruch vorgesehen ist, es aber zwischen den Parteien umstritten ist, ob auch eine einstweilige Anordnung als solcher Schiedsspruch angesehen werden kann, falls die Formulierung innerhalb der Klausel eher allgemein gehalten ist.

III. Streitigkeiten aufgrund Verletzung internationaler Investitionsschutzabkommen

Eng mit Streitigkeiten im Zusammenhang mit den projektbezogenen Flexiblen Mechanismen verbunden sind solche, die auf der Verletzung von internationalen Investitionsschutzabkommen beruhen. Hier kann es je nach Fallkonstellation zu Überschneidungen von Streitigkeiten aus dem Kyoto-Protokoll bzw. den Projektverträgen und investitionsschutzrechtlichen Konflikten kommen. Daneben sind eigenständige Streitigkeiten denkbar, die auf der Verletzung von Investitionsschutzabkommen beruhen.

Die nachfolgende Darstellung untergliedert sich zum einen in solche Streitigkeiten, die zwischen dem Gaststaat eines Projekts und dem Investor entstehen können. Zum anderen soll das Konfliktpotential gegenüber Dritten beleuchtet werden, die durch das Projekt unmittelbar betroffen sind oder ein solches aufgrund der Vorgaben des Kyoto-Protokolls nicht durchführen dürfen und hierin beispielsweise eine Diskriminierung erblicken.

Bevor auf das Konfliktpotential detailliert eingegangen wird, sollen vorab einige Grundlagen und Begrifflichkeiten des Investitionsschutzrechts erläutert werden. Dies ist erforderlich, um einen Überblick zu erlangen, an welchen

---

337 *Simonetti/de Witt Wijnen*, in: Legal Aspects of Carbon Trading, S. 157 (173).

Berührungspunkten die Vorgaben des Kyoto-Protokolls und dessen Mechanismen zu investitionsschutzrechtlichen Streitigkeiten führen können bzw. wann Konflikte sowohl auf Basis der Projektverträge als auch auf Grundlage der Investitionsschutzverträge möglich sind. Die Darstellungen des internationalen Investitionsschutzes sind bewusst knapp gehalten und beschränken sich auf die für diese Ausarbeitung wesentlichen Aspekte.

1. Grundlagen des internationalen Investitionsschutzrechts

Entscheiden sich Investoren, ihre Projekte nicht in ihrem Heimatstaat, sondern im Ausland auszuführen, gehen sie hiermit gewisse Risiken ein.[338] Dies können neben wirtschaftlichen Risiken auch solche Risiken sein, die von dem Gaststaat selbst ausgehen. Während sie im Inland vermutlich mit dem Rechtssystem vertraut sind und abschätzen können, wie sie mit staatlichem Handeln umzugehen haben, wird dies bei Investitionen im Ausland häufig nicht der Fall sein.[339] Erschwerend kommt hinzu, dass der Gaststaat sein eigener Gesetzgeber ist und er beispielsweise sich selbst begünstigende Einzelfall- oder Notstandsgesetze erlassen kann, welche die Investition betreffen.[340] Investoren könnten zudem dem Risiko ausgesetzt sein, bei einem Fehlschlag des Projektes wegen staatlichen Handelns ein Verfahren gegen den Gaststaat[341] aufgrund dessen Immunität nicht betreiben zu können. Sie wären auf den diplomatischen Schutz ihres Heimatstaates angewiesen. Zwar sieht das Völkerrecht einen gewissen Schutz vor, der jedoch nicht sonderlich ausgestaltet und hinsichtlich der Rechtsdurchsetzung von Defiziten geprägt ist.[342]

Um den Investor einerseits präventiv vor diskriminierenden oder enteignenden staatlichen Eingriffen seitens des Gaststaates zu schützen und ihm andererseits eine Möglichkeit zu geben, selbst unmittelbar gegen dieses staatliche Handeln vor einem neutralen Forum vorzugehen und Ersatzansprüche geltend zu machen, sind Staaten zur Wahrung der internationalen Investitionslandschaft

---

338 Vgl. ausführlich zu Risiken bei Auslandsinvestitionen *Griebel*, S. 1 ff.; *Dolzer/Schreuer*, S. 3 ff.; *Wegen/Raible*, SchiedsVZ 2006, 225 (227).

339 *Horn*, in: Arbitrating Foreign Investment Disputes, S. 3 (7).

340 *Griebel*, S. 2.

341 Als Gaststaat wird im internationalen Investitionsschutzrecht der Staat bezeichnet, der die Investition aufnimmt. Heimatstaat hingegen ist der Staat, von dem aus die Investition erfolgt. Meist ist letzteres der Staat der Staatsangehörigkeit (natürliche Person) bzw. Staatszugehörigkeit (juristische Person) des Investors.

342 *Füracker*, SchiedsVZ 2006, 236 (238 f.); ausführlich auch *Griebel*, S. 14 ff.

dazu übergegangen, bi- und multilaterate Investitionsschutzabkommen abzuschließen.[343] Die Anzahl bilateraler Abkommen ist in den letzten Jahren enorm angestiegen und belief sich zum Ende des Jahres 2010 auf insgesamt 2.807 bilaterale Investitionsschutzabkommen (*bilateral investment treaty*, „BIT“).[344] Deutschland hat derzeit 139 BITs unterzeichnet, von denen acht noch nicht in Kraft getreten sind.[345]

BITs sind Verträge zwischen zwei Staaten, welche Bedingungen für Investitionen festlegen, die sich die vertragsschließenden Staaten gegenseitig gewähren.[346] Wichtiges Merkmal ist, dass private Investoren nicht vor für sie unliebsame, fremde staatliche Gerichte ziehen müssen, sondern aus dem BIT oft unmittelbar berechtigt sind, die ihnen zustehenden Rechte vor einem Schiedsgericht durchzusetzen.[347] Dem jeweils beteiligten Staat, der den Investor durch sein Handeln diskriminiert oder enteignet hat, ist es damit nicht mehr möglich, sich durch eine entsprechende Gesetzgebung seiner Verantwortung für die in dem BIT gewährten Investorenrechte zu entziehen. Der Investor ist folglich nicht auf den guten Willen des Staates angewiesen und muss auch keinen diplomatischen Schutz im Heimatstaat ersuchen.[348]

Durch die zwischenzeitlich enorme Anzahl an BITs hat sich eine gewisse Vertragspraxis entwickelt, die dazu führt, dass sich viele Verträge stark ähneln. Einige Staaten halten zudem Musterverträge vor, die sie jeweils unter geringen Anpassungen abschließen.[349] Aus der Vertragspraxis haben sich Elemente herausgebildet, die

---

343 Zur Entwicklung ausführlich *Dolzer/Schreuer*, S. 17 ff.; vgl. ferner *Griebel*, S. 38 ff.; *Lew/Mistelis/Kröll*, Rn. 28–3; *Reed/Paulsson/Blackaby*, S. 39.

344 Quelle: UNCTAD, World Investment Report 2011 (26.07.2011), S. 100, abrufbar unter http://www.unctad-docs.org/files/UNCTAD-WIR2011-Full-en.pdf (Abrufdatum: 25.04.2013).

345 Quelle: BMWi, Übersicht über die bilateralen Investitionsförderungs- und -schutzverträge (IFV) der Bundesrepublik Deutschland (Stand: 27.04.2012), abrufbar unter http://www.bmwi.de/BMWi/Redaktion/PDF/B/bilaterale-investitionsfoerderungs-und-schutzvertraege-IFV,property=pdf,bereich=bmwi,sprache=de,rwb=true.pdf (Abrufdatum: 25.04.2013).

346 Zu wesentlichen Inhalten von BITs *Griebel*, S. 61 ff.; vgl. ferner *Horn*, in: Arbitrating Investment Disputes, S. 3 (10 f.).

347 *Dolzer/Schreuer*, S. 214, 220 ff.; *Lew*, in: Arbitrating Foreign Investment Disputes, S. 267 (268); *Lew/Mistelis/Kröll*, Rn. 28–5 f.

348 Vgl. zum diplomatischen Schutz *Horn*, in: Arbitrating Foreign Investment Disputes, S. 3 (22 f.); *Newcombe/Paradell*, S. 5 ff.

349 Muster-BITs für Deutschland, Frankreich, Indien, Italien, Kanada, Kolumbien, Norwegen und die USA sowie ein Muster-BIT des *International Institute for Sustainable*

fester Bestandteil der meisten BITs sind. Hierzu zählen insbesondere die Definition der geschützten Investition, das Gebot der gerechten und billigen Behandlung, Diskriminierungsverbote, das Willkürverbot, das Verbot der entschädigungslosen Enteignung, die Garantie des freien Zahlungstransfers, Streitbeilegungsklauseln sowie Schlussbestimmungen.[350]

Für die vorliegende Untersuchung sind der Begriff der geschützten Investition, die Diskriminierungs- und Enteignungsverbote sowie die Streitbeilegungsbestimmungen von besonderer Bedeutung.

a) Begriff der Investition

Der Begriff der Investition ist als solcher nicht allgemein definiert.[351] Grundsätzlich kann darunter der grenzüberschreitende Transfer von wirtschaftlich relevanten Ressourcen verstanden werden.[352] Investitionsschutzabkommen definieren meist einleitend den Begriff der Investition und grenzen damit den Rahmen ihres sachlichen Anwendungsbereichs ein.[353] Die Definition der Investition ist in BITs weit gefasst und umfasst regelmäßig Vermögenswerte jeglicher Art.[354]

Der deutsche Muster-BIT nennt als Beispiele für Investitionen etwa das Eigentum an beweglichen und unbeweglichen Sachen, Anteilsrechte, geldwerte Ansprüche, Rechte aus geistigem Eigentum (Patente, Marken, Goodwill, etc.) sowie öffentlich-rechtliche Konzessionen.[355] Die Definition innerhalb des deutschen Muster-BITs stellt klar, dass diese Aufzählung nicht abschließend zu verstehen

---

Development sind abrufbar unter http://www.italaw.com/investment-treaties (Abrufdatum: 25.04.2013).

350 Vgl. etwa deutscher Muster-BIT (2008), abrufbar unter http://www.italaw.com/sites/default/files/archive/ita1025.pdf (Abrufdatum: 25.04.2013); der deutsche Mustervertrag aus dem Jahre 2005 ist abgedruckt bei *Dolzer/Schreuer*, S. 368 ff.; vgl. auch *Bishop/Crawford/Reisman*, S. 10; *Newcombe/Paradell*, S. 65.

351 *Griebel*, S. 62; *Horn*, in: Arbitrating Foreign Investment Disputes, S. 3 (17); *Lew/Mistelis/Kröll*, Rn. 28–56; *Rubins*, in: Arbitrating Foreign Investment Disputes, S. 283 (287).

352 Zum Begriff der Investition ausführlich *Rubins*, in: Arbitrating Foreign Investment Disputes, S. 283 (297 ff.); vgl. ferner *Bishop/Crawford/Reisman*, S. 9 f.; *Griebel*, S. 62, unter Verweis auf den deutsch-chinesischen BIT; *Newcombe/Paradell*, S. 65 ff.

353 Vgl. etwa Art. 1 Nr. 1 des deutschen Muster-BITs (2008); vgl. ferner *Newcombe/Paradell*, S. 65 f.

354 *Dolzer/Schreuer*, S. 60; *Griebel*, S. 62 f.

355 Art. 1 Nr. 1 des deutschen Muster-BITs (2008).

ist.[356] Vorteil hiervon ist ein ausgedehnter Schutz, der jedoch in manchen Fällen mit Auslegungsschwierigkeiten verbunden sein kann, sofern unklar ist, ob eine Position unter den Schutz des Vertrages fällt oder nicht. Eine abschließende Definition der Investition findet sich dagegen beispielsweise im kanadischen Muster-BIT.[357]

Es zeigt sich, dass der Begriff der Investition, der im Wesentlichen auf internationalen Investitionsschutzabkommen beruht, unterschiedlich ist und jedem Vertrag gesondert entnommen werden muss.

b) Diskriminierungsverbote

Weiterer wesentlicher Bestandteil von BITs sind die dort genannten Diskriminierungsverbote. Diese unterteilen sich in das Gebot der Inländergleichbehandlung (*national treatment*) sowie den Grundsatz der Meistbegünstigung (*most-favoured-nation treatment*).[358]

aa) Inländergleichbehandlung

Nach dem Gebot der Inländergleichbehandlung dürfen ausländische Investoren sowie deren Investitionen „nicht weniger günstig" behandelt werden als inländische Investoren bzw. Investitionen.[359] Das bedeutet, der Gaststaat muss einem ausländischen Investor alle Rechte zukommen lassen, die er auch inländischen Investoren gewährt.

Da es sich hierbei letztlich um ein Gleichheitsrecht handelt, wird es auch entsprechend geprüft: Für eine Diskriminierung des Investors muss ein vergleichbarer Sachverhalt vorliegen, die Sachverhalte müssen durch staatliches Handeln ungleich behandelt werden und es darf keine vertragliche Ausnahme oder sonstige Rechtfertigung für die Ungleichbehandlung geben.[360]

bb) Meistbegünstigung

Der Grundsatz der Meistbegünstigung fordert, dass ein ausländischer Investor sowie dessen Investition „nicht weniger günstig" behandelt werden darf als ein

356 *Füracker*, SchiedsVZ 2006, 236 (240).

357 Vgl. Art. 1 des kanadischen Muster-BITs (2004), abrufbar unter http://italaw.com/documents/Canadian2004-FIPA-model-en.pdf (Abrufdatum: 25.04.2013).

358 *Dolzer/Schreuer*, S. 178 ff.; *Füracker*, SchiedsVZ 2006, 236 (242); *Griebel*, S. 79 ff.

359 Vgl. etwa Art. 3 Abs. 1 und 2 des deutschen Muster-BITs (2008); zur Inländergleichbehandlung ausführlich *Newcombe/Paradell*, S. 150 ff.

360 *Griebel*, S. 82; ausführlich *Newcombe/Paradell*, S. 159 ff.

Investor bzw. eine Investition aus einem Drittstaat.[361] Während das Gebot der Inländergleichbehandlung also die Gleichheit zwischen ausländischem und inländischem Investor fordert, erweitert der Grundsatz der Meistbegünstigung den Vergleichskreis um Investoren aus Drittstaaten. Gewährt der Gaststaat einem Investor aus einem Drittstaat wie auch immer geartete Begünstigungen, muss er diese bei vergleichbarem Sachverhalt auch jedem anderen ausländischen Investor gewähren, um eine Gleichstellung aller ausländischer Investoren zu erreichen.[362] Liegt eine Ungleichbehandlung trotz vergleichbaren Sachverhalts vor, hat der ausländische Investor aus dem BIT einen Anspruch darauf, die gleichen Begünstigungen zu erhalten.[363]

Schwierigkeiten bereitet der Grundsatz der Meistbegünstigung in Fällen, in denen unterschiedliche BITs mit einem Gaststaat unterschiedlich weite Schutzbereiche aufweisen. So könnte ein ausländischer Investor versucht sein, eine Verletzung der Meistbegünstigungsklausel darin zu erblicken, dass einem Drittstaat aufgrund eines weiter gehaltenen BITs ein größerer Umfang an Rechten oder Begünstigungen zugestanden wird. Dieser in ihren Einzelheiten umstrittenen Frage kann im Rahmen dieser Ausarbeitung nicht näher nachgegangen werden.[364] Richtigerweise sollte es dem Investor versagt sein, sich im Rahmen der Meistbegünstigung allein

361 Vgl. etwa Art. 3 Abs. 1 und 2 des deutschen Muster-BITs (2008); vgl. ferner *Happ*, SchiedsVZ 2005, 21 (23); *Newcombe/Paradell*, S. 193, 204.

362 *Dolzer/Schreuer*, S. 186; *Griebel*, S. 79.

363 *Griebel*, S. 80.

364 Vgl. zu einer Auflistung verschiedenster Verfahren hinsichtlich der Meistbegünstigungsklausel *Griebel*, S. 80 f.; *Happ*, SchiedsVZ 2005, 21 (23 f.); *Lew*, in: Arbitration Foreign Investment Disputes, S. 267 (279 f.); beispielhaft sei auf nachfolgende Entscheidungen verwiesen, welchen Streitigkeiten in Bezug auf die Meistbegünstigungsklausel zugrunde lagen; für die Anwendbarkeit der Meistbegünstigungsklausel vgl. *Emilio Agustín Maffezini vs. The Kingdom of Spain*, ICSID Case No. ARB/97/7, Decision of the Tribunal on Objections to Jurisdiction vom 25. Januar 2000, ICSID Report, Volume 5 (2002), S. 396 ff.; *Siemens AG vs. Argentine Republic*, ICSID Case No. ARB/02/8, Decision on Jurisdiction vom 3. August 2004, abrufbar unter http://italaw.com/documents/SiemensJurisdiction-English-3August2004.pdf (Abrufdatum: 25.04.2013); dagegen *Plama Consortium Limited vs. Republic of Bulgaria*, ICSID Case No. ARB/03/24, Decision on Jurisdiction vom 8. Februar 2005, 44 ILM (2005), S. 721 ff.; zu einer Streitigkeit, in welcher die Meistbegünstigungsklausel die Zuständigkeit des Schiedsgerichts erst begründen sollte vgl. *RosInvestCO UK Ltd. vs. The Russian Federation*, Stockholm Chamber of Commerce, Case No. Arbitration V 079/2005, Award on Jurisdiction, Oktober 2007, abrufbar unter http://www.italaw.com/sites/default/files/case-documents/ita0719.pdf (Abrufdatum: 25.04.2013).

auf für ihn günstigere Regelungen aus anderen BITs des Gaststaates mit Drittstaaten berufen zu können. Erst Recht sollte der Investor nicht ausschließlich für ihn positive Regelungen eines anderen BITs herauspicken können, ohne die nachteiligen Vorgaben des gewählten BITs einhalten zu müssen.[365] Ebenso darf es nicht möglich sein, über die Meistbegünstigungsklausel die Zuständigkeit einer vom Investor gewünschten Schiedsgerichtsinstitution erst zu begründen.[366] Schließlich sollte die Einbeziehung fremder Regelungen aus anderen BITs über die Meistbegünstigungsklausel nicht den Interessen der Vertragsparteien des streitigen BITs zuwiderlaufen, da deren Verhandlungsergebnisse ansonsten durch eine weite Auslegung der Meistbegünstigungsklausel unterlaufen würden.[367] Es emphielt sich daher eine restriktive Auslegung der Meistbegünstigungsklausel. Anderenfalls würden BITs auf ihre Meistbegünstigungsklausel reduziert und die jeweilige Rechtslage wäre nur erfassbar, wenn man alle BITs des Gaststaates zur Auslegung heranziehen würde.[368]

c) Enteignungsverbot

Für die vorliegende Ausarbeitung gleichermaßen von wesentlicher Bedeutung sind die Vorgaben in BITs zum Enteignungsverbot. Hierbei handelt es sich im Grunde nicht um ein generelles Verbot jeglicher Enteignung, sondern um das Gebot der Einhaltung gewisser Rechtmäßigkeitsvoraussetzungen im Enteignungsfall.[369] Diese Voraussetzungen einer rechtmäßigen Enteignung umfassen das Handeln im öffentlichen Interesse des Gaststaates, den nichtdiskriminierenden Charakter der Enteignung, die Einhaltung eines rechtmäßigen Verfahrens sowie die umgehende Zahlung einer adäquaten Entschädigung.[370]

---

365 So aber in *Siemens AG vs. Argentine Republic*, ICSID Case No. ARB/02/8, Decision on Jurisdiction vom 3. August 2004, abrufbar unter http://italaw.com/documents/SiemensJurisdiction-English-3August2004.pdf (Abrufdatum: 25.04.2013).

366 So auch *Salini Costruttori S.p.A. and Italstrade S.p.A. vs. The Hashemite Kingdom of Jordan*, ICSID Case No. ARB/02/13, Decision on Jurisdiction vom 9. November 2004, Rn. 102 ff., abrufbar unter http://www.italaw.com/sites/default/files/case-documents/ita0735.pdf (Abrufdatum: 25.04.2013).

367 Dies erkennen auch Gerichte an, die eine weite Auslegung der Meistbegünstigungsklausel befürworten, vgl. *Emilio Agustín Maffezini vs. The Kingdom of Spain*, ICSID Case No. ARB/97/7, Decision of the Tribunal on Objections to Jurisdiction vom 25. Januar 2000, ICSID Report, Volume 5 (2002), S. 396 ff.

368 Zum Ganzen ausführlich *Griebel*, S. 80 ff.

369 *Griebel*, S. 76; zum Begriff der Enteignung ausführlich *Newcombe/Paradell*, S. 322 ff.

370 *Griebel*, S. 76 f.; *Newcombe/Paradell*, S. 321; *Schreuer*, in: Investment Arbitration, S. 108.

Die Feststellung, ob tatsächlich eine Enteignung durch den Gaststaat vorliegt, kann sich im Einzelfall problematisch gestalten. Während eine direkte Enteignung offensichtlich ist, ist eine indirekte Enteignung[371] kaum abstrakt zu definieren.[372] Es handelt sich bei letzterer um eine staatliche Maßnahme, welche *de facto* den Effekt einer Enteignung hat, wie etwa Kontroll- und Benutzungsbeschränkungen, oder bei der sich die Enteignung durch eine Serie von staatlichen Handlungen nach und nach einschleicht (sog. *creeping expropriation*).[373] Weiterer Faktor, nach dem sich eine indirekte Enteignung bestimmen lässt, ist die wirtschaftliche Auswirkung der Maßnahme des Gaststaates, die zu einem wesentlichen wirtschaftlichen Wertverlust führen muss.[374] Mangels eindeutiger vertraglicher Bestimmungen besteht hinsichtlich des Vorliegens einer indirekten Enteignung jedoch ein gewisses Maß an Rechtsunsicherheit.[375]

d) Streitbeilegung

Weiterer elementarer Bestandteil eines jeden internationalen Investitionsschutzvertrages ist die Vereinbarung zur Beilegung von Streitigkeiten aus dem Vertrag, typischerweise im Rahmen eines schiedsgerichtlichen Verfahrens.[376] Aufgrund der Schutzbedürftigkeit der Investoren ist es erforderlich, etwaige Rechtsstreitigkeiten den Gerichten des Gaststaates zu entziehen, um einen effektiven Schutz des Investors zu gewährleisten. Nur auf diese Weise ist es dem Investor möglich, dem Gaststaat auf Augenhöhe zu begegnen.[377] Die Bestrebung nach einem internationalen Schutzstandard würde konterkariert, wenn man die Rechte aus dem Investitionsschutzvertrag wieder einem staatlichen Gericht in die Hände gäbe. Dies

---

371 Die meisten BITs erfassen neben einer direkten Enteignung auch eine indirekte, vgl. etwa Art. 4 Abs. 2 des deutschen Muster-BITs (2008); vgl. ferner *Füracker*, SchiedsVZ 2006, 236 (243); zur indirekten Enteignung ausführlich *Paulsson/Douglas*, in: Arbitrating Foreign Investment Disputes, S. 145 ff.

372 *Griebel*, S. 77; *Paulsson/Douglas*, in: Arbitrating Foreign Investment Disputes, S. 146; Beispiele für eine indirekte Enteignung finden sich unter anderem in Annex B des USA Model-BITs (2012), abrufbar unter http://www.italaw.com/sites/default/files/archive/ita1028.pdf (Abrufdatum: 25.04.2013).

373 *Griebel*, S. 77; *Schreuer*, in: Investment Arbitration, S. 108 (126 ff.); vgl. zur Enteignung durch Rechtsvorschriften *Horn*, in: Arbitrating Foreign Investment Disputes, S. 3 (18 f.).

374 *Schreuer*, in: Investment Arbitration, S. 108 (115).

375 *Griebel*, S. 78.

376 Vgl. etwa Art. 10 des deutschen Muster-BITs (2008).

377 *Griebel*, S. 93.

schließt jedoch nicht aus, dass vor Anrufung eines Schiedsgerichts die Erschöpfung des nationalen Rechtsweges verlangt wird.[378]

In vielen Fällen findet sich in BITs nicht nur eine Streitbeilegungsklausel für Konflikte zwischen Investor und Gaststaat, sondern auch für Streitigkeiten der Staaten untereinander.[379] Streitigkeiten zwischen den Vertragsstaaten selbst scheinen indes unwahrscheinlich, da ein Investor aufgrund seines eigenen Klagerechts nicht mehr auf den diplomatischen Schutz des Heimatstaates angewiesen ist.[380]

Die in den Streitbeilegungsregeln enthaltene Schiedsklausel verweist zumeist auf die Regelungen einer Schiedsinstitution.[381] Die für internationale, investitionsrechtliche Streitigkeiten bekannteste Institution ist die des *International Centre for Settlement of Investment Disputes* („ICSID"), einer internationalen Organisation, die zur Durchführung von Schiedsverfahren im Bereich grenzüberschreitender Investitionen durch das ICSID-Übereinkommen (*ICSID Convention*, auch

378 Vgl. etwa den BIT zwischen Deutschland und Argentinien, abrufbar über die Datenbank der UNCTAD unter http://www.unctadxi.org/templates/DocSearch____779.aspx (Abrufdatum: 25.04.2013). Dort heißt es unter Art. 10 Abs. 2: „*Kann eine Meinungsverschiedenheit im Sinne von Absatz 1 nicht innerhalb einer Frist von sechs Monaten ab dem Zeitpunkt ihrer Geltendmachung durch eine der beiden Streitparteien beigelegt werden, so ist sie auf Verlangen einer der beiden Streitparteien den zuständigen Gerichten der Vertragspartei, in deren Hoheitsgebiet die Investition getätigt wurde, zu unterbreiten.*" Erst nachfolgend in Art. 10 Abs. 3 wird den Parteien die Möglichkeit der Eröffnung eines Schiedsverfahrens gewährt. Zu Streitigkeiten bzgl. dieser Klausel kam es im Verfahren Siemens gegen Argentinien, ICSID Case No. ARB/02/8, Decision on Jurisdiction vom 3. August 2004, abrufbar unter http://italaw.com/documents/SiemensJurisdiction-English-3August2004.pdf (Abrufdatum: 25.04.2013). Das durch Siemens angerufene Schiedsgericht setzte sich gegen die Einwände Argentiniens hinweg, wonach Siemens zunächst den nationalen Rechtsweg hätte beschreiten sollen. Das Gericht argumentierte, Siemens könne sich auf die Meistbegünstigungsklausel berufen und damit auf die Streitbeilegungsklausel des argentinisch-chilenischen BITs, wonach eine direkte Einleitung eines Schiedsverfahrens möglich ist; vgl. ferner zur eventuell vorgeschriebenen Rechtswegerschöpfung *Horn*, in: Arbitrating Foreign Investment Disputes, S. 3 (25).

379 Vgl. etwa Art. 9 (Streitigkeit zwischen Vertragsstaaten) und Art. 10 (Streitigkeit zwischen Investor und Vertragsstaat) des deutschen Muster-BITs (2008).

380 *Griebel*, S. 92 f., der zwischenstaatliche Streitigkeiten dennoch für denkbar hält, etwa in Fällen, in denen der Gaststaat den Investor zwingt, auf seine Rechte aus dem Investitionsvertrag zu verzichten.

381 *Lew/Mistelis/Kröll*, Rn. 28–23.

Washington Convention genannt)[382] gegründet wurde.[383] Aber auch ein Verweis an jede andere Schiedsinstitution sowie die Vereinbarung eines *ad hoc*-Schiedsverfahrens mit individuellen Verfahrensregelungen im Investitionsabkommen ist möglich.[384] Das ICSID-Übereinkommen wurde bislang von 158 Staaten unterzeichnet, von denen es 148 Staaten auch ratifiziert haben.[385] Gemäß Art. 26 des ICSID-Übereinkommens und der entsprechenden Einigung der Parteien auf ein Investitionsschiedsverfahren wird der Verzicht auf jeden anderen (staatlichen) Rechtsbehelf erklärt.

2. Enteignung oder Diskriminierung des Investors

Auf Basis der soeben dargestellten allgemeinen Grundlagen des internationalen Investitionsschutzrechts gilt es nachfolgend aufzuzeigen, welche investitionsschutzrechtlichen Streitigkeiten im Zusammenhang mit den projektbezogenen Flexiblen Mechanismen entstehen können.

Stellt man auf Konflikte zwischen Investor und Gaststaat ab, stellen sich im Wesentlichen zwei Fragen, in denen es zu Streitigkeiten zwischen den Parteien kommen kann: Zum einen ist zu klären, ob ein JI- oder CDM-Projekt des Investors eine Investition darstellt, zum anderen ist zu prüfen, ob die Maßnahme des Gaststaates eine enteignende oder diskriminierende Wirkung hat.[386]

---

382 *Convention on the Settlement of Investment Disputes between States and Nationals of other States* vom 18. März 1965, 4 ILM (1965), S. 532 ff.

383 *Lew/Mistelis/Kröll*, Rn. 28–39; *Reed/Paulsson/Blackaby*, S. 1 ff.; *Wegen/Raible*, SchiedsVZ 2006, 225 (232).

384 Der deutsche Muster-BIT eröffnet den Vertragsparteien weitestmöglichen Spielraum und gestattet jeweils alternativ den Verweis an die Schiedsinstitutionen des ICSID, der International Chamber of Commerce („ICC") und des London Court of International Arbitration („LCIA") sowie die Durchführung eines *ad hoc*-Verfahrens nach den Regelungen der United Nations Commission for International Trade Law („UNCITRAL") oder jede sonstige Form der Streitbeilegung, auf die sich die Parteien geeinigt haben, vgl. Art. 10 Abs. 2 des deutschen Muster-BITs (2008).

385 Stand: April 2013; eine Liste aller Vertragsstaaten des ICSID-Übereinkommens ist abrufbar unter https://icsid.worldbank.org/ICSID/FrontServlet?requestType=ICSIDDocRH&actionVal=ShowDocument&language=English (Abrufdatum: 25.04.2013).

386 Daneben sind weitere Streitigkeiten denkbar, etwa solche, die auf Maßnahmen beruhen, welche das Willkürverbot verletzen oder gegen das Gebot der gerechten und billigen Behandlung verstoßen.

a) JI- bzw. CDM-Projekt als Investition

Egal welche Art von staatlicher Verletzungshandlung im konkreten Fall vorliegt, ist jedenfalls erforderlich, dass es sich bei dem vom Investor durchgeführten JI- oder CDM-Projekt um eine Investition im Sinne des jeweiligen BITs handelt. Da der Begriff der Investition je nach BIT variieren kann, lässt sich keine allgemeingültige Aussage treffen, ob ein Projekt im Rahmen der Flexiblen Mechanismen eine geschützte Investition darstellt. Umso eher sind hierzu Konflikte zu erwarten, sollte es zu einer den Investor belastenden Maßnahme des Gaststaates kommen.

In der Literatur ergibt sich ebenfalls kein einheitliches Bild, ob ein JI- oder CDM-Projekt automatisch auch eine Investition im Sinne der Definition in internationalen Investitionsschutzverträgen darstellt.[387] Selbstverständlich gibt es eindeutige Fälle, in denen eine Investition nach allen BITs zu bejahen sein sollte, etwa wenn der Investor im Gaststaat ein Unternehmen zur Durchführung des Projektes gründet, auf das der Gaststaat Einfluss nimmt. Gleiches gilt, wenn der Investor aufgrund staatlichen Handels oder pflichtwidrigen Unterlassens einen Eigentumsverlust an beweglichen oder unbeweglichen Sachen erleidet, die er zur Durchführung des Projekts benötigt.

Daneben sind Fälle denkbar, in denen eine Investition nicht zweifelsfrei gegeben ist. Angenommen der Investor beschränkt sich allein auf die Finanzierung des Projekts vom Heimatstaat aus, indem er dem durchführenden Unternehmen im Gaststaat ein Darlehen gewährt und hierfür im Gegenzug keine Sicherheit in Form von Gesellschaftsanteilen oder ähnlichem erhält. Während eine solche Finanzierung in einem weit gefassten BIT womöglich eine Investition darstellt, wäre dies nach einem enger gefassten BIT, wie beispielsweise dem kanadischen Muster-BIT, nicht selbstverständlich. Damit es sich nach diesem BIT um eine geschützte Investition handelt, dürfte das finanzierte Unternehmen beispielsweise nicht in staatlicher Hand sein.[388] Dass auf der anderen Seite des Projekts ein staatliches Unternehmen steht, ist jedoch nicht unwahrscheinlich, etwa in Projekten zur Schließung von Methanleckagen an Gas-Pipelines.

Sollte die Investition selbst noch nicht unter den Schutzbereich eines BITs fallen, wäre der Investor dennoch geschützt, soweit der jeweilige BIT auch Ansprüche im Zusammenhang mit der Kapitalanlage absichert, was in den meisten

387 *Brown*, 1 J. Int'l Disp. Settlement, 447 (464), der eine Investition in aller Regel für gegeben hält; ebenso *Werksman/Baumert/Dubash*, Climate Notes, 1 (8); kritisch dagegen *Ratliff*, in: Legal Aspects of Implementing the Kyoto Protocol Mechanisms, S. 377 (388 ff.).

388 Vgl. Definition der Investition unter Art. 1 des kanadischen Muster-BITs.

BITs der Fall ist.[389] Da dem Investor aufgrund des Projektvertrages bei ordnungsgemäßer Durchführung des Projekts ein Anspruch auf die hieraus resultierenden Reduktionszertifikate zusteht, ist dieser Anspruch als ein ebensolcher Anspruch im Zusammenhang mit der Kapitalanlage anzusehen.[390] Vereitelt der Gaststaat die Ausstellung und Übertragung der Zertifikate, läge damit eine BIT-Verletzung vor, sofern der jeweilige BIT solche Ansprüche umfasst.

Die voranstehenden Unklarheiten zeigen, dass es hinsichtlich des Investitionsbegriffs durchaus zu Streitigkeiten zwischen den Parteien kommen kann. Für den Investor ist es empfehlenswert, sich nicht allein darauf zu verlassen, dass seine Investition potentiell durch einen BIT geschützt ist. Vielmehr sollte er auch im Rahmen des Projektvertrages darauf achten, eine Schiedsklausel aufzunehmen, um sich nicht den nationalen Gerichten des Gaststaates ausgesetzt zu sehen.[391]

b) Entschädigungslose Enteignung oder Diskriminierung

Die Feststellung, ob seitens des Gaststaates eine enteignende oder diskriminierende Maßnahme vorliegt, wird weitaus einfacher zu treffen sein als die Feststellung des Vorliegens einer Investition. Praktisch jede staatliche Maßnahme, die dem Investor die Erlangung der mit dem Projekt erstrebten Reduktionszertifikate vereitelt, wird dem Investor das Recht einräumen, aus dem BIT gegen den Gaststaat vorzugehen.[392] Eine indirekte Enteignung der durch das Projekt zu erzielenden Reduktionszertifikate läge etwa vor, wenn der Gaststaat beschließt, die fiktive Basislinie des Emissionsausstoßes ohne das jeweilige Projekt zu Lasten des Investors zu ändern, wodurch das Projekt nur noch eine wesentlich geringere Anzahl an Zertifikaten generiert.[393] Ein ähnlicher Fall läge vor, wenn der Gaststaat eigene Maßnahmen zur Emissionsreduktion ergreift, die im gleichen Bereich wie das JI- oder CDM-Projekt liegen und welche die fiktive Basislinie nachhaltig ändern.[394] Diskriminierungen im Verhältnis zu Angehörigen des Gaststaates sind dagegen kaum denkbar, da diese im eigenen Staat nicht als Investor im Rahmen eines JI- oder CDM-Projekts agieren können.

---

389 *Brown*, 1 J. Int'l Disp. Settlement, 447 (464); *Griebel*, S. 62.

390 *Werksman/Baumert/Dubash*, Climate Notes, 1 (8).

391 *Ratliff*, in: Legal Aspects of Implementing the Kyoto Protocol Mechanisms, S. 377 (390).

392 *Brown*, 1 J. Int'l Disp. Settlement, 447 (465).

393 *Werksman/Baumert/Dubash*, Climate Notes, 1 (11).

394 *Werksman/Baumert/Dubash*, Climate Notes, 1 (12).

Hinsichtlich der Enteignung sind zusätzlich Konflikte in Bezug auf eine angemessene Entschädigung denkbar. So könnte der Gaststaat argumentieren, eine BIT-Verletzung scheide aus, da er dem Investor die Kosten, die diesem durch das Projekt entstanden sind, zeitnah ersetzt habe. Dagegen könnte dies für den Investor keine angemessene Entschädigung darstellen, wenn er sich aufgrund des Fehlschlags des Projektes nun anderweitig zu einem deutlich höheren Preis Emissionszertifikate besorgen muss oder ihm ein wesentlicher Gewinn aufgrund eines von vornherein geplanten Weiterverkaufs der Zertifikate entgeht.

Vereitelt der Gaststaat den Erfolg des Projekts unter Verletzung eines BIT und beinhaltet der Projektvertrag ebenfalls eine Schiedsklausel, stehen dem Investor mithin mehrere Möglichkeiten offen, seine Ansprüche gerichtlich einzuklagen.

c) Verletzung eines BIT durch Vorgaben der Flexiblen Mechanismen

Abschließend ist im Rahmen der Streitigkeiten zwischen Gaststaat und Investor auf einen investitionsschutzrechtlichen Konflikt hinzuweisen, der allein aufgrund der Vorgaben der Flexiblen Mechanismen entstehen kann.[395]

Wie bereits in den einleitenden Bemerkungen zum internationalen Investitionsschutz gezeigt, sollen die Regelungen in BITs dem Investor weitestgehend ein uneingeschränktes Recht auf Investitionen im Gaststaat ermöglichen. Die Regelungen der Flexiblen Mechanismen sind mit diesem Anliegen jedoch nicht in Einklang zu bringen. So ist vor der Durchführung eines JI- oder CDM-Projekts zunächst die Zustimmung des Gaststaates mittels eines LoA oder einer sonstigen Einverständniserklärung einzuholen. Diese Voraussetzung der projektbezogenen Flexiblen Mechanismen harmoniert mithin nicht mit dem Recht auf uneingeschränkte Investition. Der Gaststaat müsste bei einer Versagung eines LoA stets eine BIT-Verletzung fürchten und wäre möglicherweise einem Schadensersatzprozess seitens des Investors ausgesetzt, sofern dieser sein Projekt in einem anderen Land entweder gar nicht oder nur unter wesentlich höherem finanziellen Aufwand durchführen könnte.

Es wird vorgeschlagen, Projektverträge mit Klauseln zu versehen, in denen die Parteien vereinbaren, in einem solchen Fall die Regelungen des BIT zu ergänzen oder gar außer Kraft zu setzen.[396] Diese Idee geht indes nicht weit genug. Es wird dem Gaststaat wenig helfen, wenn der Projektvertrag vorsieht, dass eine Versagung

395 Vgl. zum Problem der BIT-Verletzung durch die Regelungen der Flexiblen Mechanismen ausführlich *Werksman/Baumert/Dubash*, Climate Notes, 1 (7 ff.).

396 *Werksman/Baumert/Dubash*, Climate Notes, 1 (4).

des LoA einen Anspruch des Investors aus dem BIT nicht zu begründen vermag, da der Projektvertrag sinnvoller Weise erst nach Erteilung aller staatlicher Genehmigungen geschlossen werden wird. Wenn man also Regelungen eines BIT abbedingen möchte, müsste eine solche Vereinbarung bereits in einem Antrag auf Erteilung eines LoA erfolgen. Dem Gaststaat wäre daher zu raten, bereits das Antragsformular auf Erteilung eines LoA mit einer Klausel zu versehen, nach der die Versagung der Genehmigung keine BIT-Verletzung zu begründen vermag.

3. Enteignung oder Diskriminierung eines Dritten

Nachdem vorausgehend das investitionsrechtliche Konfliktpotential zwischen Investor und Gaststaat dargestellt wurde, soll nunmehr auf mögliche Streitigkeiten eingegangen werden, die zwischen dem Gaststaat eines Projektes und einem am Projekt unbeteiligten Dritten entstehen können. Solche Konflikte sind denkbar, wenn zwischen dem Gaststaat der Investition und dem Heimatstaat des unbeteiligten Dritten ebenfalls ein BIT abgeschlossen wurde.

Während Konflikte zwischen Investor und Gaststaat zumeist neben solche aus dem Projektvertrag treten und dem Investor möglicherweise ein Wahlrecht zusteht, ob er aus dem Projektvertrag oder dem BIT gegen den Gaststaat vorgehen möchte, wird in Streitigkeiten zwischen Gaststaat und einem am Projekt unbeteiligten Dritten einem solchen Dritten mangels vertraglicher Beziehungen nur der BIT als Schutz verbleiben.

Die folgende Darstellung möglicher Streitigkeiten untergliedert sich in Konflikte, die aufgrund des JI- oder CDM-Projekts gegenüber einem Dritten entstehen können sowie solche, die allein durch die Vorgaben des Kyoto-Protokolls und der Flexiblen Mechanismen hervorgerufen werden.

a) Verletzung eines BIT durch ein JI- oder CDM-Projekt

Unterstellt man, dass ein Dritter eine von einem BIT geschützte Investition im Gaststaat des JI- oder CDM-Projekts eines Investors getätigt hat, ist denkbar, dass zur Durchführung dieses Projekts der Gaststaat den Dritten enteignet.

Angenommen der Investor einigt sich mit dem Gaststaat auf die Durchführung eines CDM-Projekts, welches die Aufforstung oder Wiederaufforstung eines bestimmten Gebiets im Gaststaat zum Gegenstand hat. Steht dieses aufzuforstende Gebiet ganz oder teilweise im Eigentum des Dritten, wird der Gaststaat den Dritten enteignen müssen, um das Projekt durchführen zu können. Zwar sind Enteignungen, wie bereits erläutert, nicht grundsätzlich verboten, doch muss der

Gaststaat die im BIT festgelegten Voraussetzungen einer rechtmäßigen Enteignung einhalten. Möglichweise ist der Gaststaat auch der Ansicht, in einem solchen Fall keine investitionsrechtlich bedeutsame Enteignung begangen zu haben, da sein Handeln dem übergeordneten Interesse des Umweltschutzes sowie der Einhaltung internationaler Abkommen wie dem Kyoto-Protokoll diene und er damit aufgrund Handelns im öffentlichen Interesse keinen Ersatz zu leisten habe.

In einem ähnlich gelagerten Fall, in dem der Gaststaat das Grundstück eines Investors enteignete, da dieses aufgrund der dort vorhandenen Artenvielfalt als Weltnaturerbe geschützt werden müsse, entschied das angerufene Schiedsgericht, dass der Gaststaat aufgrund eines öffentlichen Interesses gehandelt habe. Dies ändere jedoch nichts an der grundsätzlich gegebenen Enteignung und erfordere zudem eine angemessene Entschädigung des Investors.[397]

b) Verletzung eines BIT durch Vorgaben der Flexiblen Mechanismen

Wie schon im Rahmen der Streitigkeiten zwischen Investor und Gaststaat sind die Vorgaben zur Teilnahme an den projektbezogenen Flexiblen Mechanismen auch im Verhältnis des Gaststaates zu Dritten geeignet, Konflikte hervorzurufen. Dritter kann in diesem Zusammenhang jeder Angehörige eines Staates sein, mit dem der Gaststaat einen BIT geschlossen hat.

Die Begriffe „Investor“, „Dritter“ und „Gaststaat“ sind in diesem Kontext nicht ganz korrekt, werden aus Zwecken der Einheitlichkeit aber weiter verwandt. Da in den sogleich zu besprechenden Konstellationen noch keine Investition vorliegt, gibt es im Prinzip auch keinen Investor. Dritter ist derjenige, der eine Investition tätigen möchte und Gaststaat der Staat, in dem die gewünschte Investition getätigt werden soll.

Schwierigkeiten bereitet in einem solchen Fall die Meistbegünstigungsklausel,[398] nach der alle ausländischen Investoren bei vergleichbarem Sachverhalt gleich zu behandeln sind. Das Kyoto-Protokoll und mithin auch die Flexiblen Mechanismen sehen jedoch bereits grundlegend eine Ungleichbehandlung vor, indem sie die Aufgabe des Klimaschutzes den wirtschaftlich stärkeren Industriestaaten auferlegen, die zumindest in der Vergangenheit auch einen Großteil der Treibhausgasemissionen verschuldet haben.

---

397 *Compañía del Desarrollo de Santa Elena, S.A. vs. Republic of Costa Rica*, ICSID Case No. ARB/96/1, Final Award vom 17. Februar 2000, Rn. 71, abrufbar unter http://italaw.com/documents/santaelena_award.pdf (Abrufdatum: 25.04.2013); vgl. auch *Brown*, 1 J. Int'l Disp. Settlement, 447 (465 f.).

398 Vgl. ausführlich *Werksman/Baumert/Dubash*, Climate Notes, 1 (7 ff.).

Möchte ein Dritter nun ein Reduktionsprojekt im Gaststaat durchführen, ist es möglich, dass er allein aufgrund seiner staatlichen Herkunft abgelehnt wird.[399] Es ist eine Vielzahl an Gründen denkbar, aufgrund derer der Dritte keine Genehmigung seitens des Gaststaates erhält, etwa wenn der Heimatstaat des Dritten kein Vertragsstaat des Kyoto-Protokolls ist, wenn der Heimatstaat kein reduktionsverpflichteter Annex-B-Staat ist oder wenn der Heimatstaat zwar ein verpflichteter Annex-B-Staat ist, dieser jedoch die Voraussetzungen zur Teilnahme an den Flexiblen Mechanismen nicht erfüllt.[400] In all diesen Fällen liegt durch die Versagung der Durchführung eines JI- oder CDM-Projekts eine Diskriminierung des Dritten gegenüber einem Investor aus einem reduktionsverpflichteten, alle Voraussetzungen erfüllenden Heimatstaat vor.

Man könnte argumentieren, dies sei ein rein theoretisches Problem, da keine Gründe ersichtlich seien, warum ein Unternehmen aus einem nicht reduktionsverpflichteten Staat ein solches Projekt durchführen möchte. Jedoch sollte es aufgrund der freien Handelbarkeit der Emissionszertifikate jedem offen stehen, solche Zertifikate zu erwirtschaften und meistbietend zu veräußern.[401] Ein Dritter könnte daher aus rein wirtschaftlichen Gründen ein JI- oder CDM-Projekt durchführen wollen, was ihm die Regelungen des Kyoto-Protokolls sowie der Flexiblen Mechanismen allerdings verwehren.

Der Gaststaat sieht sich in einem solchen Fall womöglich einem investitionsschutzrechtlichen Verfahren ausgesetzt. Ein Dritter könnte zwar ein wie auch immer geartetes Projekt durchführen, würde aufgrund der Vorgaben der Flexiblen Mechanismen indes hierfür keine Zertifikate erhalten, was ihn gegenüber Angehörigen reduktionsverpflichteter Staaten diskriminiert und einen Verstoß gegen die Meistbegünstigungsklausel darstellt.

Werksman et al. schlagen diesbezüglich Anpassungen in BITs vor, um den Besonderheiten des Umweltschutzregimes Rechnung zu tragen und derartige Diskriminierungen zu gestatten.[402] Ob sich dieser Vorschlag durchsetzt ist jedoch überaus fragwürdig. Insbesondere sind rückwirkende Änderungen der bereits in großer Anzahl bestehenden BITs nicht zu erwarten. Ebenso fragwürdig ist der Ansatz, solchen Konflikten den Gedanken des Art. 53 des Wiener Übereinkommens über

---

399 *Werksman/Baumert/Dubash*, Climate Notes, 1 (9).

400 *Werksman/Baumert/Dubash*, Climate Notes, 1 (9).

401 *Werksman/Baumert/Dubash*, Climate Notes, 1 (10).

402 *Werksman/Baumert/Dubash*, Climate Notes, 1 (15).

das Recht der Verträge[403] zugrunde zu legen, wonach ein Vertrag – im vorliegenden Fall ein BIT – nichtig ist, wenn er in Widerspruch zu zwingenden Normen des allgemeinen Völkerrechts (*ius cogens*) steht. Die Regelungen des Kyoto-Protokolls sind keine solchen Normen, die von der internationalen Staatengemeinschaft allgemein angenommen und anerkannt werden und von denen nicht abgewichen werden darf.[404] Dem Gaststaat bliebe daher wiederum, wie schon im Verhältnis des Investors zum Gaststaat, nur die Möglichkeit, seine Haftung bereits im Rahmen des Antrags auf Erteilung eines LoA auszuschließen.

403 Wiener Übereinkommen über das Recht der Verträge vom 23. Mai 1969, BGBl. 1985 II S. 927.

404 Ausführlich *Brown*, 1 J. Int'l Disp. Settlement, 447 (466 f.).

F. Konfliktlösung

Das Aufzeigen des Konfliktpotentials im Rahmen des Kyoto-Protokolls sowie der Flexiblen Mechanismen hat verdeutlicht, dass es praktisch in allen Stadien eines Projekts oder Emissionshandels sowie bereits im Vorfeld zu solchen Vorhaben zu Streitigkeiten zwischen den Parteien selbst und beteiligten als auch unbeteiligten Dritten kommen kann. Solche Konflikte sind zwangsläufig zu erwarten, sei es etwa aufgrund der geringen Erfahrung der Projektparteien mit den noch relativ jungen Regelungen des Kyoto-Protokolls oder auch nur aufgrund schlecht abgefasster Verträge. Umso wichtiger ist es für die Parteien eines JI- oder CDM-Projekts sowie für die Vertragsparteien im Rahmen eines Emissionshandels, dass sie sich bereits bei den Vertragsverhandlungen für den Konfliktfall ausreichend absichern und geeignete Streitbeilegungsklauseln in ihre Verträge aufnehmen.

Die nachfolgende Darstellung soll aufzeigen, welche Streitbeilegungsmöglichkeiten den Parteien offen stehen und nach welchen Regelungen sie sich richten. Dabei wird schwerpunktmäßig das Schiedsverfahren beleuchtet, welches bereits aufgrund der Vorgaben der Musterverträge der meist gewählte Streitbeilegungsmechanismus ist. Unabhängig von dieser Vertragspraxis gilt es im Rahmen der Erläuterung des Schiedsverfahrens aufzuzeigen, für welche Konflikte dieses Verfahren geeignet erscheint.

Zudem ist der Frage nachzugehen, welche Streitbeilegungsmechanismen den Parteien neben dem Schiedsverfahren zur Verfügung stehen. Die weiteren Verfahrensarten sollen hierbei in ihren Grundzügen erläutert werden.

I. Schiedsverfahren

Die folgenden Ausführungen zum Schiedsverfahren sollen keine allumfassende Abhandlung zu den Prinzipien und Problematiken der internationalen Schiedsgerichtsbarkeit darstellen. Hierzu gibt es bereits eine Vielzahl an Werken, welche sich ausführlich mit der Thematik der internationalen Schiedsgerichtsbarkeit befassen, auf die im Rahmen der nachfolgenden Darstellung jeweils verwiesen wird. Vielmehr gilt es im Rahmen dieser Ausarbeitung die Berührungspunkte zwischen internationaler Schiedsgerichtsbarkeit zum einen und Streitbeilegung im Rahmen des Kyoto-Protokolls zum anderen herauszuarbeiten. Es soll festgestellt werden, ob die allgemeinen Grundsätze und Verfahrensabläufe der internationalen Schiedsgerichtsbarkeit auch dann gelten, wenn es sich nicht um eine gewöhnliche handelsrechtliche Streitigkeit, sondern um eine solche handelt, die aus den Flexiblen Mechanismen des Kyoto-Protokolls resultiert und mithin neben dem handelsrechtlichen auch einen umwelt- und investitionsrechtlichen Charakter aufweist.

Hierzu sollen zunächst die Vor- und Nachteile der internationalen Schiedsgerichtsbarkeit angesprochen und darauf hin untersucht werden, ob sie auch für Streitigkeiten im Rahmen des Kyoto-Protokolls bzw. der Flexiblen Mechanismen gelten. Im Anschluss ist auf die Schiedsvereinbarung, dort vor allem auf die Schiedsfähigkeit sowie die Beteiligung Dritter, einzugehen. Ebenso soll der Verfahrensablauf vor dem Hintergrund der speziell für Verfahren der vorliegenden Art geschaffenen Regelungen des Ständigen Schiedshofs (Permanent Court of Arbitration; „PCA“) in Den Haag[405] dargestellt werden. Des Weiteren ist zur Anerkennung und Vollstreckung von Schiedssprüchen Stellung zu nehmen. Abschließend soll auf den einstweiligen Rechtsschutz sowie auf das Verhältnis zwischen handelsrechtlicher und investitionsrechtlicher Schiedsgerichtsbarkeit eingegangen werden.

1. Arten der Schiedsgerichtsbarkeit

Vorab ist auf die verschiedenen Arten der Schiedsgerichtsbarkeit einzugehen. Dies vor dem Hintergrund der Frage, für welche der aufgezeigten Streitigkeiten ein Schiedsverfahren als geeigneter Konfliktlösungsmechanismus in Frage kommt.

Lässt man Exoten, wie etwa die Schiedsgerichtsbarkeit der Religionsgemeinschaften,[406] außer acht, untergliedert sich die Schiedsgerichtsbarkeit grundsätzlich in drei Arten: verwaltungsrechtlich, völkerrechtlich und privat.[407]

a) Verwaltungsrechtliche Schiedsgerichtsbarkeit

Die VwGO sieht die verwaltungsrechtliche Schiedsgerichtsbarkeit ausdrücklich vor, ohne sie jedoch näher zu regeln.[408] Gemäß § 168 Abs. 1 Nr. 5 VwGO zählen Schiedssprüche öffentlich-rechtlicher Schiedsgerichte zu den Vollstreckungstiteln.

---

405 *Permanent Court of Arbitration – Optional Rules for Arbitration of Disputes Relating to Natural Resources and the Environment* vom 19. Juni 2001 („PCA Environmental Rules“), XXVI Yearbook Commercial Arbitration („YCA“) (2001), S. 425 ff.; zudem abrufbar unter http://www.pca-cpa.org/showfile.asp?fil_id=590 (Abrufdatum: 25.04.2013).

406 *Lachmann*, Rn. 13.

407 *Lachmann*, Rn. 13 ff.; *Lionnet/Lionnet*, S. 43 ff.

408 *Lionnet/Lionnet*, S. 43; *Schwab/Walter*, Kap. 1 Rn. 3.

Die näheren Verfahrensbestimmungen richten sich gemäß § 173 S. 1 VwGO nach den Vorschriften der ZPO. Dies jedoch nur unter der Bedingung, dass sich die grundsätzlichen Unterschiede der beiden Verfahrensarten nicht ausschließen.[409] Die Akzeptanz dieses Verfahrens, welches sich auf öffentlich-rechtliche Streitigkeiten nicht verfassungsrechtlicher Art beschränkt, ist gering.[410] Auch im internationalen Bereich konnte sich eine verwaltungsrechtliche Schiedsgerichtsbarkeit bislang nicht durchsetzen, was unter anderem mit der in einigen Staaten fehlenden Unterscheidung zwischen öffentlichem und privatem Recht begründet wird.[411]

Die verwaltungsgerichtliche Schiedsgerichtsbarkeit ist für die vorliegende Ausarbeitung nur von geringer Bedeutung. Ein solches Verfahren ist allenfalls denkbar, wenn ein deutsches Unternehmen in Deutschland die Ausstellung eines LoA begehrt, die ausstellende Behörde dies aber verwehrt. Entsprechende Verfahren sind auch in anderen Staaten denkbar, sofern deren Verwaltungsgerichtsordnung vergleichbare Regelungen enthält. Doch selbst innerhalb dieses geringen Anwendungsbereichs erscheint fraglich, ob es überhaupt zu einem verwaltungsrechtlichen Schiedsverfahren kommt. Hiergegen sprechen zum einen die erwähnte geringe Akzeptanz, insbesondere vor dem Hintergrund, dass der Antragsteller auch den herkömmlichen Verwaltungsrechtsweg beschreiten könnte. Die Verwaltungsgerichte stellen bei reinen Inlandsfällen jedenfalls ein neutrales Forum dar, sodass der Kläger keine Benachteiligung wie etwa vor ausländischen Gerichten zu fürchten hat. Zum anderen müsste der Antragsteller auf das Aushandeln einer Schiedsklausel beharren, was seine Chancen auf Ausstellung eines LoA möglicherweise noch weiter beeinträchtigt.[412]

b) Völkerrechtliche Schiedsgerichtsbarkeit

Die völkerrechtliche Schiedsgerichtsbarkeit war in ihren Ursprüngen allein für Konflikte zwischen Völkerrechtssubjekten, d.h. Staaten vorgesehen.[413] Eine Verfahrensordnung für derartige Streitigkeiten findet sich in den Regelwerken des PCA.[414]

---

409 *Lachmann*, Rn. 14.

410 *Kreindler/Schäfer/Wolff*, Rn. 28; *Lachmann*, Rn. 14.

411 So insbesondere in *common law*-Staaten, vgl. *Schlosser*, Rn. 5 ff.

412 *Ratliff*, in: Legal Aspects of Implementing the Kyoto Protocol Mechanisms, S. 377 (393).

413 *Lachmann*, Rn. 16; *Schlosser*, Rn. 4.

414 *Permanent Court of Arbitration – Optional Rules for Arbitrating Disputes between Two States* vom 20. Oktober 1992, 32 ILM (1993), S. 572 ff.; zudem abrufbar unter http://www.pca-cpa.org/showfile.asp?fil_id=195 (Abrufdatum: 25.04.2013).

Das Bild der rein staatlichen völkerrechtlichen Schiedsverfahren wandelt sich jedoch. So gibt es mittlerweile Institutionen, die zwar durch einen völkerrechtlichen Vertrag geschaffen, aber auch im Verhältnis eines Privaten zum Staat angerufen werden können. Hierzu zählen etwa die ICSID-Schiedsgerichte sowie das *Iran-United States Claims Tribunal*.[415] Die bloße Einrichtung dieser Institutionen sagt jedoch nichts darüber aus, ob Private als Partei im Rahmen eines völkerrechtlichen Schiedsverfahrens agieren können. Diese Frage ist in vielfacher Hinsicht umstritten.[416] So ist bereits unklar, ob das *Iran-United States Claims Tribunal* überhaupt ein Schiedsgericht ist.[417] Ebenso wird argumentiert, dass allein Streitigkeiten von Völkerrechtssubjekten, die aus staatlicher Hoheitsgewalt resultieren, völkerrechtlich sein können.[418]

Für die vorliegende Ausarbeitung sind diese Streitigkeiten jedoch ohne Bedeutung. Die ICSID-Schiedsgerichte sind jedenfalls für sämtliche oben angeführten investitionsrechtlichen Streitigkeiten – je nach BIT zumindest hilfsweise – zuständig. Damit stellt die Schiedsgerichtsbarkeit im Rahmen des Investitionsschutzes das maßgebliche Streitbeilegungsforum dar, egal ob man solche Verfahren nun als privatrechtlich oder völkerrechtlich einordnen mag.

Unstreitig völkerrechtlich sind zudem Streitigkeiten zwischen Staaten, die sich über die Vorgaben der UNFCCC und des Kyoto-Protokolls sowie deren Einhaltung streiten. Ob es in einem solchen Fall ratsam ist, ein Schiedsgericht mit der Streitigkeit zu befassen, ist indes fraglich, da UNFCCC und Kyoto-Protokoll eigene Streitbeilegungsmechanismen vorsehen.[419]

c) Private Schiedsgerichtsbarkeit

Die private Schiedsgerichtsbarkeit stellt den Schwerpunkt dieser Ausarbeitung dar. Sie wird in Wirtschaftsangelegenheiten auch als Handelsschiedsgerichtsbarkeit (*commercial arbitration*) bezeichnet und untergliedert sich in die nationale und die internationale Schiedsgerichtsbarkeit.[420] Daneben existieren noch eine Reihe weiterer privatrechtlicher Schiedsgerichtsbarkeiten, wie etwa die

---

415 *Kreindler/Schäfer/Wolff*, Rn. 27.

416 *Lachmann*, Rn. 16.

417 Dafür *Lionnet/Lionnet*, S. 44 f.; dagegen *Schlosser*, Rn. 14, 17, der aufgrund der obligatorischen Regelungen die Eigenschaft als Schiedsgericht ablehnt.

418 *Schwab/Walter*, Kap. 42 Rn. 23.

419 Vgl. Art. 14 UNFCCC und Art. 19 Kyoto-Protokoll.

420 *Lionnet/Lionnet*, S. 45; *Redfern/Hunter*, Rn. 1.16 ff.

Vereins- und Verbandsschiedsgerichtsbarkeit sowie die Sportschiedsgerichtsbarkeit.[421]

Ein Schiedsverfahren ist international, wenn die Parteien ihren Wohnsitz bzw. ihre Niederlassung in verschiedenen Staaten haben, wenn sie es vertraglich vereinbaren oder „wenn der Ort des schiedsrichterlichen Verfahrens, der Erfüllungsort oder der Ort, mit dem der Streitgegenstand die engste Verbindung aufweist, sich außerhalb des Staates befindet, in dem die Parteien ihre Niederlassung haben".[422] Dementsprechend liegt ein nationales Schiedsverfahren nur bei einem reinen Inlandsfall vor, d.h. wenn beide Parteien ihren Sitz im gleichen Staat haben, das Verfahren in diesem Staat durchgeführt werden soll und auch der streitige Sachverhalt keinerlei Auslandsbezug aufweist.

Wesentlicher Unterschied der beiden Verfahrensarten ist das auf den Fall anwendbare Verfahrensrecht. Während es sich bei einem nationalen Schiedsverfahren nach den staatlichen Verfahrensregelungen einschließlich etwaiger schiedsverfahrensrechtlicher Besonderheiten richtet, soll das auf internationale Verfahren anwendbare Recht, das sich nach dem Recht des Staates bestimmt, in dem das Schiedsverfahren seinen Sitz hat, frei von lokalen Besonderheiten und international angeglichen sein.[423] Die Regelungen des nationalen und internationalen Schiedsverfahrens passen sich jedoch aufgrund von Modellvorschriften,[424] die für internationale Verfahren bestimmt waren, sich aber auch für nationale Verfahren eignen, zunehmend an, sodass sie sich nicht zwangsläufig unterscheiden.[425] So würde beispielsweise ein nationales Schiedsverfahren in Deutschland sowie ein internationales Schiedsverfahren mit Sitz in Deutschland den gleichen zwingenden Regelungen, nämlich denen des 10. Buches der ZPO, unterliegen.[426] Ebenso gibt es Staaten, die ihre Regelungen zu nationalen und internationalen Schiedsverfahren zwar angeglichen haben, gewisse nationale Besonderheiten aber nicht

---

421 *Schlosser*, Rn. 7.

422 *Lionnet/Lionnet*, S. 45; vgl. zur Internationalität eines Schiedsverfahrens auch die Definition in Art. 1 Abs. 3 des *UNCITRAL Model Law on International Commercial Arbitration* vom 21. Juni 1985 („UNCITRAL Model Law"), 24 ILM (1985), S. 1302 ff.; zudem abrufbar unter http://www.uncitral.org/uncitral/en/uncitral_texts/arbitration/1985Model_arbitration.html (Abrufdatum: 25.04.2013).

423 *Lionnet/Lionnet*, S. 46 f.; *Redfern/Hunter*, Rn. 1.17 f.

424 Hierzu zählt insbesondere das UNCITRAL Model Law, 24 ILM (1985), S. 1302 ff.

425 *Lionnet/Lionnet*, S. 46; *Schwab/Walter*, Kap. 41 Rn. 7.

426 *Lionnet/Lionnet*, S. 46 f.

aufgeben wollten.[427] Unabhängig davon, ob das jeweilige nationale Recht zwischen nationalen und internationalen Verfahren unterscheidet, gibt es jedenfalls keine supranationale Schiedsgerichtsbarkeit, die gänzlich von den Verfahrensvorschriften eines Staates losgelöst wäre.[428]

Daneben ist hinsichtlich jeder Form des Schiedsverfahrens zu beachten, dass möglicherweise die Unterstützung staatlicher Gerichte erforderlich werden kann, etwa bei Aufhebungs- und Vollstreckungsanträgen sowie bei Maßnahmen, die hoheitliche Befugnisse erfordern, wie die Vereidigung von Zeugen und Sachverständigen sowie die zwangsweise Vernehmung dieser Personen, sofern sie sich einer freiwilligen Vernehmung widersetzen.[429]

Die nationale private Schiedsgerichtsbarkeit ist für die vorliegende Ausarbeitung aufgrund der Internationalität der Sachverhalte ohne Bedeutung. Die internationale Handelsschiedsgerichtsbarkeit dagegen kann in ihrer Bedeutung für die Streitbeilegung im Rahmen der Flexiblen Mechanismen des Kyoto-Protokolls kaum überbewertet werden. Sie bildet ein geeignetes Forum für sämtliche aufgezeigten Konflikte, die sich zwischen den Parteien eines JI- oder CDM-Projekts sowie eines Emissionshandels ereignen können. Die internationale Schiedsgerichtsbarkeit ermöglicht vor allem, dass sich die Parteien, selbst wenn auf einer Seite ein Staat steht, auf Augenhöhe gegenüberstehen. Während der Gaststaat eines Projekts vor den staatlichen Gerichten seine Immunität anführen und einer Verurteilung so aus dem Weg gehen könnte, wird die Unterzeichnung einer Schiedsklausel als Verzicht jedenfalls auf die Jurisdiktionsimmunität angesehen.[430] Die Immunität wird jedoch möglicherweise wieder zum Problem im Verfahren zur Anerkennung und Vollstreckung eines Schiedsspruches vor den nationalen Gerichten, sofern der verurteilte Staat hierauf nicht ausdrücklich im Rahmen der Schiedsklausel verzichtet.[431]

Welche weiteren Vorteile, aber auch möglicherweise Nachteile, ein internationales Schiedsverfahren für Streitigkeiten im Zusammenhang mit den Flexiblen Mechanismen bietet, soll nachfolgend näher erörtert werden.

---

427 *Lionnet/Lionnet*, S. 46 unter Verweis auf niederländische, finnische und schwedische Schiedsverfahrensgesetze.

428 *Schwab/Walter*, Kap. 41 Rn. 21.

429 *Baumbach/Lauterbach/Albers/Hartmann*, ZPO, § 1050 Rn. 1; *Redfern/Hunter*, Rn. 7.01 ff.; *Schütze*, Rn. 168; *Schwab/Walter*, Kap. 41 Rn. 21.

430 *Brown*, 21 Arb. Int'l, 361 (384); *Fouchard/Gaillard/Goldman*, Rn. 644 f.; *Redfern/Hunter*, Rn. 11.138; *Schwab/Walter*, Kap. 4 Rn. 12.

431 *Brown*, 21 Arb. Int'l, 361 (384); *Fouchard/Gaillard/Goldman*, Rn. 646; *Lew/Mistelis/Kröll*, Rn. 8–46; *Redfern/Hunter*, Rn. 11.140.

2. Vor- und Nachteile von Schiedsverfahren

Zu den Vor- und Nachteilen von Schiedsverfahren im Vergleich zu Verfahren vor den staatlichen Gerichten finden sich in der Literatur umfangreiche Abhandlungen.[432] Die wesentlichen Vor- und Nachteile sollen daher nur in aller Kürze aufgezeigt und daraufhin untersucht werden, ob sie sich auf Streitigkeiten im Rahmen der Flexiblen Mechanismen übertragen lassen.

a) Neutralität

Unter den Aspekt der Neutralität fällt sowohl die Neutralität des Schiedsgerichts als auch des Forums bzw. Schiedsortes.[433]

Während sich bei einem rein staatlichen Verfahren die Problematik eines neutralen Gerichts nicht stellt, wird bei einem internationalen Sachverhalt keine der beteiligten Parteien ein Interesse daran haben, ein Verfahren vor den Gerichten der jeweils anderen Partei anzustrengen oder vor diesen verklagt zu werden. Die Gerichte sowie der Gerichtsort der einen Partei des Rechtsstreits werden für die andere Partei immer fremd sein, sowohl was die Sprache als auch etwaige Formalitäten und prozessuale Regelungen angeht.[434]

Die internationale Schiedsgerichtsbarkeit bietet den Parteien den Vorteil, sich bereits im Rahmen der vertraglichen Vereinbarungen dahingehend zu einigen, etwaige künftige Rechtsstreitigkeiten an einem für beide Parteien neutralen Ort vor einem neutralen und unabhängigen Schiedsgericht auszutragen.[435] Letzteres wird insbesondere dadurch gewährleistet, dass sich die Parteien selbst auf einen Schiedsrichter einigen können bzw. bei einem Dreierschiedsgericht jeweils einen unparteiischen und unabhängigen Schiedsrichter bestimmen können, die dann wiederum einen neutralen Vorsitzenden ernennen.[436]

Lässt man einmal mögliche Konflikte im Zusammenhang mit der Ausstellung eines LoA außer Betracht, sind sämtliche potentielle Streitigkeiten im Zusammenhang mit den Flexiblen Mechanismen des Kyoto-Protokolls international geprägt. Daher wird den Vertragsparteien daran gelegen sein, ein neutrales Forum für ihre

---

432 Vgl. beispielhaft *Born*, S. 71 ff.; *Kreindler/Schäfer/Wolff*, Rn. 7 ff.; *Lachmann*, Rn. 119 ff.; *Lew/Mistelis/Kröll*, Rn. 1–13 ff.; *Lionnet/Lionnet*, S. 76 ff.; *Redfern/Hunter*, Rn. 1.86 ff.

433 *Born*, S. 72 f.; *Lew/Mistelis/Kröll*, Rn. 1–23 f.; *Redfern/Hunter*, Rn. 1.90 f.

434 *Kreindler/Schäfer/Wolff*, Rn. 15; *Redfern/Hunter*, Rn. 1.90.

435 *Lachmann*, Rn. 176 ff.; *Lew/Mistelis/Kröll*, Rn. 1–23; *Redfern/Hunter*, Rn. 1.91.

436 *Kreindler/Schäfer/Wolff*, Rn. 399; *Redfern/Hunter*, Rn. 1.91.

Streitigkeiten zur Verfügung zu haben, um sich nicht den Gerichten der jeweils anderen Partei ausgesetzt zu sehen.[437] Die internationale Schiedsgerichtsbarkeit bildet hier eine neutrale und unabhängige Alternative.

b) Fachkompetenz

Durch die Möglichkeit, selbst auf die Zusammensetzung des Schiedsgerichts Einfluss zu nehmen, haben es die Parteien in der Hand, Schiedsrichter zu wählen, die Fachkenntnisse hinsichtlich der Materie des jeweiligen Falles besitzen.[438] Da Schiedsrichter nicht zwingend Juristen sein müssen, ist es zudem möglich, einen mit der Thematik des Falles vertrauten Techniker oder Sachverständigen als Schiedsrichter zu bestellen.[439]

Da es der staatlichen Gerichtsbarkeit nicht möglich ist, die Streitigkeit gezielt an einen möglicherweise fachkundigen Richter zu verweisen, ist es ratsam, die Streitbeilegung an ein Schiedsgericht zu übertragen. Im Rahmen der Auswahl der Schiedsrichter sollten die Parteien darauf achten, dass ihr potentieller Kandidat ein fundiertes Wissen über die Funktionsweise der Flexiblen Mechanismen, das Kyoto-Protokoll, die *Marrakesh Accords* sowie allgemein über den Klimawandel besitzt.[440]

Es ist möglicherweise nicht einfach, einen oder mehrere unparteiische und unabhängige Schiedsrichter zu finden, die sich sowohl in der Schiedsgerichtsbarkeit auskennen als auch mit den Feinheiten des Kyoto-Protokolls vertraut sind und überdies die Zeit sowie die Bereitschaft mitbringen, in einem solchen Fall als Schiedsrichter zu agieren.[441] Sollten die Parteien Schwierigkeiten beim Auffinden eines geeigneten Schiedsrichters haben, hält der PCA Listen sowohl zu Schiedsrichtern als auch wissenschaftlichen und technischen Experten im Bereich des Umweltrechts bereit.[442]

---

437 *Brown*, 21 Arb. Int'l, 361 (383 f.).

438 *Born*, S. 78 ff.; *Lachmann*, Rn. 130 ff.; *Lew/Mistelis/Kröll*, Rn. 1–25; *Lionnet/Lionnet*, S. 77; *Schütze*, Rn. 31.

439 *Kreindler/Schäfer/Wolff*, Rn. 497; der Bestellung von Nichtjuristen und Sachverständigen als Schiedsrichter begegnet jedoch Bedenken, vgl. hierzu *Lachmann*, Rn. 137.

440 *Brown*, 21 Arb. Int'l, 361 (384).

441 Vgl. zur Problematik allgemein *Lachmann*, Rn. 135 f.

442 *Specialized Panel of Arbitrators – Established Pursuant to the Optional Rules for Arbitration of Disputes Relating to Natural Resources and/or the Environment* und *Specialized Panel of Scientific Experts – Established Pursuant to the Optional Rules for Arbitration of Disputes Relating to Natural Resources and/or the Environment*,

c) Vertraulichkeit

Schiedsverfahren finden unter Ausschluss der Öffentlichkeit statt und unterliegen grundsätzlich der Geheimhaltung.[443] Letzteres gilt nicht nur für den Schiedsspruch, sondern für das komplette Verfahren, den Streitgegenstand und das Beweismaterial, einschließlich der Tatsache der Klageerhebung.[444]

Für Parteien, zwischen denen es aufgrund eines Projekts im Rahmen der Flexiblen Mechanismen zu einem Rechtsstreit gekommen ist, wird die Vertraulichkeit des gerichtlichen Verfahrens willkommen sein. Einem am Projekt teilnehmenden Staat, der aufgrund wie auch immer gearteter Regulierungen den Erfolg des Projektes gefährdet oder vereitelt, wird kaum daran gelegen sein, in der Öffentlichkeit als Umweltsünder angeprangert zu werden. Ebenso werden Unternehmen, die besondere Techniken zur Reduzierung von Treibhausgasen entwickelt haben und hieraus finanziellen Profit ziehen, dieses technische Know-How schützen und exklusiv halten wollen. In diesen und weiteren Fällen bietet sich aus Vertraulichkeitsgründen ein Schiedsverfahren an.

Die Geheimhaltung hat jedoch auch ihre Schattenseiten und Grenzen. Zum einen führt die Vertraulichkeit des Schiedsverfahrens dazu, dass es aufgrund der Nichtveröffentlichung von Urteilen zu keinerlei Präjudizwirkung kommen kann.[445] Es ist durchaus möglich, dass unterschiedliche Gerichte den gleichen Sachverhalt unterschiedlich beurteilen.[446] Die fehlende ständige Rechtsprechung beruht allerdings nicht allein auf der Vertraulichkeit des Verfahrens. Auch die Anwendung von stets unterschiedlichen materiellen Rechten macht eine einheitliche Rechtsfindung schwierig.[447] Zum anderen findet die Vertraulichkeit des Schiedsverfahrens ihre Grenzen in einem sich möglicherweise anschließenden Verfahren vor den staatlichen Gerichten.[448] Dort ist nicht auszuschließen, dass die Entscheidung einschließlich namentlicher Benennung der Parteien veröffentlich wird.[449]

---

jeweils abrufbar unter http://www.pca-cpa.org/showpage.asp?pag_id=1058 (Abrufdatum: 25.04.2013).

443 *Born*, S. 87 f.; *Kreindler/Schäfer/Wolff*, Rn. 10; *Lachmann*, Rn. 143 ff.; *Lew/Mistelis/Kröll*, Rn. 1–26; *Lionnet/Lionnet*, S. 77; *Redfern/Hunter*, Rn. 1.96; *Schütze*, Rn. 35.

444 *Lew/Mistelis/Kröll*, Rn. 1–26; *Lionnet/Lionnet*, S. 77.

445 *Duve/Keller*, SchiedsVZ 2005, 169 (172); *Lachmann*, Rn. 170 f.; *Lionnet/Lionnet*, S. 82.

446 *Redfern/Hunter*, Rn. 1.113 f.; zur fehlenden Transparenz *Sachs*, SchiedsVZ 2004, 123 (124).

447 *Lionnet/Lionnet*, S. 77.

448 *Lachmann*, Rn. 152 ff.

449 *Lachmann*, Rn. 152.

d) Flexibilität

Ein Schiedsverfahren eröffnet den Parteien die Möglichkeit, das Verfahren weitestgehend selbst zu gestalten, anstatt Regelungen von staatlichen Prozessordnungen auferlegt zu bekommen.[450] Die Parteien können den Ort des Schiedsverfahrens, die Verfahrenssprache, die Besetzung des Spruchkörpers, die anwendbaren Verfahrensregelungen sowie den Verfahrensablauf selbst festlegen.[451]

Wie bereits dargelegt, ist es gerade in Streitigkeiten im Rahmen der Flexiblen Mechanismen hilfreich, fachkundige und neutrale Schiedsrichter sowie einen neutralen Verfahrensort wählen zu können. Darüber hinaus ermöglicht es die Schiedsgerichtsbarkeit, das auf den Fall anwendbare materielle Recht frei zu bestimmen, sodass sich die Parteien darauf einigen können, dass beispielsweise das Völkerrecht sowie Regelungen des Kyoto-Protokolls und der konkretisierenden Beschlüsse – beispielsweise der *Marrakesh Accords* – als streitentscheidende Normen mit herangezogen werden.[452] Gleichermaßen existieren Verfahrensregelungen von Schiedsinstitutionen, die die genannten Regelungen und Rechtsgrundsätze mit in die Entscheidungsfindung einbeziehen, sofern es an einer Parteivereinbarung zum anwendbaren Recht fehlt.[453]

e) Verfahrensdauer und -kosten

Ob die Dauer sowie die Kosten eines Schiedsverfahrens gegenüber einem staatlichen Verfahren als Vor- oder Nachteil der Schiedsgerichtsbarkeit angesehen werden können, wird kontrovers diskutiert.[454]

Einem Schiedsverfahren lässt sich hinsichtlich der Verfahrensdauer zwar zugute halten, dass es grundsätzlich keinen Instanzenzug vorsieht und daher im Vorteil gegenüber einem staatlichen Verfahren sei, welches möglicherweise zwei oder sogar drei Instanzen durchläuft.[455] Demgegenüber wird das Schiedsverfahren

---

450 *Born*, S. 82 ff.; *Lew/Mistelis/Kröll*, Rn. 1–16; *Lionnet/Lionnet*, S. 77 f.; *Redfern/Hunter*, Rn. 1.95; *Schütze*, Rn. 34.

451 *Born*, S. 83 f.; *Kreindler/Schäfer/Wolff*, Rn. 8 f.; *Lachmann*, Rn. 139 ff.; *Lionnet/Lionnet*, S. 77 f.; *Redfern/Hunter*, Rn. 1.95; *Schwab/Walter*, Kap. 1 Rn. 8.

452 Vgl. etwa die beispielhafte Schiedsklausel bei *Ratliff*, in: Legal Aspects of Implementing the Kyoto Protocol Mechanisms, S. 377 (393).

453 Vgl. beispielhaft Art. 33 Abs. 1 der PCA Environmental Rules, XXVI YCA (2001), S. 425 ff.

454 Zum Ganzen *Born*, S. 84 ff.; *Lachmann*, Rn. 155 ff., 162 ff.; *Lew/Mistelis/Kröll*, Rn. 1–30; *Lionnet/Lionnet*, S. 78 ff.; *Redfern/Hunter*, Rn. 1.100 ff.; *Schütze*, Rn. 32 f.

455 *Kreindler/Schäfer/Wolff*, Rn. 11; *Schwab/Walter*, Kap. 1 Rn. 8.

aufgrund der unter Umständen langwierigen Schiedsrichterbenennung in zeitlicher Hinsicht einem staatlichen Prozess erster Instanz unterliegen.[456]

Gleichermaßen gestaltet sich die Kostenfrage. Die Kosten eines Schiedsverfahrens werden von den Gebühren der Schiedsinstitution, dem Honorar der Schiedsrichter, den Auslagen für Anreise und Anmietung geeigneter Räumlichkeit sowie dem Honorar der anwaltlichen Vertreter bestimmt.[457] Während ein rein erstinstanzliches Verfahren vor den staatlichen Gerichten kostengünstiger sein wird als ein Schiedsverfahren, ändert sich dieses Verhältnis in der Regel, sobald auf staatlicher Seite eine zweite oder dritte Instanz ins Spiel kommt.[458] Auch die Höhe des Streitwertes ist von Bedeutung: Bei hohen Streitwerten kann ein Schiedsverfahren die kostengünstigere Streitbeilegungsmethode sein.[459]

Eine allgemeingültige Aussage hinsichtlich Verfahrensdauer und -kosten lässt sich mithin nicht treffen. Jedoch kann davon ausgegangen werden, dass Streitigkeiten, die beispielsweise aus einem CDM- oder JI-Projekt resultieren, einen hohen Streitwert aufweisen und auf staatlicher Ebene mehr als nur eine Instanz durchlaufen werden. Ebenso besteht die Möglichkeit, durch fachkundige Schiedsrichter Sachverständigenkosten einzusparen. Vor diesem Hintergrund bietet sich in diesem umstrittenen Punkt ein Schiedsverfahren als geeigneter Streitbeilegungsmechanismus an.

f) Internationale Vollstreckbarkeit

Einer der bedeutendsten Vorteile der internationalen Schiedsgerichtsbarkeit gegenüber einem staatlichen Gerichtsverfahren ist die einfache Vollstreckung des Schiedsspruchs im Ausland.[460]

Staatliche Urteile sind im Ausland nur unter erschwerten Bedingungen vollstreckbar, was daran liegt, dass für derartige Urteile nur wenige multilaterale Abkommen zur gegenseitigen Vollstreckung bestehen.[461] Im Gegensatz hierzu ist das New Yorker Übereinkommen über die Anerkennung und Vollstreckung

---

456 *Lachmann*, Rn. 156; *Redfern/Hunter*, Rn. 1.103.

457 *Born*, S. 85; *Lionnet/Lionnet*, S. 80 f.; *Redfern/Hunter*, Rn. 1.100 ff.

458 *Lachmann*, Rn. 163; *Schwab/Walter*, Kap. 1 Rn. 8; kritisch *Schwytz*, BB 1974, 673 ff.

459 *Lachmann*, Rn. 163; *Raeschke-Kessler/Berger*, Rn. 107.

460 *Born*, S. 76 f.; *Kreindler/Schäfer/Wolff*, Rn. 14; *Lachmann*, Rn. 183; *Lew/Mistelis/Kröll*, Rn. 1–21 f.; *Lionnet/Lionnet*, S. 76 f.; *Redfern/Hunter*, Rn. 1.92 f.

461 Eine Auflistung der bedeutendsten multilateralen Abkommen zur Anerkennung und Vollstreckung von Urteilen staatlicher Gerichte findet sich bei *Redfern/Hunter*, Rn. 1.93, Fn. 113.

ausländischer Schiedssprüche (*Convention on the Recognition and Enforcement of Foreign Arbitral Awards*; „NYC")[462], das bedeutendste Abkommen zur Anerkennung und Vollstreckung von Schiedssprüchen,[463] mit derzeit 149 Mitgliedstaaten international weitestgehend anerkannt.[464]

Die Vollstreckung von Schiedssprüchen nach der NYC ist insoweit weiter vereinfacht, als es den mit der Vollstreckung beauftragten staatlichen Gerichten nur aufgrund einer enumerativen Liste an Versagungsgründen möglich ist, die Anerkennung und Vollstreckung des Schiedsspruches zu verweigern.[465] Dieses vereinfachte Verfahren sowie die bloße Existenz der NYC hat nicht selten zur Folge, dass Schiedssprüche von der unterlegenen Partei freiwillig befolgt werden, sofern der Schiedsspruch oder das Schiedsverfahren nicht mit einem eklatanten Mangel behaftet sind.[466]

Der Vorteil der einfacheren Vollstreckbarkeit lässt sich auf Streitigkeiten im Zusammenhang mit den Flexiblen Mechanismen übertragen.[467] Insoweit ergeben sich für die dargestellten Konflikte keine Besonderheiten.

g) Verzicht auf Immunität

Brown führt einen aus seinen Augen weiteren Vorteil der Schiedsgerichtsbarkeit in Streitigkeiten bezüglich der Flexiblen Mechanismen an: Durch die Unterzeichnung der Schiedsvereinbarung verzichte ein am Rechtsstreit beteiligter Staat auf seine Immunität.[468] Richtigerweise erkennt *Brown* aber, dass hierunter nur der Verzicht auf die Jurisdiktionsimmunität, nicht auch die Exekutionsimmunität zu verstehen ist.[469]

---

462 *Convention on the Recognition and Enforcement of Foreign Arbitral Awards* vom 10. Juni 1958, 7 ILM (1968), S. 1046 ff.

463 Daneben bestehen weitere Abkommen, jedoch mit international geringerer Bedeutung, so etwa das Genfer Abkommen zur Vollstreckung ausländischer Schiedssprüche vom 26.09.1927, RGBl. II 1930 S. 1068. Das Abkommen hat jedoch nur noch Bedeutung für Staaten, die nicht zugleich die NYC ratifiziert haben, vgl. Art. VII Abs. 2 NYC.

464 Stand: April 2013, vgl. Ratifikationsstatus der NYC, abrufbar unter http://www.uncitral.org/uncitral/en/uncitral_texts/arbitration/NYConvention_status.html (Abrufdatum: 25.04.2013).

465 Vgl. Art. V NYC.

466 *Lachmann*, Rn. 183; *Paulsson*, 9 J. Int'l Arb., 59.

467 *Brown*, 21 Arb. Int'l, 361 (384).

468 *Brown*, 21 Arb. Int'l, 361 (384).

469 *Brown*, 21 Arb. Int'l, 361 (384); vgl. auch *Redfern/Hunter*, Rn. 11.137 ff.

Mithin ist es schwierig zu behaupten, die Schiedsgerichtsbarkeit biete den Vorteil, dass ein Staat sich aufgrund der Unterzeichnung der Schiedsvereinbarung nicht auf seine Immunität berufen könne, obwohl die Vollstreckung des Schiedsspruchs aus Immunitätsgründen problematisch werden könnte. Ebenso ist die Reichweite der Staatenimmunität in den letzten Jahrzehnten aufgrund zunehmender wirtschaftlicher Betätigungen von Staaten ohnehin aufgeweicht, weshalb man heute nur noch von einer beschränkten Staatenimmunität spricht, wonach privatwirtschaftlich handelnden Staaten auch vor staatlichen Gerichten keine Immunität gewährt wird.[470]

Ein wesentlicher Vorteil der Schiedsgerichtsbarkeit gegenüber einem staatlichen Verfahren in Streitigkeiten im Rahmen der Flexiblen Mechanismen lässt sich aus dem Aspekt des Verzichts auf die Immunität daher nicht ableiten. Sollte der Staat die Schiedsvereinbarung unterzeichnet und sich mithin am streitigen Projekt beteiligt haben, wurde er privatwirtschaftlich tätig und könnte sich auch vor staatlichen Gerichten nicht auf seine Immunität berufen. Die Unterzeichnung der Schiedsvereinbarung würde allenfalls Abgrenzungsschwierigkeiten zwischen hoheitlichem und privatwirtschaftlichem Handeln vermeiden.

h) Beteiligung Dritter

Die vorangegangene Darstellung zeigt überwiegend die Vorteile der Schiedsgerichtsbarkeit auf. Jedoch hat auch ein Schiedsverfahren seine Defizite gegenüber einem staatlichen Verfahren, die sich auf Streitigkeiten im Rahmen der Flexiblen Mechanismen übertragen lassen. In diesem Zusammenhang ist auf einen wesentlichen Nachteil hinzuweisen, der für die vorliegende Ausarbeitung von Relevanz ist: die Beteiligung Dritter am Verfahren bzw. das Mehrparteienschiedsverfahren.[471]

Während vor einem staatlichen Gericht die Beteiligung Dritter am Verfahren unproblematisch möglich ist, stellt dieser Aspekt die Schiedsgerichtsbarkeit vor Schwierigkeiten. Diese liegen darin begründet, dass die Schiedsgerichtsbarkeit auf einem privatautonom geschlossenen Vertrag basiert, den in aller Regel nur zwei Parteien miteinander geschlossen haben und der, wegen des Verzichts auf

470 *v. Hoffmann/Thorn*, S. 69; *Kropholler*, S. 598; *Schack*, Rn. 175; vgl. ferner das Baseler Europäische Übereinkommen über Staatenimmunität vom 16.05.1972, BGBl. 1990 II S. 35 ff.

471 Zu diesem und weiteren Nachteilen der Schiedsgerichtsbarkeit ausführlich *Redfern/Hunter*, Rn. 1.99 ff.

staatlichen Rechtsschutz, nicht zu Lasten eines Dritten gehen und diesen mithin ohne dessen Zustimmung nicht mit einbeziehen darf.[472] Sind aber nun an einem Projekt mehr als nur die beiden Vertragsparteien beteiligt oder stellt sich während eines Rechtsstreits heraus, dass nicht allein der Beklagte, sondern auch ein Dritter den Rechtsstreit verschuldet hat, können diese Nichtvertragsparteien, anders als vor staatlichen Gerichten, nicht ohne Weiteres in das Schiedsverfahren mit einbezogen werden. Gleichermaßen ist es möglich, dass über verschiedenste Schiedsvereinbarungen zwischen unterschiedlichen Parteien, eine Mehrzahl an Verfahren zum gleichen Konflikt anhängig sind, deren Zusammenlegung geboten wäre, aber unter Umständen nicht möglich ist.[473]

Es würde den Rahmen dieser Untersuchung übersteigen, wenn man dieser Thematik im Einzelnen nachginge.[474] In Fällen, in denen die Beteiligung Dritter für die vorliegende Arbeit relevant wird, ist hierauf näher einzugehen.

3. Schiedsvereinbarung

Die Grundlage eines jeden Schiedsverfahrens bildet die Schiedsvereinbarung, innerhalb derer sich die Vertragsparteien darauf einigen, ihren aktuellen oder potentiellen künftigen Rechtsstreit vor einem Schiedsgericht auszutragen.[475]

a) Terminologie

Terminologisch handelt es sich bei der Schiedsvereinbarung um einen Oberbegriff: Die Parteien können zum einen bereits im Rahmen der Vertragsverhandlungen die Übertragung künftiger Streitigkeiten an ein Schiedsgericht mittels einer Schiedsklausel („*arbitration clause*") vereinbaren. Zum anderen besteht die Möglichkeit,

---

472 *Kreindler/Schäfer/Wolff*, Rn. 171 ff.; *Lachmann*, Rn. 501.

473 Vgl. ausführlich zu den genannten Konstellationen *Redfern/Hunter*, Rn. 1.105 ff.

474 Vgl. beispielhaft zur Bindung Dritter *Busse*, SchiedsVZ 2005, 118 ff.; *Lachmann*, Rn. 502 ff.; für eine Gegenüberstellung der Streitverkündung in Zivilprozess und Schiedsverfahren *Elsing*, SchiedsVZ 2004, 88 ff.; zur Einbeziehung Dritter in das Schiedsverfahren *Geimer*, in: Die Beteiligung Dritter an Schiedsverfahren, S. 71 ff.; zur Widerklage gegen einen Dritten *Kleinschmidt*, SchiedsVZ 2006, 142 ff.; zur Problematik des Mehrparteienverfahrens *Lachmann*, Rn. 2801 ff.; *Lionnet/Lionnet*, S. 430 ff.

475 *Born*, S. 197; *Fouchard/Gaillard/Goldman*, Rn. 385; *Kreindler/Schäfer/Wolff*, Rn. 84; *Lachmann*, Rn. 263; *Lew/Mistelis/Kröll*, Rn. 6–1; *Lionnet/Lionnet*, S. 149; *Redfern/Hunter*, Rn. 2.01; *Schwab/Walter*, Kap. 3 Rn. 1.

eine solche Vereinbarung noch nach Entstehung eines Rechtsstreits mittels eines eigenständigen Vertrages abzuschließen („*submission agreement*").[476]

Je nachdem um welche Art der Schiedsvereinbarung es sich handelt, ist es ratsam, deren Inhalt entsprechend anzupassen. Da sich eine Schiedsklausel innerhalb eines Projektvertrages nur auf künftige Rechtsstreitigkeiten beziehen kann, ist sie in Musterverträgen meist weit gefasst, um möglichst alle Konflikte aus dem jeweiligen Vertragsverhältnis zu erfassen.[477] Dagegen kann eine nachträgliche Vereinbarung exakt an den jeweiligen Konflikt angepasst werden und bereits Besonderheiten, wie die Benennung von Schiedsrichtern oder das Festlegen von Verfahrensabläufen sowie die zwingende Einreichung relevanter Dokumente beinhalten.[478]

Den Parteien eines Projektvertrages wäre es durch eine nachträgliche Vereinbarung mithin möglich, einen Zeitplan für die Durchführung eines Schiedsverfahrens festzulegen, um den Abschluss des Verfahrens noch innerhalb der relevanten Verpflichtungsperiode zu gewährleisten. Jedoch besteht bei nachträglichen Vereinbarungen die Problematik, dass sich die Vertragsparteien vermutlich in einer festgefahrenen Streitsituation befinden, was die Ausarbeitung einer für beide Parteien zufriedenstellenden Schiedsvereinbarung erschwert.[479]

b) Anforderungen und Mindestinhalt

Um in internationalen Verfahren nicht Gefahr zu laufen, ein Schiedsurteil im Nachhinein nicht vollstrecken zu können, etwa wegen einer fehlerbehafteten Schiedsvereinbarung, und zur Gewährleistung eines einheitlichen Verständnisses von einer Schiedsvereinbarung, richten sich Anforderungen und Mindestinhalt

---

476 *Fouchard/Gaillard/Goldman*, Rn. 386; *Lew/Mistelis/Kröll*, Rn. 6–4; *Redfern/Hunter*, Rn. 2.02; *Schwab/Walter*, Kap. 3 Rn. 1.

477 Vgl. beispielsweise die Musterschiedsklausel des PCA für umweltrechtliche Streitigkeiten, abrufbar unter http://www.pca-cpa.org/showfile.asp?fil_id=208 sowie die Musterschiedsklausel der UNCITRAL Arbitration Rules, abrufbar unter http://www.uncitral.org/uncitral/en/uncitral_texts/arbitration/2010Arbitration_rules.html (Abrufdatum jeweils: 25.04.2013).

478 *Redfern/Hunter*, Rn. 2.107 f.; ein Beispiel einer kurz gehaltenen nachträglichen Vereinbarung für bereits bestehende Streitigkeiten findet sich unter anderem in den Musterklauseln des PCA, abrufbar unter http://www.pca-cpa.org/showfile.asp?fil_id=208 (Abrufdatum: 25.04.2013).

479 Zu dieser und weiteren Problematiken einer nachträglichen Vereinbarung *Redfern/Hunter*, Rn. 2.106.

einer solchen Vereinbarung nach den Vorgaben der NYC.[480] Hiernach handelt es sich um eine schriftliche Vereinbarung, „durch die sich die Parteien verpflichten, alle oder einzelne Streitigkeiten, die zwischen ihnen aus einem bestimmten Rechtsverhältnis, sei es vertraglicher oder nichtvertraglicher Art, bereits entstanden sind oder etwa künftig entstehen, einem schiedsrichterlichen Verfahren zu unterwerfen, sofern der Gegenstand des Streites auf schiedsrichterlichem Wege geregelt werden kann".[481] Des Weiteren müssen die Parteien der Schiedsvereinbarung nach dem für sie maßgebenden Recht befähigt sein, eine solche Vereinbarung zu schließen und die Vereinbarung muss nach dem von den Parteien bestimmten Recht oder dem Recht des Schiedsortes wirksam sein.[482]

Für die vorliegende Ausarbeitung sind die objektive Schiedsfähigkeit des Streitgegenstandes als auch die Fähigkeit der Parteien, solche Verträge abzuschließen, mithin die subjektive Schiedsfähigkeit, von besonderem Interesse und sollen daher untersucht werden.

aa) Objektive Schiedsfähigkeit

Die Schiedsfähigkeit von Streitigkeiten im Zusammenhang mit dem Flexiblen Mechanismen wird in der Literatur offensichtlich als unproblematisch gegeben angesehen, denn es finden sich diesbezüglich keinerlei Ausführungen. Dennoch soll dieser Frage näher nachgegangen werden.

(1) Schiedsfähigkeit nach lex fori

Nach den Regelungen der NYC können Schiedssprüche nur vollstreckt werden, wenn der Streitgegenstand auf schiedsrichterlichem Rechtsweg geregelt werden kann.[483] Ob eine Streitigkeit schiedsfähig ist, richtet sich, ohne an dieser Stelle auf vereinzelte abweichende Meinungen einzugehen, nach der *lex fori* des mit der Anerkennung und Vollstreckung des Schiedsspruches befassten Gerichts, mithin nach nationalem Recht.[484] Das bedeutet, dass es hinsichtlich der Schiedsfähigkeit

480 *Born*, S. 202 ff.; *Lionnet/Lionnet*, S. 151; *Schramm/Geisinger/Pinsolle*, in: Recognition and Enforcement of Foreign Arbitral Awards, Art. II, S. 38 f.; *Redfern/Hunter*, Rn. 2.09 ff.

481 Art. II Abs. 1 NYC.

482 Art. V Abs. 1 a) NYC.

483 Art. II Abs. 1, V Abs. 2 a) NYC.

484 *Lew/Mistelis/Kröll*, Rn. 9–18; *Münch*, in: MüKo-ZPO, § 1030 Rn. 23 f.; *Schlosser*, Rn. 304; *Schwab/Walter*, Kap. 44 Rn. 1; für eine Bestimmung nach der *lex causae* dagegen *Schütze*, in: Schütze, Kap. 1 Rn. 23.

einer Streitigkeit je nach Staat zu abweichenden Ansichten kommen kann. So können in Deutschland nach § 1030 Abs. 1 ZPO alle vermögensrechtlichen sowie vergleichsfähigen Ansprüche Gegenstand einer Schiedsvereinbarung sein. Bei vergleichsfähigen, nicht vermögensrechtlichen Ansprüchen geht es nach deutschem Recht allerdings weniger um eine Vergleichsbefugnis, sondern eher darum, ob man hinsichtlich einer Sache verfügungsbefugt ist, was bei Statusangelegenheiten nicht der Fall ist.[485] Die französische Zivilprozessordnung sieht in Art. 2060 vor, dass familienrechtliche Ansprüche sowie Streitigkeiten, welche die öffentliche Ordnung tangieren, nicht schiedsfähig sind.[486] Es lässt sich mithin nicht verallgemeinernd darstellen, welche Streitigkeiten schiedsfähig sind und welche nicht. Jedoch haben sich Fallgruppen entwickelt, in denen sich die Schiedsfähigkeit des Streitgegenstandes als problematisch herausgestellt hat.[487] Auf Grundlage dieser Fallgruppen soll geprüft werden, ob auch Streitigkeiten im Zusammenhang mit den Flexiblen Mechanismen schiedsfähig sind.

(2) Schiedsfähigkeit von Streitigkeiten im Zusammenhang mit den Flexiblen Mechanismen

Kommt es zwischen den Parteien eines Projekt- oder Emissionshandelsvertrages zu Konflikten, in deren Folge auf Geldzahlung gerichtete Ansprüche (etwa entgangener Gewinn, Schadens- oder Aufwendungsersatz) eingeklagt werden, handelt es sich unproblematisch um eine schiedsfähige Streitigkeit. Richtet sich eine Klage dagegen inhaltlich auf Herausgabe oder Ausstellung von Reduktionszertifikaten, stellt sich die im Rahmen des Konfliktpotentials erörterte Thematik der rechtlichen Einordnung von Emissionszertifikaten erneut.[488]

Vertritt man eine privatrechtliche Sichtweise, nach der die Zertifikate Eigentum oder Wertpapiere der jeweiligen Vertragspartei darstellen, wird es an der Schiedsfähigkeit einer Streitigkeit auf Herausgabe der Zertifikate keine Zweifel geben. Folgt man hingegen der zuvor favorisierten Auffassung, wonach Zertifikate vom Staat verliehen werden, zur Emission einer festgelegten Menge an Treibhausgasen berechtigen und den Parteien keine Rechtsposition einräumen sollen, lässt sich

485 *Baumbach/Lauterbach/Albers/Hartmann*, ZPO, § 1030 Rn. 6; *Lachmann*, Rn. 285; *Münch*, in: MüKo-ZPO, § 1030 Rn. 17 f.; *Voit*, in: Musielak, ZPO, § 1030 Rn. 6.

486 *Born*, S. 779.

487 Vgl. zu den Fallgruppen *Born*, S. 788 ff.; *Fouchard/Gaillard/Goldman*, Rn. 580 ff.; *Lachmann*, Rn. 303 ff.; *Lew/Mistelis/Kröll*, Rn. 9–42 ff.; *Redfern/Hunter*, Rn. 2.118 ff.

488 Vgl. zur Problematik ausführlich *Brown*, 21 Arb. Int'l, 361 (373 ff.); zur Rechtsnatur von CERs ausführlich *Pohlmann*, S. 160 ff.

die Schiedsfähigkeit nicht ohne Weiteres bejahen. Zu prüfen wäre daher, ob es in den erwähnten Fallgruppen vergleichbare Streitigkeiten gibt, deren Grundsätze sich möglicherweise auf Konflikte im Zusammenhang mit Emissionszertifikaten übertragen lassen.

In Betracht käme die Fallgruppe des geistigen Eigentums, insbesondere der Patente.[489] Zwar lassen sich Patente und Zertifikate inhaltlich nicht vergleichen. Dennoch handelt es sich jeweils um ein hoheitlich erteiltes Recht, sei es in Form eines Schutzrechts oder in Form eines Rechts zur Emission einer festgelegten Menge an Treibhausgasen. Gerade aufgrund dieser hoheitlichen Erteilung stellt sich die Frage, ob Streitigkeiten im Zusammenhang mit der Ausstellung von Zertifikaten schiedsfähig sind. Zieht man eine Parallele zu den Patenten lässt sich festhalten, dass jedenfalls die Ausstellung eines Patentes allein Aufgabe des Staates ist und auch nur von den staatlichen Gerichten überprüft wird, mithin nicht einem Schiedsverfahren unterworfen werden kann.[490] Schiedsfähig hingegen sind Streitigkeiten, welche die Verwertung der Patente zum Gegenstand haben, beispielsweise im Rahmen von Lizenzen.[491]

Überträgt man diese Grundsätze auf Streitigkeiten im Zusammenhang mit Zertifikaten, lässt sich sagen, dass die Ausstellung selbst nicht schiedsfähig ist, da sie wie bei Patenten allein auf staatlicher Ebene erfolgt. Eine Verwertung entsprechend der bei Patenten gibt es bei Zertifikaten zwar nicht, aber sie lassen sich frei handeln und besitzen einen durch Angebot und Nachfrage bestimmten Vermögenswert, sodass die Übertragung der Zertifikate – sei es durch Handel oder im Wege von Projekten – die staatliche Ebene verlässt und mithin schiedsfähig ist.

Streitigkeiten im Zusammenhang mit den Flexiblen Mechanismen sind daher in aller Regel schiedsfähig. Zu Problemen kann es allenfalls kommen, wenn die Ausstellung der Zertifikate streitgegenständlich ist. Eine solche Streitigkeit ist indes unwahrscheinlich: Zum einen sind im Rahmen eines Emissionshandels die Zertifikate schon vorhanden, sodass es nicht zu einer Ausstellung durch den veräußernden Staat kommt. Zum anderen werden Reduktionszertifikate im Rahmen von Projekten zwar in der Theorie entsprechend der Höhe der Emissionsminderung ausgestellt bzw. von AAUs in CERs oder ERUs umgewandelt. In der Praxis wird

489 Vgl. hierzu allgemein *Born*, S. 805 ff.; *Lew/Mistelis/Kröll*, Rn. 9–64 ff.; *Lionnet/Lionnet*, S. 73 f.; *Redfern/Hunter*, Rn. 2.118 f.

490 *Born*, S. 807 f.; *Lew/Mistelis/Kröll*, Rn. 9–64; *Redfern/Hunter*, Rn. 2.118, nach deutschem Recht ist zudem eine Klage auf Erteilung von Zwangslizenzen nicht schiedsfähig, vgl. *Lachmann*, Rn. 311 ff.; *Lionnet/Lionnet*, S. 73 f.

491 *Lew/Mistelis/Kröll*, Rn. 9–65; *Redfern/Hunter*, Rn. 2.118.

jedoch kein Investor ohne Sicherheiten in ein Projekt investieren. Die Zertifikate werden vielmehr bereits auf einem Treuhandkonto oder ähnlichem hinterlegt sein und nach Fertigstellung des Projekts oder nach vertraglich festgelegten Abschnitten auf das Konto des Investors transferiert werden. Sieht der Projektvertrag vor, dass der Gaststaat selbst das Projekt durchführt, wird sich in aller Regel ein Emissionshandel der durch das Projekt generierten Zertifikate anschließen. Das bedeutet, der Gaststaat verpflichtet sich, das Projekt durchzuführen und im Anschluss die Zertifikate an den Investor zu veräußern.

Dies entspricht der gängigen Praxis in Musterverträgen.[492] Es ist zwar denkbar, dass es im Rahmen der Vertragsabwicklung zu Streitigkeiten über die Auslegung von Vertragsbedingungen kommen könnte. Ein derartiger Konflikt hätte jedoch keinen Einfluss auf die objektive Schiedsfähigkeit der Streitigkeit. Die Musterverträge und die diese Verträge konkretisierenden Bedingungen[493] regeln unter anderem den Ablauf des Projekts sowie die Modalitäten der Lieferung der Zertifikate und deren Zahlung. Sämtliche dieser Vorgaben setzen begriffsnotwendig bereits das Bestehen der Zertifikate voraus und beziehen sich nur noch auf die Abwicklung der Übertragung, etwa in welchen Tranchen geliefert werden soll, oder wer der Empfänger der Zertifikate ist, der Käufer selbst oder ein mit diesem verbundenes Unternehmen. Den Begriff der Lieferung[494] in eine Ausstellung der Zertifikate umzudeuten, um der Schiedsgerichtsbarkeit zu entgehen, scheint weit hergeholt. Ein Investor wird zudem ein Projekt ohne bereits als Sicherheit vorhandene Zertifikate nicht eingehen. Wollen die Parteien dennoch letzte Restzweifel beseitigen, sollten sie in ihrem Vertrag klarstellen, dass der Begriff der Lieferung ausschließlich die Übertragung bereits bestehender Zertifikate umfasst und sich nicht auf die vorgeschaltete Ausstellung dergleichen bezieht.

Gestützt wird das Ergebnis der grunsätzlichen objektiven Schiedsfähigkeit durch eine Parallele zu einer weiteren Fallgruppe, den Streitigkeiten über natürliche Ressourcen. Während hoheitliche Maßnahmen betreffend der natürlichen Ressourcen des handelnden Staates nicht schiedsfähig sind, kann das Handeln eines Staates mit finanzieller Auswirkung der Schiedsgerichtsbarkeit unterworfen werden.[495] Zwar streiten die Parteien eines Projektvertrages nicht um natürliche

492 Vgl. beispielsweise das ERPA für CDM-Projekte, abrufbar unter http://www.ieta.org/trading-documents (Abrufdatum: 25.04.2013).

493 Vgl. hinsichtlich des ERPA die *IETA Code of CDM Terms*, abrufbar unter http://www.ieta.org/trading-documents (Abrufdatum: 25.04.2013).

494 In den Musterverträgen als „*delivery*“ bezeichnet.

495 *Born*, S. 830 f.; *Redfern/Hunter*, Rn. 2.142.

Ressourcen, sondern um Herausgabe von Zertifikaten, jedoch liegt in einem solchen Fall trotz staatlicher Beteiligung kein hoheitliches, sondern ein wirtschaftliches Handeln des Staates vor, was die Fallgruppen wieder vergleichbar macht.

(3) Zwischenergebnis

Streitigkeiten im Zusammenhang mit den Flexiblen Mechanismen des Kyoto-Protokolls sind grundsätzlich schiedsfähig. Dies selbst dann, wenn der Anspruch auf Herausgabe der Zertifikate gerichtet ist und man diese als hoheitlich gewährtes Recht einordnet. Problematisch kann es allenfalls werden, wenn die Ausstellung der Zertifikate begehrt wird, was jedoch in der Praxis kaum denkbar ist.

bb) Subjektive Schiedsfähigkeit

Neben der Schiedsfähigkeit des Streitgegenstandes müssen auch die Parteien fähig sein, eine Schiedsvereinbarung nach dem für sie maßgeblichen Recht abzuschließen.[496] Da im Rahmen der Flexiblen Mechanismen keine natürlichen Personen agieren, stellt sich maßgeblich die Frage, ob private Unternehmen und Staaten Schiedsvereinbarungen abschließen können.

Für private Unternehmen richtet sich die Fähigkeit, eine Schiedsvereinbarung abzuschließen, nach dem Gesellschaftsstatut, d.h. aus deutscher Sicht grundsätzlich nach dem Recht des Sitzes der Gesellschaft, bzw. innerhalb des Geltungsbereiches der Niederlassungsfreiheit (Art. 49, 54 AEUV) sowie gegenüber in den USA gegründeten Gesellschaften nach dem Recht des Gründungsortes der Gesellschaft.[497] Hiernach kann in seltenen Fällen die subjektive Schiedsfähigkeit der Gesellschaft ausgeschlossen sein, etwa nach dem Recht diverser Bundesstaaten in den USA, sofern die Gesellschaft nicht angesehen („*not in good standing*“) ist.[498] Es sollte daher stets im Einzelfall geprüft werden, ob es einer Gesellschaft ausnahmsweise untersagt ist, eine Schiedsvereinbarung abzuschließen.

Bedeutsamer hinsichtlich der subjektiven Schiedsfähigkeit sind Konstellationen, in denen ein Staat, eine staatliche Einrichtung oder ein Unternehmen in

496 *Fouchard/Gaillard/Goldman*, Rn. 534 ff.; *Lachmann*, Rn. 286; *Schütze*, Rn. 143; vgl. auch Art. V Abs. 1 a) NYC.

497 EuGH, Urteil vom 09.03.1999, Rs. C-212/97, Slg. 1999, I-1459 (= NJW 1999, 2027) (*Centros*); EuGH, Urteil vom 05.11.2002, Rs. C-208/00, Slg. 2002, I-9919 (= NJW 2002, 3614) (Überseering); EuGH, Urteil vom 30.09.2003, Rs. C-167/01, Slg. 2003, I-10155 (= NJW 2003, 3331) (*Inspire Art*); vgl. ferner *Geimer*, Rn. 2208 ff., 2215a ff.; *v. Hoffmann/Thorn*, S. 28 f., 288 ff.; *Kropholler*, S. 571 ff.

498 *Redfern/Hunter*, Rn. 2.33.

überwiegend staatlichem Eigentum eine Schiedsvereinbarung abschließen. Es ist möglich, dass Staaten und staatliche Behörden bzw. staatliche Unternehmen eine ausdrückliche Ermächtigung zum Abschluss von Schiedsvereinbarungen benötigen.[499] Projektparteien sowie Vertragsparteien eines Emissionshandels sollten daher darauf achten, dass der an der Schiedsvereinbarung beteiligte Staat oder ein staatliches Unternehmen ermächtigt ist, eine solche Vereinbarung abzuschließen. Andernfalls besteht die Gefahr, dass sich der Staat oder das staatliche Unternehmen im Nachhinein auf die Unwirksamkeit einer von ihm selbst eingegangenen Vereinbarung beruft oder gar seine Immunität als letztes Hilfsmittel heranzieht.

c) Formulierung

Die Formulierung einer Schiedsvereinbarung variiert je nachdem, ob es sich um eine vertragliche Klausel im Vorfeld oder um eine Vereinbarung handelt, die erst nach Entstehen eines Rechtsstreits geschlossen wird. Sie muss jedenfalls den erwähnten Mindestinhalt aufweisen. Dazu zählt die Verpflichtung, alle Streitigkeiten aus einem bestimmten Rechtsverhältnis bzw. eine konkret vorliegende Streitigkeit einem schiedsrichterlichen Verfahren zu unterwerfen. Daneben ist ratsam, in der Schiedsvereinbarung die Anzahl der Schiedsrichter, den Schiedsort, die Verfahrenssprache sowie das auf den Fall anzuwendende Recht zu vereinbaren.[500]

Um einen der maßgeblichen Vorteile der Schiedsgerichtsbarkeit, die Neutralität, nicht zu verlieren, sollte ein neutraler Drittstaat als Schiedsort gewählt werden,[501] der im Hinblick auf die spätere Vollstreckbarkeit des Schiedsspruches möglichst in einem Mitgliegsstaat der NYC liegen sollte.[502] Die Verfahrenssprache sollte sich an der Sprache der maßgeblichen Projektverträge orientieren, da die Parteien mit dieser Sprache vertraut sind und die Vertragsunterlagen nicht kostenintensiv

---

499 *Redfern/Hunter*, Rn. 2.34 unter Verweis auf belgisches und venezolanisches Recht. Letzteres sieht in Art. 4 des *Venezuelan Commercial Arbitration Act* vor, dass ein Unternehmen, welches zu mindestens oder mehr als 50 % von staatlicher Hand gehalten wird, zum Abschluss einer Schiedsvereinbarung zuvor die Genehmigung des hierfür zuständigen Ministers einholen muss; nicht offizielle englische Übersetzung abrufbar unter http://www.zur2.com/fcjp/articulos/arbitraje.htm (Abrufdatum: 25.04.2013).

500 *Lachmann*, Rn. 393 ff.; *Lionnet/Lionnet*, S. 155 ff.; *Lew/Mistelis/Kröll*, Rn. 8–20 ff.; *Redfern/Hunter*, Rn. 2.63 ff.

501 *Hobeck/Stubbe*, SchiedsVZ 2003, 15 (19); *Lachmann*, Rn. 397; *Lionnet/Lionnet*, S. 209.

502 *Lew/Mistelis/Kröll*, Rn. 8–24 f.

übersetzt werden müssen.[503] Die Anzahl der Schiedsrichter sollte je nach Komplexität des Rechtsstreites auf einen oder drei Schiedsrichter festgelegt werden.[504]

Hinsichtlich des anwendbaren Rechts sollten sich die Parteien von Projekt- und Emissionshandelsverträgen auf die Regelungen des Völkerrechts, ergänzt um die Vorschriften des Kyoto-Protokolls, einigen.[505] Um die Durchsetzbarkeit des Kyoto-Protokolls zu gewährleisten, ist es zudem ratsam, eine Vereinbarung aufzunehmen, nach welcher in Fällen von Konflikten zwischen Regelungen des Völkerrechts oder BITs und denen des Kyoto-Protokolls die letztgenannten Vorgaben gelten sollen. Diesen Aspekt nimmt *Ratliff* in seiner vorgeschlagenen Musterklausel auf, die insgesamt wie folgt lautet:

> „*Any dispute, controversy, or claim between* [insert Party to the Protocol] *and* [insert Party to the Protocol] *arising out of, or relating to the interpretation or application of* [insert title and description of project], *shall be settled by final and binding arbitration in accordance with* [insert procedural rules] *as in effect* [insert date of agreement or time of commencement of arbitration]. *The tribunal shall apply international law and the provisions of the Kyoto Protocol. Where there is a conflict between international law and the provisions of the Kyoto Protocol, the latter shall prevail. The number of arbitrators shall be* [insert one, three, or five]. *The place of arbitration shall be* [insert place]. *The language of the arbitration shall be* [insert one or more languages]. “[506]

Ratliff führt diese Klausel als Beispiel einer Schiedsvereinbarung an, die Streitigkeiten im Zusammenhang mit der Ausstellung eines LoA umfasst.[507] Dies ist folgerichtig, denn die oben stehenden Konfliktkonstellationen haben gezeigt, dass bereits die Ausstellung eines LoA bzw. die Verwehrung der Ausstellung zu Konflikten mit den Regelungen eines BIT führen kann. Da die Ausstellung des LoA zeitlich vor Abschluss des Projektvertrages erfolgt, wäre eine solche Vereinbarung jedoch nur in einem separaten Vertrag im Vorfeld möglich. Es sind jedoch keine Gründe ersichtlich, weshalb eine derartige Klausel nicht auch

---

503 *Hobeck/Stubbe*, SchiedsVZ 2003, 15 (19); *Lachmann*, Rn. 393; *Lew/Mistelis/Kröll*, Rn. 8–34; *Lionnet/Lionnet*, S. 158.

504 *Lew/Mistelis/Kröll*, Rn. 8.28 f.; *Lionnet/Lionnet*, S. 157; *Schwab/Walter*, Kap. 6 Rn. 1 f.

505 *Ratliff*, in: Legal Aspects of Implementing the Kyoto Protocol Mechanisms, S. 377 (393).

506 *Ratliff*, in: Legal Aspects of Implementing the Kyoto Protocol Mechanisms, S. 377 (393).

507 *Ratliff*, in: Legal Aspects of Implementing the Kyoto Protocol Mechanisms, S. 377 (393).

allgemein (ohne spezielle Einbeziehung eines LoA) innerhalb eines Projektvertrages Verwendung finden sollte. Hier wäre lediglich erforderlich, die einleitende Verweisung an ein Schiedsgericht so anzupassen, dass sie sich explizit auf den der Schiedsvereinbarung zugrunde liegenden Vertrag und nicht nur auf ein Projektvorhaben bezieht.

Da der PCA prozessuale Regelungen speziell für umweltrechtliche Verfahren bereitstellt, bietet es sich an, Streitigkeiten im Zusammenhang mit den Flexiblen Mechanismen nach diesen Vorschriften auszutragen. Sollten die Parteien ein Verfahren nach diesen Regelungen wünschen, empfiehlt sich die Verwendung der Musterschiedsklausel des PCA, die wie folgt lautet:

> *„Any dispute, controversy, or claim arising out of or relating to the interpretation, application or performance of this agreement, including its existence, validity, or termination, shall be settled by final and binding arbitration in accordance with the Permanent Court of Arbitration Optional Rules for Arbitration of Disputes Relating to Natural Resources and/or the Environment, as in effect on the date of this agreement. The International Bureau of the Permanent Court of Arbitration shall serve as Registry for the proceedings.*"[508]

Der PCA empfiehlt zudem, die vorgenannte Musterklausel um Angaben zur Anzahl der Schiedsrichter, der Verfahrenssprache und des Schiedsortes zu ergänzen sowie den Generalsekretär des PCA als sog. „*appointing authority*", eine Behörde, die administrative Aufgaben im Rahmen des Schiedsverfahrens wahrnimmt, zu benennen.[509]

Für bereits entstandene Streitigkeiten empfiehlt der PCA, sofern noch keine Schiedsvereinbarung vorhanden ist oder eine vorhandene Vereinbarung abgeändert werden soll, folgende Klausel:

> *„The Parties agree to submit the following dispute to final and binding arbitration in accordance with the Permanent Court of Arbitration Optional Rules for Arbitration of Disputes Relating to Natural Resources and/or the Environment, as in effect on the date of this agreement:* [insert brief description of dispute]."[510]

Auch diese Vereinbarung sollte möglichst um die zuvor genannten Angaben ergänzt werden.

---

508 Musterschiedsklausel des PCA, abrufbar unter http://www.pca-cpa.org/showfile.asp?fil_id=208 (Abrufdatum: 25.04.2013).

509 Musterschiedsklausel des PCA, abrufbar unter http://www.pca-cpa.org/showfile.asp?fil_id=208 (Abrufdatum: 25.04.2013).

510 Musterschiedsklausel des PCA, abrufbar unter http://www.pca-cpa.org/showfile.asp?fil_id=208 (Abrufdatum: 25.04.2013).

Die Unterwerfung unter die Verfahrensregeln einer Schiedsinstitution sowie die Übertragung administrativer Aufgaben an diese empfiehlt sich für Parteien, die mit der Schiedsgerichtsbarkeit nur wenig vertraut sind. Sollten sich die Parteien für ein *ad hoc*-Verfahren losgelöst von jeglichen institutionellen Regelungen und Hilfen entscheiden, müssen sie die Schiedsvereinbarung um eigene Verfahrensregelungen ergänzen.[511]

Schließlich haben die Parteien die Möglichkeit, sich auf ein „*multi-tier*" Verfahren zu einigen. Das bedeutet, dem Schiedsverfahren wird ein Schlichtungsverfahren vorangestellt – sei es in Form direkter Verhandlungen zwischen den Parteien oder mittels eines Schlichters oder Mediators – und erst nach dessen Scheitern kann die Streitigkeit vor ein Schiedsgericht gebracht werden.[512]

d) Beteiligung Dritter

Die Beteiligung Dritter stellt die Schiedsgerichtsbarkeit vor Schwierigkeiten. Im Rahmen von Flexiblen Mechanismen ist es jedoch nicht unwahrscheinlich, dass hinter einem Projekt mehr als nur die Parteien des Projektvertrages stehen. Dies können beispielsweise Treuhänder sein, welche die durch das Projekt potentiell zu erzielenden Zertifikate als Sicherheit für den Investor halten und nach erfolgreichem Projektabschluss auf diesen übertragen. Aber auch das Projekt selbst kann von verschiedensten Unternehmen, möglicherweise Tochtergesellschaften, durchgeführt werden.

Im Rahmen der Erörterung der Schiedsvereinbarung soll daher auf zwei Problematiken eingegangen werden, die sich allgemein in der Schiedsgerichtsbarkeit stellen, aber auch auf Streitigkeiten der vorliegenden Art übertragen lassen und mithin bei Eingehung einer Schiedsvereinbarung im Rahmen eines Projektvertrages oder auch nach bereits entstandenen Konflikten stets zu bedenken sind.

aa) Bindung Dritter an die Schiedsvereinbarung

Die Schiedsvereinbarung bindet grundsätzlich ausschließlich die vertragsschließenden Parteien, denn Dritte sollen nicht gegen ihren Willen gezwungen werden können, einen Rechtsstreit vor einem Schiedsgericht austragen zu müssen.[513]

---

511 Vgl. zu sämtlichen erforderlichen und hilfreichen Angaben *Lörcher/Lörcher*, SchiedsVZ 2005, 179 (180 ff.); *Redfern/Hunter*, Rn. 2.63 ff.

512 Vgl. ausführlich *Lew/Mistelis/Kröll*, Rn. 8–62 ff.; *Redfern/Hunter*, Rn. 2.83 ff.

513 *Born*, S. 1131 ff.; *Fouchard/Gaillard/Goldman*, Rn. 498; *Kreindler/Schäfer/Wolff*, Rn. 171 ff.; *Lachmann*, Rn. 501; *Schwab/Walter*, Kap. 7 Rn. 22.

Ausnahmen von diesem Grundsatz können Gesamt- und Einzelrechtsnachfolge sowie die Erstreckung auf eine Partei kraft Amtes (etwa auf einen Insolvenzverwalter) sein.[514]

Diskutiert wird ferner, ob eine Schiedsvereinbarung, die von einer Gesellschaft abgeschlossen wurde, auch die über den Konzern verbundenen Gesellschaften bis hin zu den einzelnen haftenden Gesellschaftern bindet (sog. *group of companies doctrine/piercing the corporate veil*).[515] Ohne auf die Einzelheiten dieser Streitigkeit einzugehen, lässt sich jedenfalls festhalten, dass die Bindung an die Schiedsvereinbarung maßgeblich davon abhängt, ob die verbundene Gesellschaft möglicherweise der tatsächliche Vertragspartner ist oder ob die vertragsschließende Gesellschaft eigenständig und im ausschließlichen Eigeninteresse handelt.[516] Um diesbezüglichen Konflikten aus dem Weg zu gehen, sollten die Projektparteien die Bindung verbundener Gesellschaften an der Schiedsvereinbarung vertraglich festlegen, sofern ihnen an einer solchen Bindung gelegen ist.

Unstreitig jedenfalls nicht an die Schiedsvereinbarung gebunden ist ein gesellschaftsfremder Treuhänder. Auch die Rechtskraft eines Schiedsspruches erstreckt sich nicht ohne Weiteres auf einen Treuhänder. Wünschen die Projektparteien, dass ein Treuhänder an den Ausgang eines Schiedsverfahrens gebunden ist, sollten sie dies vertraglich vereinbaren. Die Parteien können im Rahmen der Treuhandvereinbarung, die als Nebenabrede zum Projektvertrag zwischen den Projektparteien und dem Treuhänder geschlossen wird, vereinbaren, dass der Treuhänder nicht nur bei Erfüllung des Projektvertrages die gehaltenen Zertifikate herauszugeben hat, sondern auch einer Entscheidung eines Schiedsgerichts Folge zu leisten hat.

bb) Mehrparteienschiedsverfahren

Die Problematik eines Mehrparteienschiedsverfahrens kann sich aus verschiedensten Fallkonstellationen ergeben, nicht nur aus der vorangehend dargestellten Situation der Bindung mehrerer Parteien an eine Schiedsvereinbarung. Denkbar sind Fälle, in denen eine dritte Partei erst während eines bereits laufenden Verfahrens diesem beitreten soll. Möglich ist gerade in den hier thematisierten Fällen, dass eine Vielzahl von Parteien, die an einem Projekt mitwirken, mehrere unabhängige

514 Vgl. zu den einzelnen Fallgruppen *Lachmann*, Rn. 513 ff.; *Müller/Keilmann*, SchiedsVZ 2007, 113 (115 f.); *Redfern/Hunter*, Rn. 2.47 ff.; *Schwab/Walter*, Kap. 7 Rn. 30 ff.; ferner ausführlich zur Bindung von Nicht-Unterzeichnern *Born*, S. 1142 ff.

515 *Born*, S. 1153 ff.; *Fouchard/Gaillard/Goldman*, Rn. 500 ff.; *Lachmann*, Rn. 509 ff.; *Müller/Keilmann*, SchiedsVZ 2007, 113 (116 ff.); *Redfern/Hunter*, Rn. 2.40 ff.

516 *Born*, S. 1166 ff.; *Fouchard/Gaillard/Goldman*, Rn. 501; *Redfern/Hunter*, Rn. 2.40 ff.

Verträge geschlossen haben. Kann eine Partei ihre vertraglichen Verpflichtungen nicht erfüllen, hat dies möglicherweise Auswirkung auf andere Verträge und führt potentiell zu einer Vielzahl an Streitigkeiten aus unterschiedlichen Verträgen. Dann könnte es durchaus sinnvoll sein, alle Verfahren zusammenzuführen.

Das Mehrparteienverfahren sowie die Beteiligung Dritter ist Gegenstand einer Vielzahl an Abhandlungen in der Literatur zur Schiedsgerichtsbarkeit.[517] Es wäre daher rein repetitiv, an dieser Stelle sämtliche Aspekte detailliert wiederzugeben. Insofern wird auf die diesbezüglich einschlägige Literatur verwiesen. In aller Kürze sollen einige Kernaspekte dargestellt werden, welche die Parteien hinsichtlich eines Mehrparteienverfahrens bei Eingehung einer Schiedsvereinbarung zu beachten haben.

(1) Gleichberechtigung bei Wahl des Schiedsrichters

Ist bereits bei Vertragsschluss bekannt, dass Dritte an einem potentiellen Rechtsstreit beteiligt sein können, ist die vorausgehend dargestellte Bindung Dritter an die Schiedsvereinbarung zu beachten, wonach eine ausdrückliche Vereinbarung zur Bindung erforderlich sein kann. Stehen sodann zu Beginn eines Verfahrens mehrere Parteien auf Kläger- und/oder Beklagtenseite, stellt sich die Frage, ob im Rahmen der Gleichberechtigung der Parteien, jede einzelne einen Schiedsrichter benennen darf oder ob man sich auf Kläger- und Beklagtenseite auf einen einzigen Schiedsrichter einigen muss.

Würde man jeder einzelnen Partei das Recht auf ihren Wunschschiedsrichter gewähren, könnte das Schiedsverfahren bei einer Vielzahl von Parteien unpraktikabel oder gar undurchführbar werden und überdies zu einer ungleichen Besetzung des Schiedsgerichts führen, sofern lediglich auf einer Seite des Rechtsstreits eine Mehrheit an Parteien steht.[518] Viele Schiedsinstitutionen haben aus diesem Grund Regelungen für Mehrparteienverfahren getroffen, welche die Problematik der Gleichbehandlung bei der Schiedsrichterwahl aufgreifen.

---

517 Vgl. beispielhaft zur Bindung Dritter *Busse*, SchiedsVZ 2005, 118 ff.; *Lachmann*, Rn. 502 ff.; für eine Gegenüberstellung der Streitverkündung in Zivilprozess und Schiedsverfahren *Elsing*, SchiedsVZ 2004, 88 ff.; zur Einbeziehung Dritter in das Schiedsverfahren *Geimer*, in: Die Beteiligung Dritter an Schiedsverfahren, S. 71 ff.; zur Widerklage gegen einen Dritten *Kleinschmidt*, SchiedsVZ 2006, 142 ff.; zur Problematik des Mehrparteienverfahrens *Lachmann*, Rn. 2801 ff.; *Lionnet/Lionnet*, S. 430 ff.

518 *Born*, S. 2099; *Lachmann*, Rn. 2818; *Lew/Mistelis/Kröll*, Rn. 16–12; *Schwab/Walter*, Kap. 10 Rn. 14 f.

Beispielhaft sei hierzu auf die Regelungen des PCA zu Streitigkeiten betreffend natürlicher Ressourcen und der Umwelt verwiesen, die in Fällen mehrerer Parteien auf Kläger- und/oder Beklagtenseite vorsehen, dass sich jede Seite auf einen einzigen gemeinsamen Schiedsrichter einigen soll.[519] Entsprechende Vorgaben finden sich in Verfahrensordnungen anderer Institutionen.[520] Sollten sich die Parteien nicht auf einen gemeinsamen Schiedsrichter einigen können, finden sich darüber hinaus Vorgaben, wonach die Schiedsinstitution sämtliche Schiedsrichter benennt.[521]

Soll eine weitere Partei erst während eines laufenden Verfahrens mit einem bereits bestellten Schiedsgericht einbezogen werden, wird das Schiedsgericht nicht nachträglich neu gewählt.[522] In einem solchen Fall steht es der beitretenden Partei frei, das bestehende Schiedsgericht zu akzeptieren oder den Beitritt zum Verfahren zu verweigern.[523] Da der Beitritt zum Verfahren ein allseitiges Einverständnis der Parteien voraussetzt, kann hierin auch die Akzeptanz des bereits konstituierten Schiedsgerichts erblickt werden.[524]

(2) Einverständnis der Parteien und der Schiedsrichter

In Fällen der nachträglichen Beteiligung eines Dritten ist das Einverständnis aller Parteien sowie der Schiedsrichter erforderlich.[525] Dieses Erfordernis trägt dem Umstand Rechnung, dass das Schiedsverfahren auf einem grundsätzlich zwischen zwei Parteien geschlossenen Vertrag basiert, der weder einen Dritten binden soll noch einem Dritten den Beitritt in ein Schiedsverfahren ermöglichen soll. Ein Einverständnis kann sowohl in der Schiedsvereinbarung selbst enthalten sein oder nachträglich erfolgen.[526]

---

519 Art. 7 Abs. 3, 4 PCA Environmental Rules.

520 Vgl. etwa Art. 12 Abs. 6 ICC Arbitration Rules (Stand: 2012), abrufbar unter http://www.iccwbo.org/products-and-services/arbitration-and-adr/arbitration/icc-rules-of-arbitration/; § 13 DIS-Schiedsgerichtsordnung (Stand: 1998), abrufbar unter http://www.dis-arb.de/de/16/regeln/dis-schiedsgerichtsordnung-98-id2 (Abrufdatum jeweils: 25.04.2013); Art. 10 Abs. 1 UNCITRAL Arbitration Rules (Stand: 2010), 49 ILM (2010), S. 1644 ff.

521 Vgl. Art. 12 Abs. 8 ICC Arbitration Rules (Stand: 2012).

522 *Schwab/Walter*, Kap. 10 Rn. 16.

523 *Lachmann*, Rn. 2825.

524 *Lew/Mistelis/Kröll*, Rn. 16–29.

525 *Geimer*, in: Die Beteiligung Dritter an Schiedsverfahren, S. 78 f.; *Lachmann*, Rn. 2808 ff.; *Lionnet/Lionnet*, S. 437 f.

526 *Geimer*, in: Die Beteiligung Dritter an Schiedsverfahren, S. 79.

Das Einverständnis der Schiedsrichter ist erforderlich, da diese mit allen Parteien, auch dem beitretenden Dritten, einen Schiedsrichtervertrag eingehen müssen.[527] Jedoch soll den Schiedsrichtern die Versagung des Einverständnisses nur in triftigen Gründen zustehen.[528]

(3) Verbindung von Verfahren

Es sind Fälle denkbar, in denen eine Vielzahl an Parteien eine Vielzahl an Verträgen geschlossen haben, die jedoch alle mit einem gemeinsamen Projekt und einer hieraus resultierenden Streitigkeit in Zusammenhang stehen. Demnach könnten beispielsweise mehrere Kläger hinsichtlich des gleichen Sachverhalts getrennte Verfahren gegen den gleichen Beklagten führen oder ein Kläger könnte gegen verschiedene Beklagte in getrennten Verfahren Ansprüche aufgrund des gleichen Sachverhalts geltend machen. Möglich wären auch mehrere Verfahren zwischen den gleichen Parteien aus verschiedenen Verträgen auf Basis einer oder mehrerer Schiedsvereinbarungen.

Zur möglichst einheitlichen und kosteneffizienten Abwicklung dieser Streitigkeiten wird vorgeschlagen, die unterschiedlichen Schiedsverfahren getrennt weiter laufen zu lassen, jedoch mit dem gleichen Schiedsrichter und übereinstimmenden Verhandlungen.[529] Hierbei stellt sich möglicherweise die Problematik unterschiedlicher Schiedsvereinbarungen, die eine Angleichung der verschiedenen Verfahren unmöglich machen könnte.

Praktikabler wäre es daher, wenn sich die Parteien, sofern sie eine Verfahrensverbindung wünschen, im Vorfeld im Rahmen der Schiedsvereinbarung oder nach Entstehen der Streitigkeit auf Verfahrensregelungen einer Schiedsinstitution einigen, welche die Verfahrensverbindung unproblematisch gestatten.[530] Nach den Regelungen der ICC kann auf Antrag der Parteien eine Verfahrensverbindung erfolgen, sofern sich die Parteien hierauf geeinigt haben oder alle Ansprüche auf der gleichen Schiedsvereinbarung bzw. dem gleichen Rechtsverhältnis beruhen.[531]

Eine Verbindung scheidet dagegen in der Regel aus, wenn in den verschiedenen Verfahren das Schiedsgericht bereits konstituiert und das Verfahren fortgeschritten ist.[532]

---

527 *Lachmann*, Rn. 2812.

528 Vgl. ausführlich *Geimer*, in: Die Beteiligung Dritter an Schiedsverfahren, S. 81 ff.

529 *Lew/Mistelis/Kröll*, Rn. 16–79 ff.; *Lionnet/Lionnet*, S. 443 f.; *Redfern/Hunter*, Rn. 2.191 ff.

530 *Lew/Mistelis/Kröll*, Rn. 16–51 ff.

531 Art. 10 ICC Arbitration Rules (Stand: 2012).

532 *Lachmann*, Rn. 2837.

4. Verfahren

Der Ablauf des Schiedsverfahrens richtet sich maßgeblich nach der Parteivereinbarung. Abgesehen von den zwingenden Verfahrensvorschriften des Schiedsortes – bei einem in Deutschland gelegenen Schiedsort mithin die zwingenden Vorschriften der ZPO – können die Parteien innerhalb der Schiedsvereinbarung frei das anzuwendende Verfahrensrecht bestimmen und das Verfahren dadurch selbst gestalten.[533] Haben sich die Parteien auf die Durchführung eines Verfahrens nach institutionellen Regelungen geeinigt, richtet sich der Verfahrensablauf nach den Regelungen der jeweils gewählten Institution. Entscheiden sich die Parteien hingegen für ein *ad hoc*-Verfahren, d.h. ein Verfahren ohne jegliche institutionelle Mitwirkung, können sie die Verfahrensregelungen vollständig selbst bestimmen. Jedoch ist in letzterem Fall empfehlenswert, zumindest die Geltung der Schiedsgerichtsordnung der Kommission der Vereinten Nationen für Internationales Handelsrecht (*United Nations Commission for International Trade Law*; „UNCITRAL“) – die UNCITRAL Arbitration Rules[534] – zu vereinbaren, um einen Rahmen zu erhalten, den die Parteien ihren Bedürfnissen anpassen können und nicht ein vollständig neues Verfahrensrecht entwerfen müssen.[535]

Da in der vorliegenden Arbeit bereits mehrfach die Verfahrensregelungen des PCA zu Streitigkeiten betreffend natürlicher Ressourcen und der Umwelt (*PCA Optional Rules for Arbitration of Disputes Relating to Natural Resources and/or the Environment*; „PCA Environmental Rules“) angesprochen und empfohlen wurden, sollen diese Regelungen näher dargestellt werden. Es steht den Parteien frei, ihr Verfahren nach den Vorschriften einer anderen Institution, den Vorschriften der UNCITRAL oder ihren eigenen Verfahrensregeln zu unterwerfen. Nachfolgend soll jedoch verdeutlicht werden, welche Vorteile die Regelungen des PCA gerade für Streitigkeiten im Zusammenhang mit den Flexiblen Mechanismen bieten.

533 *Fouchard/Gaillard/Goldman*, Rn. 1172; *Lew/Mistelis/Kröll*, Rn. 21–6 ff., 21–14; *Redfern/Hunter*, Rn. 1.73.

534 *UNCITRAL Arbitration Rules* vom 28. April 1976, 15 ILM (1976), S. 701 ff.; sowie *UNCITRAL Arbitration Rules* vom 15. August 2010, 49 ILM (2010), S. 1644 ff.

535 *Lionnet/Lionnet*, S. 159 f.; *Lörcher/Lörcher*, SchiedsVZ 2005, 179 (184); *Redfern/Hunter*, Rn. 1.153.

a) Merkmale der PCA Environmental Rules

Die PCA Environmental Rules, welche am 19. Juni 2001 in Kraft getreten sind, basieren auf den Vorschriften der UNCITRAL Arbitration Rules.[536] Letztgenannte Regelungen genießen bereits seit Jahren weltweite Akzeptanz und sind universell sowie international einsatzfähig.[537] Darüber hinaus bieten sie den Parteien im Vergleich zu Verfahrensregelungen von Schiedsinstitutionen mehr Möglichkeiten bei der Verfahrensgestaltung.[538] Diese Vorteile greift der PCA in seinen Regelungen auf und passt sie an die Gegebenheiten von Streitigkeiten bzgl. natürlicher Ressourcen und der Umwelt an.[539] Im Anschluss an die PCA Environmental Rules findet sich eine umfassende Liste, welche Vorschriften der UNCITRAL Arbitration Rules abgeändert, ergänzt oder gestrichen wurden und welche Vorschriften neuen Eingang gefunden haben.

In der Einleitung zu den PCA Environmental Rules sind die wesentlichen Unterschiede zu den UNCITRAL Arbitration Rules zusammengefasst. Die Änderungen sollen die Besonderheiten von Streitigkeiten bezüglich natürlicher Ressourcen sowie der Erhaltung und dem Schutz der Umwelt reflektieren. Zudem fließen völkerrechtliche Aspekte wie die Berücksichtigung internationaler Bräuche und Verträge sowie die Beteiligung von Staaten am Verfahren mit ein. Des Weiteren werden Aufgaben der Organe des PCA festgelegt und Listen fachkundiger Schiedsrichter sowie Experten bereitgestellt. Daneben wird ausdrücklich auf die Möglichkeit eines aus fünf Schiedsrichtern bestehenden Tribunals sowie besondere Vorgaben zur Gewährleistung der Geheimhaltung hingewiesen. Schließlich wurden noch Regelungen zum Mehrparteienverfahren aufgenommen.

Die PCA Environmental Rules stehen Staaten, internationalen Organisationen und Privaten gleichermaßen zur Verfügung. Im Anschluss an die Regelungen befindet sich die angesprochene Musterschiedsklausel sowohl für künftige als auch für bereits entstandene Streitigkeiten.

Da die PCA Environmental Rules bereits seit dem Jahr 2001 in Kraft sind, bezieht sich der Verweis auf die UNCITRAL Arbitration Rules auf deren Fassung aus dem Jahr 1976. Durch die Anpassung letztgenannter Regelungen im Jahr 2010 sind einige der Änderungen, welche die PCA Environmental Rules enthalten, mittlerweile auch in den UNCITRAL Arbitration Rules zu finden. Dennoch

536 Vgl. Einleitung der PCA Environmental Rules, XXVI YCA (2001), S. 425 ff.

537 *Patocchi/Niedermaier*, in: Schütze, S. 719.

538 *Patocchi/Niedermaier*, in: Schütze, S. 720 f.

539 Vgl. hierzu sowie zur Entstehung der PCA Environmental Rules ausführlich *Ratliff*, 14 LJIL, 887 ff.

sind für Streitigkeiten im Zusammenhang mit den Flexiblen Mechanismen die Vorschriften des PCA zu empfehlen, da sie weiterhin als einziges Regelwerk die Besonderheiten von Streitigkeiten hinsichtlich natürlicher Ressourcen und der Umwelt berücksichtigen, wohingegen die UNCITRAL Arbitration Rules für die internationale Handelsschiedsgerichtsbarkeit konzipiert sind.

b) Verfahren nach den PCA Environmental Rules

Die nachfolgende Darstellung soll das Verfahren nach den PCA Environmental Rules in seinen Grundzügen wiedergeben. Da die Vorschriften auf den UNCITRAL Arbitration Rules basieren, kann für eine detaillierte Kommentierung des Verfahrens auf die einschlägigen Werke bezüglich dieser Regelungen verwiesen werden.[540] Vorliegend geht es darum, die Unterschiede der beiden Regelwerke darzulegen und die Vorteile der PCA Environmental Rules für Streitigkeiten im Zusammenhang mit den Flexiblen Mechanismen aufzuzeigen.[541]

Die Darstellung basiert primär auf einem Vergleich zu den Regelungen der UNCITRAL aus dem Jahr 1976, welche zum einen exakt gleich gegliedert sind und zum anderen die Referenz für die an die PCA Environmental Rules angefügte Liste der Änderungen bilden. Auf Neuerungen der Regelungen aus dem Jahr 2010 wird stets an geeigneter Stelle verwiesen. Die UNCITRAL-Regelwerke werden jeweils mit dem Jahr des Inkrafttretens gekennzeichnet, um die Unterscheidbarkeit zu gewährleisten.

aa) Einleitende Bestimmungen (Art. 1–4)

Die Bestimmungen der Art. 1–4 der PCA Environmental Rules befassen sich mit dem Anwendungsbereich, der Fristenberechnung, der Einleitungsanzeige des Schiedsverfahrens sowie der Prozessvertretung.

(1) Anwendungsbereich, Art. 1

Bereits der Anwendungsbereich verdeutlicht, dass dieser, anders als bei den Regelungen der UNCITRAL, nicht allein auf Streitigkeiten aus einem Vertrag oder einem bestehenden Rechtsverhältnis beschränkt ist. Vielmehr gestatten die PCA

540 Vgl. beispielhaft *Castello*, in: Practitioner's Handbook on International Commercial Arbitration, S. 1403 ff.; *Patocchi/Niedermeier*, in: Schütze, S. 725 ff.

541 Die Darstellung der Unterschiede der Regelwerke beschränkt sich auf solche, die eine tatsächliche inhaltliche Änderung aufweisen. Unterschiede allein in der Formulierung bei inhaltlich gleichbleibender Regelung werden nicht thematisiert.

Environmental Rules auch Verweise einer Streitigkeit an den PCA, welche beispielsweise in internationalen Abkommen, Staatsverträgen oder Verfassungen internationaler Organisationen enthalten sind.[542] In zwischenstaatlichen Verträgen könnte mithin die Geltung dieser Regelungen vereinbart werden. Eine Konkretisierung auf Streitigkeiten betreffend natürlicher Ressourcen und/oder der Umwelt ist hierbei nicht einmal erforderlich, um den Parteien den Zugang zu den PCA-Regelungen nicht zu verwehren, sofern ihre Streitigkeit nicht eindeutig als umweltrechtlich zu definieren sein sollte.[543]

Eine wesentliche Ergänzung der UNCITRAL Arbitration Rules ist der Verzicht auf die Jurisdiktionsimmunität. Mit der Vereinbarung der Geltung der PCA Environmental Rules können sich Staaten nicht mehr auf ihre Jurisdiktionsimmunität berufen.[544] Zu einem Verzicht auf die Exekutionsimmunität führt dies jedoch nicht; eine solche muss explizit vereinbart werden.[545] Die Regelung trägt dem Umstand Rechnung, dass in vielen Fällen auch Staaten an den hiesigen Rechtsstreitigkeiten beteiligt sein können und sich somit nicht mit dem Einwand der Immunität einem Verfahren entziehen können. Hierdurch entsteht für die gegnerische Partei Rechtssicherheit, denn es kommt hinsichtlich der Jurisdiktionsimmunität nicht auf die Auslegung der Maßnahme des Staates, ob wirtschaftlich oder hoheitlich, an.

Schließlich wurden in den Regelungen zum Anwendungsbereich noch administrative Aufgaben des Internationalen Büros des PCA aufgenommen. Dieses kümmert sich um das Verfahrensarchiv.[546] Über das Internationale Büro kann zudem, sofern die Parteien dies wünschen, die Kommunikation zwischen den Parteien erfolgen. Ebenso können Sekretariatsaufgaben auf das Internationale Büro übertragen werden.[547]

Eine Regelung wie in den UNCITRAL Arbitration Rules, nach der in Fällen von Konflikten zwischen einer UNCITRAL-Regelung und einer zwingenden Verfahrensvorschrift des Schiedsortes letztere Vorrang haben soll,[548] findet sich in den

542 Art. 1 Abs. 1 PCA Environmental Rules; der Anwendungsbereich der PCA Environmental Rules sollte so weit wie möglich gehalten werden, um die weltweit rund 900 Rechtsinstrumente mit einbeziehen zu können, welche umweltrechtliche Regelungen enthalten, vgl. *Ratliff*, 14 LJIL, 887 (890).

543 Art. 1 Abs. 1 PCA Environmental Rules; vgl. auch *Ratliff*, 14 LJIL, 887 (891).

544 Art. 1 Abs. 2 PCA Environmental Rules.

545 Art. 1 Abs. 2 PCA Environmental Rules.

546 Art. 1 Abs. 3 PCA Environmental Rules.

547 Art. 1 Abs. 3 PCA Environmental Rules.

548 Vgl. Art. 1 Abs. 3 UNCITRAL Arbitration Rules (2010); Art. 1 Abs. 2 UNCITRAL Arbitration Rules (1976).

PCA Environmental Rules nicht. Hierbei handelt es sich jedoch um einen allgemeinen Grundsatz und nicht eine spezielle Vorgabe der UNCITRAL.[549]

(2) Fristenberechnung, Art. 2

Die Regelungen zur Fristenberechnung berücksichtigen, dass neben Privaten auch Staaten an einem umweltrechtlichen Verfahren beteiligt sein können. So enthalten sie Vorgaben zum Fristbeginn in Fällen der Zustellung an einen Staat.[550]

Anders als die UNCITRAL-Regelungen aus dem Jahr 2010 enthalten die PCA Environmental Rules ebenso wie die zugrundeliegenden UNCITRAL Arbitration Rules von 1976 keine Vorschriften zur elektronischen Zustellung.[551] Dies wird jedoch allein darin begründet liegen, dass zum Zeitpunkt der Abfassung der PCA Environmental Rules eine elektronische Zustellung noch nicht die heutige Bedeutung besaß. Sollten die Parteien Wert auf eine diesbezügliche Regelung legen, können sie diese in ihre Schiedsvereinbarung aufnehmen.

(3) Einleitungsanzeige, Art. 3

Auch hinsichtlich der Anzeige der Einleitung des Schiedsverfahrens zeigt sich, dass die PCA Environmental Rules nicht auf vertragliche Streitigkeiten beschränkt sind. Neben dem in allen Regelungen obligatorischen Inhalt, wie dem Verweis der Streitigkeit an ein Schiedsgericht, der Benennung der Parteien, dem Klagebegehren und des Vorschlags der Anzahl der Schiedsrichter, muss sich die Anzeige nach den UNCITRAL Arbitration Rules (1976) auf eine Streitigkeit beziehen, die aus einem Vertrag entstanden ist.[552] Die PCA Environmental Rules hingegen gestatten neben vertraglichen Verhältnissen auch den Verweis auf internationale Abkommen, Beschlüsse, Staatsverträge und ähnliches.[553] Hierdurch wäre beispielsweise möglich, eine Verletzung der Vorgaben des Kyoto-Protokolls oder auch der *Marrakesh Accords* zu rügen. Die Regelungen der UNCITRAL aus dem Jahr 2010 weichen die starre Vorgabe eines Vertragsverhältnisses auf und verlangen den Bezug zu einem Vertrag oder einem sonstigen Rechtsinstrument, hilfsweise eine kurze Beschreibung des für die Streitigkeit maßgeblichen Rechtsverhältnisses.[554]

---

549 Vgl. zum Vorrang der zwingenden Verfahrensvorschriften des Schiedsortes *Redfern/ Hunter*, Rn. 1.73.

550 Art. 2 Nr. 1 PCA Environmental Rules.

551 Vgl. Art. 2 UNCITRAL Arbitration Rules (2010).

552 Art. 3 Abs. 3 (d) UNCITRAL Arbitration Rules (1976).

553 Art. 3 Abs. 3 (c) PCA Environmental Rules.

554 Art. 3 Abs. 3 (d) UNCITRAL Arbitration Rules (2010).

Im Übrigen entsprechen sich die Regelungen der PCA Environmental Rules und der UNICTRAL Arbitration Rules (1976) zur Einleitungsanzeige weitestgehend. Beide verlangen eine allgemeine Angabe der Rechtsnatur des geltend gemachten Anspruchs und gestatten das Beifügen der Klageschrift.[555]

Die UNCITRAL Arbitration Rules (2010) enthalten demgegenüber einige Neuerungen. So genügt die Bezeichnung der allgemeinen Rechtsnatur des Anspruchs nicht mehr. Vielmehr ist eine kurze Beschreibung des Anspruchs obligatorisch.[556] Die Anzahl der Schiedsrichter ist weiterhin vorzuschlagen, jedoch finden sich keine Vorgaben zu deren Anzahl.[557] Gänzlich neu eingefügt sind Regelungen zur Erwiderung der beklagten Partei auf die Einleitungsanzeige des Klägers.[558] Ebenso finden sich Vorgaben zur Wahl der „*appointing authority*".[559] Letztgenannte Vorgaben sind in den PCA Environmental Rules nicht enthalten, sollten sich jedoch erübrigen, da bereits im Rahmen des Musters der Schiedsvereinbarung die Bestimmung des Generalsekretärs des PCA als *appointing authority* empfohlen wird, sodass eine Wahl nach Einleitung des Verfahrens nicht erforderlich wäre.[560]

(4) Prozessvertretung, Art. 4

Die PCA-Regelung zur Prozessvertretung sieht vor, dass die Vertretung neben der gegnerischen Partei und dem Schiedsgericht auch gegenüber dem Internationalen Büro des PCA angezeigt werden muss.[561] Die Vorgabe spiegelt den Umstand wider, dass es sich, im Gegensatz zu einem Verfahren nach den UNCITRAL-Regelungen, um ein institutionelles Schiedsverfahren handelt, in welches die Schiedsinstitution maßgeblich mit einbezogen ist.

bb) Zusammensetzung des Schiedsgerichts (Art. 5–14)

Die Bestimmungen der Art. 5–14 der PCA Environmental Rules befassen sich mit der Anzahl der Schiedsrichter, deren Wahl, Ablehnung und Austausch sowie mit einer etwaigen Wiederholung von Verhandlungen im Fall einer Ersetzung.

---

555 Art. 3 Abs. 3 (e), Abs. 4 PCA Environmental Rules; Art. 3 Abs. 3 (e), Abs. 4 (c) UNCITRAL Arbitration Rules (1976).

556 Art. 3 Abs. 3 (e) UNCITRAL Arbitration Rules (2010).

557 Art. 3 Abs. 3 (g) UNCITRAL Arbitration Rules (2010).

558 Art. 4 UNCITRAL Arbitration Rules (2010).

559 Art. 6 UNCITRAL Arbitration Rules (2010).

560 Musterschiedsklausel des PCA, abrufbar unter http://www.pca-cpa.org/showfile.asp?fil_id=208 (Abrufdatum: 25.04.2013).

561 Art. 4 PCA Environmental Rules.

(1) Anzahl und Wahl der Schiedsrichter, Art. 5–8

Hinsichtlich der Anzahl der Schiedsrichter und deren Wahl entsprechen sich die Vorschriften von PCA und UNCITRAL in weiten Teilen. Alle Regelwerke sehen bei Fehlen einer diesbezüglichen Parteivereinbarung grundsätzlich ein Dreier-Tribunal vor.[562] Daneben sind die Verfahrensschritte zur Wahl eines Einzelschiedsrichters sowie eines aus mehreren Schiedsrichtern bestehenden Tribunals zum Großteil identisch.

Abweichungen finden sich in der ausdrücklichen Erwähnung der Möglichkeit eines aus fünf Schiedsrichtern bestehenden Tribunals,[563] wobei die UNCITRAL Arbitration Rules (2010) die Anzahl der Schiedsrichter wiederum offen lassen.[564] Entsprechend der Möglichkeit eines Fünfer-Tribunals finden sich in den PCA Environmental Rules Bestimmungen, wie ein solches zu wählen ist: Zwei der fünf Schiedsrichter werden von den Parteien ernannt. Diese zwei wählen wiederum drei weitere Schiedsrichter und bestimmen einen dieser drei als Vorsitzenden.[565]

Abgeändert wurde zudem eine Vielzahl an Fristen im Zusammenhang mit der Wahl der Schiedsrichter. So haben sich die Fristen zur Bestimmung der Anzahl der Schiedsrichter, zur Wahl der potentiellen Schiedsrichter aus einer Liste, zur Wahl eines zweiten Parteischiedsrichters durch die *appointing authority* und zur Wahl des Vorsitzenden jeweils verdoppelt, das heißt statt 15 auf 30 Tage bzw. statt 30 auf 60 Tage verlängert.[566] Lediglich die Frist zur Bestimmung der Anzahl der Schiedsrichter wurde auch in den UNCITRAL Arbitration Rules (2010) auf 30 Tage verlängert.[567]

Ergänzt wurde darüber hinaus die Möglichkeit, das vorgegebene Verfahren zur Benennung eines Einzelschiedsrichters durch die *appointing authority* nach dem Willen aller Parteien abzuändern.[568] Nach den UNCITRAL-Regelungen besteht hier nur die Möglichkeit, das Verfahren vollständig entfallen zu lassen.[569]

Eine der wesentlichen Neuerungen im Vergleich zu den UNCITRAL-Regeln aus dem Jahr 1976 sind die Vorschriften zum Mehrparteienschiedsverfahren.

562 Art. 3 Abs. 3 (g) PCA Environmental Rules; Art. 3 Abs. 3 (g) UNCITRAL Arbitration Rules (1976).

563 Art. 5 PCA Environmental Rules.

564 Art. 7 UNCITRAL Arbitration Rules (2010).

565 Art. 7 Abs. 1 PCA Environmental Rules.

566 Art. 5, 6 Abs. 3 (b), 7 Abs. 2 (b), Abs. 3 PCA Environmental Rules.

567 Art. 7 Abs. 1 UNCITRAL Arbitration Rules (2010).

568 Art. 6 Abs. 3 PCA Environmental Rules.

569 Art. 6 Abs. 3 UNCITRAL Arbitration Rules (1976); Art. 8 Abs. 2 UNCITRAL Arbitration Rules (2010).

Stehen auf Kläger- und/oder Beklagtenseite mehrere Parteien, schreiben die PCA Environmental Rules vor, dass sich diese Parteien nur gemeinsam auf einen Schiedsrichter einigen können.[570] Während die UNCITRAL Arbitration Rules aus dem Jahr 1976 keine Regelung dieser Art enthalten, finden sich die gleichen Vorgaben in den Bestimmungen aus dem Jahr 2010.[571] In diesem Zusammenhang ist zu beachten, dass die *appointing authority* nach den PCA Environmental Rules nicht ermächtigt ist, die Schiedsrichter in einem aus drei oder mehr Schiedsrichtern bestehenden Tribunal zu ernennen, sollte eine gemeinsame Ernennung auf Kläger- und/oder Beklagtenseite fehlschlagen. Sollten die Parteien eine ersatzweise Ernennung durch die *appointing authority* wünschen, müssen sie sich auf ein solches Verfahren im Rahmen der Schiedsvereinbarung einigen.[572]

Schließlich verlangen die PCA Environmental Rules im Rahmen des Vorschlags eines potentiellen Schiedsrichters neben den Angaben zu dessen Person und Qualifikation (so auch nach den UNCITRAL Arbitration Rules) die Darlegung der Erfahrung dieses Kandidaten im Bereich der Schiedsgerichtsbarkeit.[573] Überdies stellt der Generalsekretär des PCA eine Liste potentieller Schiedsrichter zur Verfügung, welche eine besondere Expertise im Bereich von Streitigkeiten betreffend natürlicher Ressourcen und der Umwelt aufzuweisen haben.[574] Den Parteien steht es frei, aus diesen Listen ihre Schiedsrichter zu wählen, sind aber nicht auf die darin genannten Personen beschränkt.[575]

(2) Ablehnung von Schiedsrichtern, Art. 9–12

Das Verfahren zur Ablehnung eines Schiedsrichters aufgrund begründeter Zweifel hinsichtlich dessen Unabhängigkeit und Unparteilichkeit ist in allen hier thematisierten Regelwerken identisch. Minimale Abweichungen finden sich wiederum bei der Fristenberechnung sowie bei den Ablehnungsgründen. Nach den PCA Environmental Rules beträgt die Frist zur Ablehnung eines Schiedsrichters 30 statt 15 Tage ab Ernennung des abzulehnenden Schiedsrichters bzw. ab Kenntnis des Ablehnungsgrundes.[576] Neben den in allen Regelungen identischen

570 Art. 7 Abs. 3, 4 PCA Environmental Rules.
571 Art. 10 Abs. 1 UNCITRAL Arbitration Rules (2010).
572 Vgl. Einleitung der PCA Environmental Rules.
573 Art. 8 Abs. 2 PCA Environmental Rules.
574 Art. 8 Abs. 3 PCA Environmental Rules; vgl. auch *Ratliff*, 14 LJIL, 887 (889, 891 f.).
575 Quelle: PCA, Environmental Dispute Resolution, abrufbar unter http://www.pca-cpa.org/showpage.asp?pag_id=1058 (Abrufdatum: 25.04.2013).
576 Art. 11 PCA Environmental Rules.

Ablehnungsgründen der mangelnden Unabhängigkeit und Unparteilichkeit sehen die PCA Environmental Rules zudem die Möglichkeit vor, einen Schiedsrichter abzulehnen oder vom bereits laufenden Verfahren auszuschließen, sofern dieser die erforderliche Qualifikation, auf welche sich die Parteien im Rahmen der Schiedsvereinbarung möglicherweise geeinigt haben, nicht aufweist.[577]

(3) Ersetzen eines Schiedsrichters und Verhandlungswiederholung, Art. 13–14

Hinsichtlich des Ersatzes eines Schiedsrichters enthalten die PCA Environmental Rules diverse Neuerungen, die Verfahren mit einem Dreier- oder Fünfer-Tribunal betreffen. Noch gemein haben alle Regelungen die Ernennung eines Nachfolgers im Falle des Todes oder der Amtsniederlegung eines Schiedsrichters.[578] Ergänzt wurden diesbezüglich jedoch Vorgaben, wonach in Fällen eines Dreier- oder Fünfer-Tribunals die Zustimmung der verbleibenden Schiedsrichter zur Amtsniederlegung erforderlich ist.[579] Die verbleibenden Schiedsrichter entscheiden mithin, ob sich ein Schiedsrichter zurückziehen darf und auch, ab welchem Zeitpunkt. Sollte ein Rücktritt abgelehnt werden und der betreffende Schiedsrichter dennoch nicht am Verfahren teilnehmen oder seine Aufgaben nicht ordnungsgemäß erfüllen, sind die verbleibenden Schiedsrichter berechtigt, das Verfahren ohne diesen Schiedsrichter fortzuführen und Beschlüsse sowie Urteile zu fassen, sofern keine abweichende Parteivereinbarung getroffen wurde.[580] Sollten die verbleibenden Schiedsrichter das Verfahren nicht ohne den abwesenden Schiedsrichter fortführen wollen, ist dessen Stelle als vakant auszuweisen und ein neuer Schiedsrichter nach den vorgenannten Bestimmungen oder einer diesbezüglichen Parteivereinbarung zu bestellen.[581]

Abweichungen ergeben sich überdies bei der Frage der Wiederholung von Verhandlungen und Anhörungen vor dem Schiedsgericht, sofern ein Schiedsrichter ersetzt wurde. Nach den UNCITRAL Arbitration Rules (1976) ist eine Wiederholung obligatorisch, sofern der Einzelschiedsrichter oder der Vorsitzende eines Tribunals ersetzt wurde.[582] Für alle übrigen Schiedsrichter steht eine

577 Art. 10 Abs. 1 PCA Environmental Rules.

578 Art. 13 Abs. 1 PCA Environmental Rules; Art. 13 Abs. 1 UNCITRAL Arbitration Rules (1976); Art. 14 Abs. 1 UNCITRAL Arbitration Rules (2010).

579 Art. 13 Abs. 1 PCA Environmental Rules.

580 Art. 13 Abs. 3 PCA Environmental Rules.

581 Art. 13 Abs. 3 PCA Environmental Rules.

582 Art. 14 UNCITRAL Arbitration Rules (1976).

Verhandlungswiederholung im Ermessen des Tribunals.[583] Nach den PCA Environmental Rules hingegen ist eine Wiederholung allenfalls bei Ersatz des Einzelschiedsrichters angezeigt und auch nur soweit dies erforderlich erscheint und die Parteien nichts Gegenteiliges vereinbart haben.[584] Hinsichtlich der Schiedsrichter eines Tribunals, einschließlich des Vorsitzenden, findet eine Verfahrenswiederholung grundsätzlich nicht statt, außer die Parteien haben dies vereinbart oder das Tribunal hat dies beschlossen.[585] Nach den UNCITRAL Arbitration Rules (2010) wiederum werden Verfahren, sofern das Tribunal nichts Gegenteiliges bestimmt, grundsätzlich ab dem Zeitpunkt fortgesetzt, ab dem der ersetzte Schiedsrichter seine Aufgaben nicht mehr ordnungsgemäß erfüllt hat.[586] Neben den unterschiedlichen Folgen für die Verhandlungswiederholung sind die PCA Environmental Rules mithin die einzigen Regelungen, die zu diesem Aspekt den Parteiwillen berücksichtigen.

(4) Haftungsausschluss (nur nach UNCITRAL-Regelung aus 2010)

Im Rahmen der Zusammensetzung des Schiedsgerichts sei abschließend auf eine Vorschrift verwiesen, die ausschließlich in den UNCITRAL Arbitration Rules (2010) enthalten ist: Außer in Fällen vorsätzlichen Fehlverhaltens verzichten die Parteien durch die Verwendung der UNCITRAL-Regelungen auf sämtliche Ansprüche, die ihnen möglicherweise aufgrund des Schiedsverfahrens gegenüber dem Schiedsrichter sowie der *appointing authority* zustehen.[587]

Haben die Parteien die Geltung der PCA Environmental Rules vereinbart und wünschen die von ihnen ausgewählten Schiedsrichter einen gleichgelagerten Haftungsausschluss, sollte dies in einem separaten Schiedsrichtervertrag vereinbart werden.[588]

cc) Schiedsverfahren (Art. 15–30)

Die Bestimmungen der Art. 15–30 der PCA Environmental Rules befassen sich mit sämtlichen Stadien des Verfahrensablaufs, angefangen mit einleitenden Bestimmungen sowie Vorschriften zu Schiedsort und Verfahrenssprache, über den Schriftwechsel zwischen den Parteien, bis hin zur Durchführung der Verhandlungen, deren Abschluss sowie einstweiliger Maßnahmen.

583 Art. 14 UNCITRAL Arbitration Rules (1976).
584 Art. 14 PCA Environmental Rules.
585 Art. 14 PCA Environmental Rules.
586 Art. 15 UNCITRAL Arbitration Rules (2010).
587 Art. 16 UNCITRAL Arbitration Rules (2010).
588 Vgl. allgemein *Lachmann*, Rn. 4106 ff., 4319 ff.; *Schütze*, Rn. 112 ff.

(1) Allgemeine Vorgaben, Art. 15

Allen Regelwerken gemein ist die Vorgabe, das Schiedsverfahren nach den jeweiligen Bestimmungen und unter Leitung des Schiedsgerichts durchzuführen, unter der Bedingung der Gleichbehandlung der Parteien und der Möglichkeit ausreichender Stellungnahme zur Darlegung des Sachverhalts.[589]

Mit den Regelungen zur Geheimhaltung findet sich in den allgemeinen Vorgaben der PCA Environmental Rules eine weitere wesentliche Neuerung gegenüber den UNCITRAL-Regeln.[590] Hiernach kann eine Partei unter Darlegung der maßgeblichen Gründe gegenüber dem Tribunal beantragen, dass eine von ihr vorzulegende Information vertraulich behandelt werden soll.[591] Würde die Ablehnung dieses Gesuchs zu einem ernsthaften Nachteil auf Seiten des Antragsstellers führen, stuft das Tribunal die betreffenden Unterlagen oder Informationen als vertraulich ein.[592] Es entscheidet auch darüber, unter welchen Konditionen und in welchem Umfang die betroffenen Informationen offengelegt werden und verlangt von Personen, welche die Informationen einsehen dürfen, eine Verschwiegenheitserklärung.[593] Es besteht überdies die Möglichkeit, eine Vertrauensperson auszuwählen, die als einzige Einsicht in die vertraulichen Unterlagen erhält und anschließend als Experte in der Verhandlung aussagt, ohne die vertraulichen Informationen offen zu legen.[594]

In der Verpflichtung, sämtliche Dokumente, welche zwischen den Parteien und dem Tribunal ausgetauscht werden, in Kopie auch dem Internationalen Büro des PCA zukommen zu lassen,[595] zeigt sich wiederum der institutionelle Charakter eines Verfahrens nach den PCA Environmental Rules.

Ausschließlich in den UNCITRAL Arbitration Rules (2010) enthalten sind der Beschleunigungsgrundsatz, die Vorgabe, das Verfahren möglichst kosteneffizient zu gestalten sowie die Ausarbeitung eines Zeitplans für die Durchführung des Verfahrens.[596] Sollten die Parteien eines Verfahrens nach den PCA-Regeln ähnliche Vorgaben wünschen, sollten sie sich hierauf im Rahmen der Schiedsvereinbarung oder im Vorfeld des Verfahrens einigen.

---

589 Art. 15 Abs. 1 PCA Environmental Rules; Art. 15 Abs. 1 UNCITRAL Arbitration Rules (1976); Art. 17 Abs. 1 UNCITRAL Arbitration Rules (2010).

590 Zur Geheimhaltungsregelung in den PCA Environmental Rules auch *Ratliff*, 14 LJIL (2001), S. 893 f.

591 Art. 15 Abs. 4 PCA Environmental Rules.

592 Art. 15 Abs. 5 PCA Environmental Rules.

593 Art. 15 Abs. 5 PCA Environmental Rules.

594 Art. 15 Abs. 6 PCA Environmental Rules.

595 Art. 15 Abs. 3 PCA Environmental Rules.

596 Art. 17 Abs. 1, 2 UNCITRAL Arbitration Rules (2010).

Neu hinzugefügt in den UNCITRAL Arbitration Rules (2010) ist auch die Möglichkeit, Dritte nachträglich in das Schiedsverfahren mit einzubeziehen, sofern eine Partei dies beantragt, die beitretende Partei ebenfalls die Schiedsvereinbarung unterzeichnet hat und das Tribunal nicht gegen einen derartigen Beitritt entscheidet.[597] Auch hierfür wäre nach den PCA Environmental Rules eine separate Vereinbarung erforderlich.

(2) Schiedsort und Verfahrenssprache, Art. 16–17

Schiedsort ist nach den PCA Environmental Rules grundsätzlich Den Haag in den Niederlanden, sofern die Parteien nichts Gegenteiliges vereinbaren.[598] Sollte ein anderer Schiedsort gewählt werden, teilt das Internationale Büro des PCA den Parteien mit, ob es an dem gewählten Ort seine administrativen Dienste zur Verfügung stellen kann.[599] Abweichende Zusammenkünfte, etwa zur Objektsbegehung oder zur Einsicht in Dokumente, sind anders als nach den Regelungen der UNCITRAL, nur nach Rücksprache mit den Parteien möglich.[600]

Die Vorschriften zur Verfahrenssprache, auf die sich die Parteien geeinigt haben, sind in allen hier thematisierten Regelwerken identisch. Es finden sich jeweils Vorschriften zur Erstreckung der Verfahrenssprache auf den Schriftverkehr zwischen den Parteien sowie die durch das Tribunal möglicherweise auferlegte Verpflichtung, Übersetzungen in der Verfahrenssprache beizufügen, sofern ein Dokument in einer anderen Sprache abgefasst ist.[601]

(3) Schriftverkehr, Art. 18–23

Die Bestimmungen zur Klageschrift, der Klageerwiderung sowie weiteren Schriftsätzen entsprechen sich in den jeweiligen Regelwerken weitestgehend. Sowohl PCA Environmental Rules als auch UNCITRAL Arbitration Rules enthalten nahezu identische Vorgaben zum Mindestinhalt von Klage und Klageerwiderung,[602] zur

597 Art. 17 Abs. 5 UNCITRAL Arbitration Rules (2010).

598 Art. 16 Abs. 1 PCA Environmental Rules.

599 Art. 16 Abs. 1 PCA Environmental Rules.

600 Art. 16 Abs. 3 PCA Environmental Rules.

601 Art. 17 PCA Environmental Rules; Art. 17 UNCITRAL Arbitration Rules (1976); Art. 19 UNCITRAL Arbitration Rules (2010).

602 Art. 18, 19 PCA Environmental Rules; Art. 18, 19 UNCITRAL Arbitration Rules (1976); Art. 20, 21 UNCITRAL Arbitration Rules (2010).

Möglichkeit einer Widerklage und Aufrechnung,[603] zur Ergänzung von Klage und Klageerwiderung während des Verfahrens,[604] zu weiteren vom Tribunal verlangten Stellungnahmen[605] sowie zu den für den jeweiligen Schriftsatz geltenden Fristen.[606]

Hinsichtlich der mit der Klageschrift einzureichenden Dokumente sind nach den PCA Environmental Rules zusätzlich noch die relevanten internationalen Abkommen, Beschlüsse und ähnliches einzureichen.[607] Für Streitigkeiten der vorliegenden Art kann es mithin erforderlich sein, der Klageschrift eine Abschrift des Kyoto-Protokolls, der UNFCCC und/oder der einschlägigen Beschlüsse, wie beispielsweise der *Marrakesh Accords*, beizufügen. Gleiches gilt in Fällen der Widerklage und Aufrechnung.[608] Ergänzende Stellungnahmen kann das Schiedsgericht, anders als nach den UNCITRAL-Regelungen, nur nach Rücksprache mit den Parteien verlangen.[609]

In Abweichung zu den UNCITRAL Arbitration Rules (2010) kann die Einleitungsanzeige nach den PCA Environmental Rules nicht zugleich die Klageschrift sein.[610] Der klägerischen Partei steht es jedoch frei, eine separate Klageschrift der Einleitungsanzeige bereits beizufügen.[611]

Modifiziert wurde auch in diesem Zusammenhang die Länge der Einreichungsfristen. Während die Frist zur Einreichung von Schriftsätzen, wie der Klage oder der Klageerwiderung, nach den UNCITRAL Arbitration Rules in der Regel nicht länger als 45 Tage bemessen werden sollte, gestatten die PCA Environmental Rules eine Regelfrist von bis zu 60 Tagen.[612]

Abweichungen finden sich schließlich auch in der Bestimmung zur Rüge der Unzuständigkeit des Schiedsgerichts. Die PCA Environmental Rules sowie die UNCITRAL Arbitration Rules (1976) sind nahezu identisch, mit der Ausnahme,

603 Art. 19 Abs. 3 PCA Environmental Rules; Art. 19 Abs. 3 UNCITRAL Arbitration Rules (1976); Art. 21 Abs. 3 UNCITRAL Arbitration Rules (2010).

604 Art. 20 PCA Environmental Rules; Art. 20 UNCITRAL Arbitration Rules (1976); Art. 22 UNCITRAL Arbitration Rules (2010).

605 Art. 22 PCA Environmental Rules; Art. 22 UNCITRAL Arbitration Rules (1976); Art. 24 UNCITRAL Arbitration Rules (2010).

606 Art. 23 PCA Environmental Rules; Art. 23 UNCITRAL Arbitration Rules (1976); Art. 25 UNCITRAL Arbitration Rules (2010).

607 Art. 18 Abs. 1 PCA Environmental Rules.

608 Art. 19 Abs. 3 PCA Environmental Rules.

609 Art. 22 PCA Environmental Rules.

610 Art. 20 Abs. 1 UNCITRAL Arbitration Rules (2010).

611 Art. 3 Abs. 4 i.V.m. Art. 18 Abs. 1 PCA Environmental Rules.

612 Art. 23 PCA Environmental Rules; Art. 23 UNCITRAL Arbitration Rules (1976); Art. 25 UNCITRAL Arbitration Rules (2010).

dass das Schiedsgericht nach den Bestimmungen des PCA eine Entscheidung hinsichtlich seiner Zuständigkeit selbst veranlassen kann und mithin nicht auf die Rüge einer Partei angewiesen ist.[613] Die UNCITRAL Arbitration Rules (2010) enthalten diese Änderung ebenfalls nicht, sind jedoch um Neuerungen hinsichtlich der Einrede selbst ergänzt. So soll nach den UNCITRAL-Regeln aus dem Jahr 2010 das Recht einer Partei auf die Rüge der Zuständigkeit nicht bereits deshalb erloschen sein, weil sie bereits einen Schiedsrichter ernannt hat.[614] Zudem kann die Rüge während des Verfahrens erhoben werden, falls das Schiedsgericht im Laufe des Verfahrens seine Zuständigkeit überschreitet.[615] Selbst eine verspätete Rüge kann zulässig sein, sofern die Verspätung gerechtfertigt ist.[616]

(4) Beweisführung, Art. 24

Allen Regelungen gemein ist, dass jede Partei die Beweislast für den Sachverhalt trägt, aus dem sie ihre Rechte herleitet.[617] Hinzugefügt wurde in den PCA Environmental Rules eine Bestimmung, wonach das Schiedsgericht die Weigerung einer Partei, bestimmtes Beweismaterial zur Verfügung zu stellen sowie die Gründe für diese Weigerung, bei der Entscheidungsfindung zu berücksichtigen hat.[618]

Eine weitere wesentliche Neuerung der PCA-Vorschriften stellt die Möglichkeit des Schiedsgerichts dar, von den Parteien ein untechnisches Dokument verlangen zu können, in welchem die wesentlichen wissenschaftlichen und technischen Hintergründe des Falls in allgemein verständlicher Art und Weise zusammengefasst sind, um den Sachverhalt einfacher nachvollziehen und verstehen zu können.[619] Gerade für die komplexe Materie der Flexiblen Mechanismen, insbesondere zu deren Funktionsweise sowie zu den Hintergründen der verschiedenen Emissionszertifikate, ist dies eine willkommene Hilfestellung für das Schiedsgericht und trägt zur Findung einer sachgerechten Entscheidung bei.

Ausschließlich in den UNCITRAL Arbitration Rules (2010) finden sich Vorgaben, dass Zeuge oder Sachverständiger grundsätzlich jeder sein kann, sogar die Parteien selbst oder Personen, die mit den Parteien in Verbindung stehen.[620]

613 Art. 21 Abs. 4 PCA Environmental Rules.

614 Art. 23 Abs. 2 UNCITRAL Arbitration Rules (2010).

615 Art. 23 Abs. 2 UNCITRAL Arbitration Rules (2010).

616 Art. 23 Abs. 2 UNCITRAL Arbitration Rules (2010).

617 Art. 24 Abs. 1 PCA Environmental Rules; Art. 24 Abs. 1 UNCITRAL Arbitration Rules (1976); Art. 27 Abs. 1 UNCITRAL Arbitration Rules (2010).

618 Art. 24 Abs. 3 PCA Environmental Rules.

619 Art. 24 Abs. 4 PCA Environmental Rules.

620 Art. 27 Abs. 2 UNCITRAL Arbitration Rules (2010).

(5) Verhandlung, Art. 25

Verhandlungen vor dem Schiedsgericht finden nach allen Regelwerken grundsätzlich unter Ausschluss der Öffentlichkeit statt.[621] Auch die Vorgaben zur Zeugenvernehmung und der Beweiserhebung im Verfahren sind weitestgehend identisch.[622]

Die einzigen diesbezüglichen Änderungen durch die PCA-Regeln sind die bereits bekannten: großzügigere Fristen, Einbeziehung des Internationalen Büros des PCA und Berücksichtigung des Parteiwillens. Dementsprechend beträgt sowohl die Frist zur Benennung von Zeugen als auch der Benachrichtigung des Internationales Büros zwecks Vorkehrungen für die Vernehmung 30 statt 15 Tage.[623] Hieraus ergibt sich auch, dass das Internationale Büro die Aufgaben des Schiedsgerichts bezüglich der Vorbereitung der Zeugenvernehmung, wie Vorkehrungen zur Übersetzung und Aufzeichnung von Aussagen, übernimmt.[624] Die Art und Weise der Zeugenvernehmung steht im Ermessen des Schiedsgerichts, jedoch unter Berücksichtigung des Parteiwillens.[625]

Wie bereits in vorangegangenen Vorschriften gezeigt, berücksichtigen die PCA Environmental Rules noch nicht die technologischen Fortschritte, wie dies in den UNCITRAL Arbitration Rules (2010) der Fall ist. Letztgenannte Regelungen gestatten in diesem Zusammenhang ausdrücklich die Vernehmung durch Telekommunikationsmittel, etwa im Wege einer Videokonferenz.[626] Sollten die Parteien, die ihr Verfahren nach den PCA-Regelungen austragen, die Möglichkeit einer derartigen Vernehmungsmethode wünschen, wäre eine diesbezügliche Vereinbarung erforderlich.

(6) Einstweiliger Rechtsschutz, Art. 26

Umfangreiche Änderungen finden sich in den PCA-Regelungen hinsichtlich des einstweiligen Rechtsschutzes. Die diesbezüglichen Bestimmungen berücksichtigen neben dem Parteiwillen die Besonderheiten von Streitigkeiten in Bezug auf die Umwelt und die natürlichen Ressourcen. So können einstweilige Maßnahmen und Anordnungen nicht nur zum Schutz der Rechte einer Partei angeordnet

---

621 Art. 25 Abs. 4 PCA Environmental Rules; Art. 25 Abs. 4 UNCITRAL Arbitration Rules (1976); Art. 28 Abs. 3 UNCITRAL Arbitration Rules (2010).

622 Art. 25 Abs. 2–6 PCA Environmental Rules; Art. 25 Abs. 2–6 UNCITRAL Arbitration Rules (1976); Art. 28 Abs. 2–4 UNCITRAL Arbitration Rules (2010).

623 Art. 25 Abs 2, 3 PCA Environmental Rules.

624 Art. 25 Abs. 3 PCA Environmental Rules.

625 Art. 25 Abs. 4 PCA Environmental Rules.

626 Art. 28 Abs. 4 UNCITRAL Arbitration Rules (2010).

werden, sondern auch zur Abwehr schwerwiegender Beeinträchtigungen der Umwelt.[627] Sämtliche einstweiligen Maßnahmen stehen zudem unter dem Vorbehalt, dass die Parteien keine abweichende Vereinbarung getroffen haben und dürfen grundsätzlich nur nach Rücksprache mit den Parteien erlassen werden.[628]

Die UNCITRAL Arbitration Rules (2010) mögen zwar wesentlich ausführlichere Vorgaben zu den einzelnen einstweiligen Maßnahmen beinhalten, berücksichtigen aber nicht in gleichem Umfang den Parteiwillen und beziehen, da es nicht zum Anwendungsbereich gehört, keine Umweltaspekte mit ein.[629]

Allen Regelungen gemein ist, dass die Parteien Maßnahmen des einstweiligen Rechtsschutzes trotz des Bestehens einer Schiedsvereinbarung auch vor staatlichen Gerichten ersuchen können und ein solches Gesuch nicht als Verletzung der Schiedsvereinbarung anzusehen ist.[630]

(7) Sachverständige, Art. 27

Die Bestimmungen zur Benennung von Sachverständigen, die Anfertigung von Gutachten sowie die Verpflichtung, relevante Informationen den Sachverständigen zur Verfügung zu stellen, sind wiederum weitgehend deckungsgleich.[631]

Die bedeutendste Ergänzung seitens der PCA Environmental Rules ist, dass der Generalsekretär des PCA, entsprechend einer Schiedsrichterliste, eine Liste von Personen zur Verfügung stellt, welche besondere wissenschaftliche und technische Expertise im Bereich der hiesigen Streitigkeiten aufzuweisen haben und sich deshalb als Sachverständige anbieten.[632] Eine Beschränkung auf die in der Liste angeführten Personen gibt es nicht.[633]

Darüber hinaus finden die Geheimhaltungsvorschriften des Art. 15 der PCA Environmental Rules Anwendung.[634]

Die UNCITRAL Arbitration Rules (2010) enthalten zusätzlich noch Vorgaben, wonach die zu benennenden Sachverständigen ihre Qualifikation, Unparteilichkeit

---

627 Art. 26 Abs. 1 PCA Environmental Rules; zum Hintergrund dieser Regelung vgl. ausführlich *Ratliff*, 14 LJIL (2001), S. 892 f.

628 Art. 26 Abs. 1 PCA Environmental Rules.

629 Art. 26 UNCITRAL Arbitration Rules (2010).

630 Art. 26 Abs. 3 PCA Environmental Rules; Art. 26 Abs. 3 UNCITRAL Arbitration Rules (1976); Art. 26 Abs. 9 UNCITRAL Arbitration Rules (2010).

631 Art. 27 PCA Environmental Rules; Art. 27 UNCITRAL Arbitration Rules (1976); Art. 29 UNCITRAL Arbitration Rules (2010).

632 Art. 27 Abs. 5 PCA Environmental Rules.

633 Art. 27 Abs. 5 PCA Environmental Rules.

634 Art. 27 Abs. 2, 3 PCA Environmental Rules.

und Unabhängigkeit nachzuweisen haben.[635] Die Parteien haben zudem die Möglichkeit, Einwände gegen eine Benennung zu äußern.[636] Einer gleichgelagerten Regelung innerhalb der PCA Environmental Rules, insbesondere hinsichtlich der Qualifikation der Sachverständigen, bedarf es nicht, da diese bereits durch die vom Generalsekretär bereitgestellte Liste gewährleistet ist.

(8) Säumnis, Verfahrensbeendigung, Rechtsverzicht, Art. 28–30

Die abschließenden Verfahrensregelungen zur Säumnis, der Beendigung des Verfahrens sowie zum Rechtsverzicht sind nahezu identisch in allen Regelwerken. Einzige Ergänzung seitens der PCA Environmental Rules ist eine Bestimmung, nach der das Schiedsgericht Rückschlüsse aus der Nichtvorlage relevanter Dokumente ziehen darf.[637] Darüber hinaus enthalten die UNCITRAL Arbitration Rules (2010) Regelungen, wonach die Nichteinreichung einer Klageerwiderung durch die beklagte Partei nicht die Anerkennung der klägerischen Behauptungen impliziert.[638] Ebenso soll kein Rechtsverzicht vorliegen, wenn die fehlende Rüge nichteingehaltener Bestimmungen gerechtfertigt ist.[639]

dd) Schiedsspruch (Art. 31–41)

Die Bestimmungen der Art. 31–41 der PCA Environmental Rules befassen sich mit sämtlichen Aspekten im Zusammenhang mit dem Schiedsspruch, dem anzuwendenden Recht, der Einstellung des Verfahrens und den Verfahrenskosten.

(1) Entscheidungsfindung, Form und Wirkung des Schiedsspruches, Art. 31–32

Allen Regelungen gemein ist, dass die Entscheidungsfindung in einem aus mehreren Schiedsrichtern bestehenden Tribunal stets auf der Mehrheit der Schiedsrichter beruht.[640] Daneben ist es dem Schiedsgericht gestattet, einstweilige Maßnahmen anzuordnen sowie Zwischen- und Teilentscheide zu erlassen.[641] Der Schiedsspruch ist schriftlich abzufassen, ist endgültig sowie bindend und soll von den Parteien

---

635 Art. 29 Abs. 2 UNCITRAL Arbitration Rules (2010).
636 Art. 29 Abs. 2 UNCITRAL Arbitration Rules (2010).
637 Art. 28 Abs. 3 PCA Environmental Rules.
638 Art. 30 Abs. 1 (b) UNCITRAL Arbitration Rules (2010).
639 Art. 32 UNCITRAL Arbitration Rules (2010).
640 Art. 31 PCA Environmental Rules; Art. 31 UNCITRAL Arbitration Rules (1976); Art. 33 UNCITRAL Arbitration Rules (2010).
641 Art. 32 Abs. 1 PCA Environmental Rules; Art. 32 Abs. 1 UNCITRAL Arbitration Rules (1976); Art. 34 Abs. 1 UNCITRAL Arbitration Rules (2010).

möglichst unverzüglich befolgt werden.[642] Eine Veröffentlichung des Schiedsspruches ist nur nach Zustimmung aller Parteien möglich.[643]

Die PCA Environmental Rules weisen abermals ausdrücklich auf die Möglichkeit eines aus fünf Schiedsrichtern bestehenden Tribunals hin.[644] Zudem entfällt die in den UNCITRAL Arbitration Rules vorgesehene Überprüfung der Entscheidung des Vorsitzenden durch das Schiedsgericht in Fällen, in denen der Vorsitzende prozessuale Fragen allein entscheidet.[645] Des Weiteren sehen die PCA-Regelungen vor, dass abweichende Meinungen einzelner Schiedsrichter schriftlich festgehalten und vom betreffenden Schiedsrichter unterzeichnet werden müssen.[646]

(2) Anwendbares Recht, Art. 33

Die PCA Environmental Rules gewähren dem Schiedsgericht größtmöglichen Freiraum bei der Bestimmung des auf den Fall anzuwendenden Sachrechts, sofern die Parteien keine diesbezügliche Regelung in der Schiedsvereinbarung getroffen haben. Anders als die UNCITRAL Arbitration Rules (1976) beschränken die PCA-Vorgaben das Schiedsgericht nicht auf das Recht, welches sich aus den Kollisionsnormen ergibt,[647] sondern gestatten den Rückgriff auf Regelungen des Völkerrechts sowie Rechtsgrundsätze, sofern dies das Schiedsgericht für angemessen erachtet.[648] Eine Einbeziehung des Kyoto-Protokolls sowie der einschlägigen Beschlüsse ist dem Schiedsgericht daher ausdrücklich gestattet, sofern die Parteien die Geltung dieser Regelungen nicht bereits vereinbart haben.

---

642 Art. 32 Abs. 2 PCA Environmental Rules; Art. 32 Abs. 2 UNCITRAL Arbitration Rules (1976); Art. 34 Abs. 2 UNCITRAL Arbitration Rules (2010).

643 Art. 32 Abs. 6 PCA Environmental Rules; Art. 32 Abs. 6 UNCITRAL Arbitration Rules (1976), der sich lediglich auf zwei Parteien bezieht und Mehrparteienverfahren noch nicht berücksichtigt; Art. 34 Abs. 5 UNCITRAL Arbitration Rules (2010).

644 Art. 31 Abs. 1, 32 Abs. 4 PCA Environmental Rules.

645 Art. 31 Abs. 2 PCA Environmental Rules; Art. 31 Abs. 2 UNCITRAL Arbitration Rules (1976); Art. 33 Abs. 2 UNCITRAL Arbitration Rules (2010).

646 Art. 32 Abs. 5 PCA Environmental Rules; diese Vorgabe soll die Entwicklung einer umweltrechtlichen Schiedsverfahrensrechtsprechung fördern, vgl. *Ratliff*, 14 LJIL, 887 (891).

647 Art. 33 Abs. 1 UNCITRAL Arbitration Rules (1976); die Regelungen der UNCITRAL aus dem Jahr 2010 sind diesbezüglich allgemeiner gehalten und geben ein Recht vor, welches das Schiedsgericht für angemessen erachtet, vgl. Art. 35 Abs. 1 UNCITRAL Arbitration Rules (2010).

648 Art. 33 Abs. 1 PCA Environmental Rules.

Daneben finden nach den PCA Environmental Rules Handelsbräuche keine Berücksichtigung.[649] Dies wäre für Streitigkeiten der vorliegenden Art ohnehin unnötig, da es nicht um klassische handelsrechtliche Streitigkeiten geht. Ebenso entfällt die Entscheidungsmöglichkeit als *amiable compositeur*.[650] Weshalb die PCA-Regelungen gerade diese Entscheidungsmöglichkeit ausnehmen, jedoch eine Entscheidung *ex aequo et bono* gestatten, geht aus dem Regelwerk und seinen Erläuterungen nicht hervor. Beide Entscheidungsarten gestatten eine Billigkeitsentscheidung ohne zwingend an das anwendbare Recht gebunden zu sein. Folgt man *Coing*, vermittelt der *amiable compositeur* einen Vergleich, dem sich die Parteien unterwerfen, während der Schiedsrichter bei einer Entscheidung *ex aequo et bono* anstelle der Rolle eines Vermittlers eher die eines Richters einnimmt und einen Vergleich nicht zum Inhalt seiner Entscheidung machen kann.[651] Gleichermaßen finden sich Meinungen, die beide Begriffe synonym verwenden oder eine Entscheidung als *amiable compositeur* einer Entscheidung unter Berücksichtigung von Handelsbräuchen gleichsetzen.[652] Letzteres wäre für Fälle der vorliegenden Art wiederum unerheblich, sodass eine derartige Bestimmung überflüssig wäre. Parteien, die ihr Verfahren nach den PCA-Regelungen austragen und gesteigerten Wert auf eine Entscheidungsmöglichkeit als *amiable compositeur* legen, sollten jedenfalls den Wegfall dieser Möglichkeit in den PCA Environmental Rules beachten.

(3) Verfahrenseinstellung, Interpretation, Korrektur und Ergänzung des Schiedsspruches, Art. 34–37

Die Vorgaben der PCA Environmental Rules zur Verfahrenseinstellung, etwa aus Gründen der gütlichen Einigung der Parteien, sowie die Bestimmungen zur Interpretation, Korrektur und Ergänzung des Schiedsspruches weisen die bekannten Änderungen auf. Sie gewähren großzügigere Fristen, berücksichtigen den Parteiwillen und geben die Aufgaben der Organe des PCA wieder.

---

649 So aber nach den UNCITRAL-Regelungen, vgl. Art. 33 Abs. 3 UNCITRAL Arbitration Rules (1976); Art. 35 Abs. 3 UNCITRAL Arbitration Rules (2010).

650 Art. 33 Abs. 2 PCA Environmental Rules gestattet nur eine Entscheidung *ex aequo et bono*, die UNCITRAL-Regelungen hingegen auch eine Entscheidung als *amiable compositeur*, vgl. Art. 33 Abs. 2 UNCITRAL Arbitration Rules (1976); Art. 35 Abs. 2 UNCITRAL Arbitration Rules (2010).

651 *Coing*, in: FS Hübner, S. 35 (45).

652 Vgl. ausführlich zum Ganzen *Maniruzzaman*, 18 Mealey's Int. Arb. Report, 1 ff.

Dementsprechend gewähren die Regelungen zur Interpretation, Korrektur und Ergänzung des Schiedsspruchs jeweils Fristen von 60 statt 30 Tagen.[653] Sollte die Weiterführung des Verfahrens, aus welchen Gründen auch immer, unmöglich und unnötig geworden sein, kann das Schiedsgericht nur unter Rücksprache mit den Parteien die Verfahrenseinstellung beschließen.[654] Kommt es zur Einstellung des Verfahrens, teilt das Internationale Büro des PCA dies den Parteien mit.[655]

(4) Kosten, Art. 38–41

Hinsichtlich der Kosten des Schiedsverfahrens ergeben sich neben rein formellen Abweichungen auch inhaltliche Besonderheiten in den PCA Environmental Rules.

In formeller Hinsicht muss das Honorar des Schiedsgerichts nach den PCA-Vorgaben nicht für jeden Schiedsrichter separat aufgeschlüsselt sein.[656] Ebenso ist es möglich, dass kein Streitwert in der Kostenaufstellung auftaucht, sofern es einen solchen aufgrund der Natur der Streitigkeit nicht gibt.[657]

Inhaltlich entfallen jegliche Regelungen zu den Kosten der Prozessvertreter.[658] Daneben wurden die Kosten für das Internationale Büro des PCA sowie den Generalsekretär des PCA eingefügt.[659] Des Weiteren soll das Schiedsgericht seine Gebühren in Absprache mit dem Generalsekretär des PCA festlegen.[660]

Eine der wesentlichsten inhaltlichen Änderungen der Kostenvorschriften betrifft die Kostenzuweisung. Nach den PCA Environmental Rules trägt jede Partei grundsätzlich ihre eigenen Kosten, sofern das Schiedsgericht keine andere Kostenverteilung beschließt.[661] Nach den UNCITRAL-Regelungen hingegen trägt grundsätzlich die unterlegene Partei die Kosten des Schiedsverfahrens.[662]

---

653 Art. 35, 36, 37 PCA Environmental Rules; nach den UNCITRAL Arbitration Rules (2010) sind Korrekturen innerhalb von 45 Tagen durchzuführen.

654 Art. 34 Abs. 2 PCA Environmental Rules.

655 Art. 34 Abs. 3 PCA Environmental Rules.

656 Art. 38 (a) PCA Environmental Rules; eine Aufschlüsselung verlangen dagegen die UNCITRAL Regelungen, vgl. Art. 38 (a) UNCITRAL Arbitration Rules (1976); Art. 40 Abs. 2 (a) UNCITRAL Arbitration Rules (2010).

657 Art. 39 Abs. 1 PCA Environmental Rules.

658 Eine Regelung, welche Art. 38 (e), 40 Abs. 2 UNCITRAL Arbitration Rules (1976) sowie Art. 40 Abs. 2 (e) UNCITRAL Arbitration Rules (2010) entspricht, findet sich in den PCA Environmental Rules nicht.

659 Art. 38 (e) PCA Environmental Rules.

660 Art. 39 Abs. 2 PCA Environmental Rules.

661 Art. 40 Abs. 1 PCA Environmental Rules.

662 Art. 40 Abs. 1 UNCITRAL Arbitration Rules (1976); Art. 42 Abs. 1 UNCITRAL Arbitration Rules (2010).

Für die Eintreibung des Kostenvorschusses, der Kosten der Organe des PCA, der Kosten für einstweilige Maßnahmen, sonstiger Kosten sowie für die Verteilung der Gelder, der Anfertigung einer Kostenaufstellung und der eventuellen Rückzahlung ist das Internationale Büro des PCA zuständig.[663] Darüber hinaus beträgt die Frist zur Zahlung der beantragten Beträge nach den PCA-Regeln 60 statt 30 Tage.[664]

ee) Zusammenfassung

Die vorangegangene Darstellung der PCA Environmental Rules hat gezeigt, dass dieses Regelwerk eine optimale Verfahrensgrundlage für Streitigkeiten im Zusammenhang mit dem Kyoto-Protokoll und den Flexiblen Mechanismen bildet. Die Regelungen berücksichtigen in besonderem Maße das Völkerrecht sowie internationale Abkommen, Beschlüsse und Rechtsgrundsätze. Sie beinhalten besondere Vorgaben zur Geheimhaltung von Informationen und Dokumenten, was insbesondere für Unternehmen, welche aus ihren Entwicklungen und Technologien zum Umweltschutz Kapital schlagen wollen, von besonderem Interesse sein wird. Daneben bietet ein Verfahren nach den PCA-Regelungen eine umfassende administrative Unterstützung in allen Phasen des Verfahrens sowie die Bereitstellung von Listen fachkundiger Schiedsrichter und Experten. Einstweilige Maßnahmen bedürfen der Rücksprache mit allen Parteien und sind auch zur Abwendung schwerwiegender Schäden für die Umwelt verfügbar. Die Ausfertigung eines nicht technischen Dokuments, welches den wesentlichen Sachverhalt verständlich zusammenfassen soll, vereinfacht dem Schiedsgericht ein umfassendes Verständnis der tatsächlichen Gegebenheiten und fördert mithin eine sachgerechte Entscheidung. Insgesamt stehen den Parteien im Rahmen der PCA Environmental Rules wesentlich mehr Mitspracherechte sowie großzügiger bemessene Fristen zu.

Lediglich vereinzelte Regelungen, wie etwa die Gestattung und aktive Verwendung von aktuellen Telekommunikationsmöglichkeiten (Schriftverkehr per E-Mail, Videokonferenz), finden aufgrund der schon etwas älteren Regelung des PCA noch keine Berücksichtigung. Hier sollten die Parteien ausdrückliche Vereinbarungen treffen, falls ihnen an diesen Aspekten besonders gelegen ist.

Dass sich die PCA Environmental Rules als Verfahrensregelungen für Streitigkeiten der vorliegenden anbieten belegt auch die Tatsache, dass die Verwendung dieser Regelungen bereits im Rahmen der COP-6/2 in Bonn vorgeschlagen

---

663 Art. 41 Abs. 1–3 PCA Environmental Rules.

664 Art. 41 Abs. 4 PCA Environmental Rules.

wurde.[665] Maßgeblich ging es darum, im Rahmen der Streitbeilegungsklausel des Art. 14 UNFCCC, auf den Art. 19 Kyoto-Protokoll Bezug nimmt, auf die PCA Environmental Rules als für Schiedsverfahren maßgebliche prozessuale Vorgaben zu verweisen.[666] Diesem Vorschlag wurde jedoch nicht entsprochen, sodass bis heute keine verfahrensrechtlichen Vorgaben im Rahmen von UNFCCC und Kyoto-Protokoll existieren.

Entscheiden sich die Parteien bei Rechtsstreitigkeiten im Rahmen von Flexiblen Mechanismen für ein institutionelles Schiedsverfahren ist nach alledem die Wahl der PCA Environmental Rules und die Austragung des Verfahrens in Den Haag empfehlenswert. Sollten sich die Parteien gegen ein administrativ geleitetes Verfahren entschließen und eher ein *ad hoc*-Verfahren wünschen, so ist jedenfalls zu empfehlen, die PCA Environmental Rules als Grundlage für ihre eigenen Verfahrensregelungen heranzuziehen und diese den konkreten Bedürfnissen anzupassen.

5. Anerkennung und Vollstreckung

Das Schiedsverfahren endet mit Erlass des Schiedsspruches. Sollte die unterlegene Partei den gegen sie ergangenen Schiedsspruch nicht bereits freiwillig befolgen, ist die obsiegende Partei auf ein Anerkennungs- und Vollstreckungsverfahren angewiesen.

a) Allgemeines

Mit Erlass des Schiedsspruches hat das Schiedsgericht seine ihm obliegenden Aufgaben erfüllt und verliert, mit Ausnahme etwaiger Interpretationen, Korrekturen oder Ergänzungen des Schiedsspruches innerhalb festgelegter Fristen, seine Zuständigkeit.[667] Die Erklärung der Vollstreckbarkeit eines Schiedsspruches obliegt daher den staatlichen Gerichten.[668]

Um den Schiedsspruch für vollstreckbar erklären zu lassen, muss sich die Partei an die Gerichte des Staates der unterlegenen Partei wenden. Damit hierdurch nicht einer der wesentlichen Vorteile der Schiedsgerichtsbarkeit, die Neutralität,

665 *Ratliff*, 14 LJIL (2001), 887 (895).
666 *Ratliff*, 14 LJIL (2001), 887 (895).
667 *Redfern/Hunter*, Rn. 1.78; so beispielsweise auch nach Art. 35–37 PCA Environmental Rules.
668 *Kreindler/Schäfer/Wolff*, Rn. 1063; *Lew/Mistelis/Kröll*, Rn. 26–5; *Lionnet/Lionnet*, S. 417; *Raeschke-Kessler/Berger*, Rn. 1016; *Schütze*, Rn. 502.

verloren geht und die obsiegende Partei auf ein ihr wohl gesonnenes, fremdes staatliches Gericht angewiesen ist, haben Staaten eine Vielzahl internationaler Abkommen geschlossen, welche die gegenseitige Anerkennung und Vollstreckung ausländischer Schiedssprüche gewähren. Bekanntestes und meist genutztes Abkommen dieser Art im Bereich der internationalen Handelsschiedsgerichtsbarkeit ist die bereits erwähnte NYC, welche bis heute von 149 Mitgliedstaaten ratifiziert wurde.[669] Die NYC beinhaltet eine enumerative Liste an Anerkennungs- und Vollstreckungsversagungsgründen, die jedoch nicht Gegenstand dieser Ausarbeitung sein sollen.[670] Es handelt sich bei den Versagungsgründen um schwerwiegende Mängel, wie etwa einer unwirksamen Schiedsvereinbarung, der Verwährung rechtlichen Gehörs, der Überschreitung der Zuständigkeitsgrenzen des Schiedsgerichts, der Aufhebung des Schiedsspruches am Schiedsort oder dem Verstoß gegen den *ordre public* des Staates, in dem der Schiedsspruch vollstreckt werden soll.[671] Aufgrund dieser hohen Hürden hinsichtlich der Versagung der Anerkennung und Vollstreckung kann die obsiegende Partei darauf vertrauen, bei ordnungsgemäßem Verfahrensverlauf in aller Regel einen Vollstreckungstitel zu erlangen.

Für die vorliegende Ausarbeitung sind im Rahmen der Anerkennung und Vollstreckung zwei Aspekte von besonderer Bedeutung: Zum einen stellt sich die Problematik der Exekutionsimmunität, wenn, wie im Rahmen von Flexiblen Mechanismen nicht auszuschließen, ein Schiedsurteil gegen einen Staat, eine staatliche Einrichtung oder ein Unternehmen in überwiegend staatlicher Hand vollstreckt werden soll. Zum anderen ist auf die sog. „*commercial reservation*“ einzugehen, einem Vorbehalt, den Staaten aussprechen können, wonach sie die NYC nur auf Rechtsstreitigkeiten handelsrechtlicher Natur anwenden.[672]

b) Exekutionsimmunität

Neben den Anerkennungs- und Vollstreckungsversagungsgründen der NYC kann sich die unterlegene Partei möglicherweise auf ihre Immunität berufen, was eine Vollstreckung unmöglich machen würde.

---

669 Stand: April 2013, vgl. Ratifikationsstatus der NYC, abrufbar unter http://www.uncitral.org/uncitral/en/uncitral_texts/arbitration/NYConvention_status.html (Abrufdatum: 25.04.2013).

670 Vgl. Art. V NYC; vgl. zu den Versagungsgründen ferner *Born*, S. 2736 ff.; *Lachmann*, Rn. 2550 ff.; *Lew/Mistelis/Kröll*, Rn. 26–65 ff.; *Raeschke-Kessler/Berger*, Rn. 1037 ff.; *Schwab/Walter*, Kap. 57 Rn. 1 ff.

671 Art. V NYC.

672 Vgl. Art I Abs. 3 S. 2 NYC.

Der Verzicht eines Staates, einer staatlichen Einrichtung oder eines staatlichen Unternehmens auf die Jurisdiktionsimmunität führt nicht automatisch zu einem Verzicht auf die Exekutionsimmunität.[673] Es ist durchaus möglich, dass ein Staat aufgrund privatwirtschaftlichen Handelns, aufgrund eines ausdrücklichen Verzichts in der Schiedsvereinbarung oder aufgrund der Vorgaben einer Verfahrensordnung, wie der PCA Environmental Rules, auf seine Immunität im Rahmen des Schiedsverfahrens verzichtet. Seine Immunität hinsichtlich Vollstreckungsmaßnahmen besteht jedoch weiterhin, wie beispielsweise die PCA Environmental Rules aufzeigen.[674]

Hinsichtlich der Exekutionsimmunität existieren daher zahlreiche Unsicherheiten. Teilweise wird vertreten, die Vereinbarung bestimmter Verfahrensordnungen führe automatisch auch zu einem Verzicht auf die Exekutionsimmunität. Dies belegt der Fall *Creighton Ltd. vs. Qatar*, in dem der *Cour de Cassation* in Frankreich entschied, dass die Vereinbarung der ICC-Verfahrensordnung, welche eine unverzügliche Umsetzung des Schiedsspruches anordnet, zugleich einen Verzicht auf die Exekutionsimmunität darstelle.[675] Eine generelle Regel lässt sich hieraus jedoch nicht ableiten.

Ungewissheit besteht darüber hinaus in der Frage, was alles unter die Exekutionsimmunität fällt, das heißt in welches staatliche Eigentum vollstreckt werden kann und welches dagegen der Immunität unterliegt.[676] Als Grundsatz lässt sich diesbezüglich festhalten, dass in staatliches Eigentum, welches wirtschaftlichen Zwecken dient, vollstreckt werden kann, während Eigentum, welches der Erfüllung hoheitlicher Aufgaben dient, der Immunität unterliegen soll.[677] Eine derartige Unterscheidung ist allerdings im Einzelfall nicht immer möglich. Soll in ein Bankkonto vollstreckt werden, ist nur schwer zu sagen, ob das darin enthaltene Kapital künftig für wirtschaftliche oder für hoheitliche Zwecke verwendet werden soll.[678] Von einer Vollstreckung bzw. Pfändung jedenfalls ausgenommen sind Botschaftskonten sowie militärisches Eigentum.[679]

---

673 *Lew/Mistelis/Kröll*, Rn. 27–53.

674 Art. 1 Abs. 2 PCA Environmental Rules.

675 Cour de Cassation, Urt. v. 06.07.2000, *Creighton Limited v. Minister of Finance and Minister of Internal Affairs and Agriculture of the Government of the State of Qatar*, XXV YCA (2000), S. 458 ff.

676 Vgl. ausführlich *Lew/Mistelis/Kröll*, Rn. 27–65 ff.

677 *Hahn*, RIW 1991, 459 (460); *Redfern/Hunter*, Rn. 11.145 ff.; *Schack*, Rn. 179.

678 *Geimer*, Rn. 594 f.; *Schack*, Rn. 180.

679 *Geimer*, Rn. 590, 594, 597; *Lew/Mistelis/Kröll*, Rn. 27–77; *Redfern/Hunter*, Rn. 11.149.

Aufgrund der zahlreichen Unsicherheiten hinsichtlich der Möglichkeit, in das Eigentum eines Staates oder einer staatlichen Einrichtung zu vollstrecken, ist den Parteien dringend zu raten, bereits in der Schiedsvereinbarung den Verzicht auf die Exekutionsimmunität zu vereinbaren.[680]

Sollte die obsiegende Partei statt auf eine Geldzahlung auf die Herausgabe von Emissionszertifikaten geklagt haben, stellt sich das dargestellte Problem nur dann, wenn man die Auffassung vertritt, Emissionszertifikate stünden im Eigentum einer Partei. Folgt man dagegen der bereits zuvor favorisierten Auffassung, dass Zertifikate keinerlei Eigentumsstellung begründen, können sie mithin auch nicht in das Eigentum einer staatlichen Einrichtung fallen und auch nicht der Immunität unterliegen. Um den Parteien ein gewisses Maß an Rechtssicherheit zu gewähren sollte dennoch auch in Fällen der Herausgabe von Zertifikaten ein ausdrücklicher Verzicht auf die Exekutionsimmunität vereinbart werden.

c) Commercial reservation der NYC

Ein weiterer Aspekt, den die Parteien bei der Anerkennung und Vollstreckung eines Schiedsspruches, der zu einer Streitigkeit im Zusammenhang mit den Flexiblen Mechanismen ergangen ist, beachten müssen, ist die sog. *commercial reservation* in Art. I Abs. 3 S. 2 NYC. Dieser Vorbehalt lautet in deutscher Übersetzung wie folgt:

> „*Er* [der Mitgliedstaat der NYC] *kann auch erklären, daß er das Übereinkommen nur auf Streitigkeiten aus solchen Rechtsverhältnissen, sei es vertraglicher oder nichtvertraglicher Art, anwenden werde, die nach seinem innerstaatlichen Recht als Handelssachen angesehen werden.*“[681]

Von derzeit insgesamt 149 Mitgliedstaaten haben 45 Staaten einen derartigen Vorbehalt erklärt.[682]

Möchte die obsiegende Partei den Schiedsspruch in einem dieser 45 Staaten für vollstreckbar erklären lassen, ist sie mithin maßgeblich darauf angewiesen, ob das dortige innerstaatliche Recht die vom Schiedsgericht entschiedene Streitigkeit als handelsrechtlich einstuft. *Ratliff* weist in diesem Zusammenhang auf ein Urteil

---

680 So auch *Redfern/Hunter*, Rn. 11.150, die zudem vorschlagen, die Beweislast, welchem Zweck Gelder auf staatlichen Konten dienen, dem Staat aufzuerlegen.

681 Art. I Abs. 3 S. 2 NYC.

682 Stand: April 2013, vgl. Ratifikationsstatus der NYC, abrufbar unter http://www.uncitral.org/uncitral/en/uncitral_texts/arbitration/NYConvention_status.html (Abrufdatum: 25.04.2013).

eines US-Gerichts hin.[683] Die dortigen Richter entschieden, dass die Schaffung eines Systems zum Handel von Emissionszertifikaten eine größere Bandbreite an Möglichkeiten zur Einhaltung von Reduktionsvorgaben ermögliche und so die Kosten des Klimaschutzes minimiere bzw. den ökologischen Nutzen fördere.[684] Weiter führt das Gericht aus, dass durch die Schaffung eines Emissionshandelssystems die hieraus resultierenden Streitigkeiten in gleicher Weise zu behandeln seien, wie handelsrechtliche Streitigkeiten.[685] Das Urteil erging zwar nicht zum Emissionshandel nach dem Kyoto-Protokoll, sondern basierte auf dem *Clean Air Act* von 1990,[686] lässt sich jedoch m.E. auf den Emissionshandel im Rahmen des Kyoto-Protokolls übertragen. Gleiches müsste dann wohl für die Übertragung von Reduktionszertifikaten im Rahmen von projektbezogenen Flexiblen Mechanismen gelten, da dort im Grunde auch lediglich Zertifikate gegen die Finanzierung eines Projekts übertragen werden.

Es ist nicht auszuschließen, dass andere Staaten, welche den Vorbehalt einer handelsrechtlichen Streitigkeit ebenfalls erklärt haben, den Emissionshandel und die Übertragung von Zertifikaten durch Reduktionsprojekte anders bewerten.[687] Eine derartige Bewertung ist zwar unwahrscheinlich, insbesondere vor dem Hintergrund der eingängigen Begründung des US-Gerichts, sollte von der obsiegenden Partei aber stets bedacht werden. Besteht die Möglichkeit, die Vollstreckung gegen die unterlegene Partei in verschiedenen Staaten zu betreiben, sollte die obsiegende Partei zur Vermeidung etwaiger Konflikte in Erwägung ziehen, in einem Staat die Vollstreckung zu betreiben, der keinen Vorbehalt erklärt hat. Möglicherweise besteht für die Parteien auch die Option, den Schiedsspruch nach einem anderen zwischenstaatlichen Abkommen für vollstreckbar erklären zu lassen, welches keinen Vorbehalt hinsichtlich einer handelsrechtlichen Streitigkeit vorsieht.

---

683 *Ratliff*, in: Legal Aspects of Implementing the Kyoto Protocol Mechanisms, S. 377 (398 f.).

684 United States Court of Appeals, *Ormet Corporation vs. Ohio Power Comany*, abrufbar unter http://caselaw.findlaw.com/us-4th-circuit/1413756.html (Abrufdatum: 25.04.2013).

685 Wörtlich heißt es: „*In establishing a system of marketable allowances, the Act creates proprietary interests in emissions allowances and provides for their transferability.*“, United States Court of Appeals, *Ormet Corporation v. Ohio Power Comany*, abrufbar unter http://caselaw.findlaw.com/us-4th-circuit/1413756.html (Abrufdatum: 25.04.2013).

686 Abrufbar unter http://www.epa.gov/air/caa/ (Abrufdatum: 25.04.2013).

687 *Ratliff*, in: Legal Aspects of Implementing the Kyoto Protocol Mechanisms, S. 377 (398 f.).

6. Einstweiliger Rechtsschutz

Wie bereits im Rahmen des Konfliktpotentials erläutert, sind Fallkonstellationen denkbar, in denen dem Kläger ein Zuwarten auf die Durchführung eines Schiedsverfahrens sowie auf den Erlass eines Schiedsspruches nicht zumutbar ist. Möglicherweise ist der Kläger auf einstweilige Maßnahmen angewiesen, die einen frühzeitigen Verkauf der durch ein Projekt generierten Zertifikate zum Inhalt haben können, um finanzielle Verluste des Investors zu kompensieren oder zu vermeiden. Derartige Sicherungsmaßnahmen könnten Gegenstand des einstweiligen Rechtsschutzes sein.

a) Allgemeines

Haben sich die Parteien auf die Durchführung eines Schiedsverfahrens geeinigt, schließt eine derartige Vereinbarung die Austragung des Verfahrens vor den staatlichen Gerichten aus. Sofern die Schiedsvereinbarung hinsichtlich des einstweiligen Rechtsschutzes keine Angaben enthält, stellt sich jedoch die Frage, ob auch diese vorläufigen, auf einstweiligen Rechtsschutz ausgelegten Verfahren, vor den Schiedsgerichten auszutragen sind oder ob die Parteien auf die staatlichen Gerichte zurückgreifen können bzw. müssen.

Grundsätzlich lässt sich festhalten, dass sowohl institutionelle Verfahrensordnungen als auch nationale Schiedsverfahrensgesetze den Parteien die Wahl lassen, ob sie das Verfahren des einstweiligen Rechtsschutzes vor den staatlichen Gerichten oder vor einem Schiedsgericht führen wollen.[688] Es obliegt daher den Parteien, das für sie passende Verfahren zu wählen.

Für die Wahl eines staatlichen Gerichtes spricht die schnellere Verfügbarkeit, da ein Schiedsgericht zunächst gebildet werden muss, was zu unerwünschten Verzögerungen führen kann.[689] Daneben ist in zeitlicher Hinsicht zu bedenken, dass ein staatliches Gericht eine einstweilige Maßnahme zumeist innerhalb weniger Stunden erlassen kann, was bei einem Schiedsgericht zumindest fraglich erscheint.[690]

688 Vgl. beispielsweise § 20 DIS-Schiedsgerichtsordnung; Art. 28 ICC Rules of Arbitration (jedenfalls solange dem Schiedsgericht noch keine Akten übermittelt wurden); Art. 25 LCIA Arbitration Rules (jedenfalls bis zur Konstituierung des Schiedsgerichts); Art. 26 PCA Environmental Rules; Art. 26 UNCITRAL Arbitration Rules; §§ 1033, 1041 ZPO; zu nationalen und institutionellen Regelungen ausführlich *Born*, S. 1951 ff.; vgl. ferner *Fouchard/Gaillard/Goldman*, Rn. 1306.

689 *Kreindler/Schäfer/Wolff*, Rn. 906; *Lachmann*, Rn. 2935; *Lionnet/Lionnet*, S. 479 f.

690 *Gaillard/Pinsolle*, 20 Arb. Int'l, 13 (23); *Kreindler/Schäfer/Wolff*, Rn. 907; *Lachmann*, Rn. 2937; allgemein zu zeitlichen Defiziten *Schroth*, SchiedsVZ 2003, 102 (108 f.).

Für das Ersuchen einstweiligen Rechtsschutzes vor einem Schiedsgericht sprechen im Grunde die gleichen Argumente, die bereits zu Beginn für das herkömmliche Erkenntnisverfahren dargestellt wurden.[691] Auch in einem Verfahren des einstweiligen Rechtsschutzes bietet die Schiedsgerichtsbarkeit ein neutrales Forum, fachkundige Schiedsrichter sowie ein vertrauliches Verfahren. Lediglich die vereinfachte Anerkennung und Vollstreckung lässt sich in diesem Zusammenhang nicht als Vorteil der Schiedsgerichtsbarkeit anführen, da die NYC nur auf Schiedssprüche, jedoch nicht auf einstweilige Verfügungen anwendbar ist.[692] Die meisten Anordnungen und Verfügungen eines Schiedsgerichts wird die unterlegene Partei jedoch freiwillig befolgen, insbesondere um das Schiedsgericht für das Hauptverfahren nicht unnötig gegen sich aufzubringen.[693]

Es obliegt mithin den Parteien zu entscheiden, ob sie das Verfahren des einstweiligen Rechtsschutzes vor einem staatlichen Gericht oder einem Schiedsgericht austragen wollen. Ihnen werden in aller Regel beide Möglichkeiten zur Verfügung stehen.

b) Einstweiliger Rechtsschutz nach den PCA Environmental Rules

Zur Veranschaulichung eines Verfahrens des einstweiligen Rechtsschutzes soll ein solches anhand der Regelungen des PCA näher dargestellt werden.

Art. 26 der PCA Environmental Rules lautet wie folgt:

> „*1. Unless the parties otherwise agree the arbitral tribunal may, at the request of any party and having obtained the views of all the parties, take any interim measures including provisional orders with respect to the subject-matter of the dispute it deems necessary to preserve the rights of any party or to prevent serious harm to the environment falling within the subject-matter of the dispute.*
> *2. Such interim measures may be established in the form of an interim award. The arbitral tribunal shall be entitled to require appropriate security for such measures.*
> *3. A request for interim measures addressed by any party to a judicial authority shall not be deemed incompatible with the agreement to arbitrate, or as a waiver of that agreement.*“

Wie in der Erläuterung der PCA-Regelungen geschildert, ist dem Schiedsgericht der Erlass einstweiliger Verfügungen nach den voranstehenden Vorgaben nur nach

---

691 *Gaillard/Pinsolle*, 20 Arb. Int'l, 13 (23); *Schroth*, SchiedsVZ 2003, 102 (109).

692 *Kreindler/Schäfer/Wolff*, Rn. 943; *Schwab/Walter*, Kap. 17a Rn. 2.

693 *Böckstiegel*, RIW/AWD 1979, 161 (165); *Gaillard/Pinsolle*, 20 Arb. Int'l, 13 (23 f.); *Lew/Mistelis/Kröll*, Rn. 23–83; *Wolf*, DB 1999, 1101 (1103).

Rücksprache mit den Parteien gestattet. Ebenso sehen die Regelungen einstweilige Maßnahmen nicht nur zum Schutz der Parteiinteressen, sondern auch zur Abwehr schwerwiegender Beeinträchtigungen für die Umwelt vor. Daneben finden sich Vorgaben, wonach das Schiedsgericht Sicherheitsleistungen verlangen kann und dass die Entscheidung der Parteien, das Verfahren des einstweiligen Rechtsschutzes vor einem staatlichen Gericht auszutragen, nicht in Widerspruch zur Schiedsvereinbarung steht oder einen Verzicht auf die Vereinbarung darstellt.

Inhaltliche Vorgaben, nach denen das Schiedsgericht zu bewerten hat, ob es der ersuchenden Partei einstweiligen Rechtsschutz gewährt, finden sich jedoch nicht. Es findet sich lediglich die Vorgabe, notwendige Maßnahmen zu treffen, um die Rechte einer Partei zu schützen, bzw. Schaden von der Umwelt abzuwenden. Da die PCA Environmental Rules auf den UNCITRAL Arbitration Rules basieren, kann jedoch auf die Vorgaben zurückgegriffen werden, welche sich hinsichtlich des einstweiligen Rechtsschutzes zu den UNCITRAL-Regelungen entwickelt haben. In dem Fall *Sergei Paushok, CJSC Golden East Company, CJSC Vostokneftegaz Company vs. The Government of Mongolia*, welches auf Basis der UNCITRAL Arbitration Rules geführt wurde, entschied das Schiedsgericht, dass sich ein international anerkannter Standard an fünf Voraussetzungen entwickelt habe. Diese lauten: (1) *prima facie jurisdiction*, (2) *prima facie establishment of the case*, (3) *urgency*, (4) *imminent danger of serious prejudice (necessity)*, (5) *proportionality*.[694]

aa) Anscheinsbeweis

Die ersten beiden Voraussetzungen, *prima facie jurisdiction* und *prima facie establishment of the case*, beziehen sich auf den Anscheinsbeweis hinsichtlich der Zuständigkeit des Schiedsgerichts sowie den Anscheinsbeweis hinsichtlich der Begründetheit des Antrags. Im Kern geht es darum, dass das Schiedsgericht nicht mit einem völlig unbegründeten Fall befasst werden soll, für den das Schiedsgericht womöglich in der Sache nicht zuständig ist. Der Anschein der Zuständigkeit des Schiedsgerichts kann sich beispielsweise daraus ergeben, dass in der Schiedsvereinbarung die Geltung einer Schiedsverfahrensordnung vereinbart wurde, die den Erlass einstweiliger Verfügungen durch das Schiedsgericht gestattet, und dass die

694 *Sergei Paushok, CJSC Golden East Company, CJSC Vostokneftegaz Company vs. The Government of Mongolia*, Order on Interim Measures vom 2. September 2008, dort Rn. 45, abrufbar unter http://www.italaw.com/sites/default/files/case-documents/ita0621.pdf (Abrufdatum: 25.04.2013); zu den Standards des einstweiligen Rechtsschutzes ausführlich *Born*, S. 1980 ff.

Parteien an diese Vereinbarung gebunden sind.[695] Eine vollständige Überprüfung, ob das Schiedsgericht in der Hauptsache zuständig wäre, erfolgt nicht.[696]

Gleichermaßen handelt es sich beim Anschein der Begründetheit des Antrags lediglich um eine vorläufige Prüfung, ob der Antrag auf einstweiligen Rechtsschutz nicht missbräuchlich oder ungerechtfertig ist und ein Anspruch in der Hauptsache zumindest möglich erscheint.[697]

Vereinbaren die Parteien innerhalb eines Projektvertrages die Geltung der PCA Environmental Rules und resultieren Streitigkeiten aus diesem Vertrag zwischen den Vertragsparteien, aus denen eine Partei Ansprüche ableiten kann, werden die geforderten Anscheinsbeweise in der Regel erfüllt sein, auch wenn der Antragsgegner in der Praxis selbstverständlich versuchen wird, den Anschein zu widerlegen. Sind beide Parteien an die wirksame Vereinbarung gebunden und wurde die Geltung der PCA Environmental Rules vereinbart, wird dem Antragsgegner die Widerlegung des Anscheins hinsichtlich der Zuständigkeit jedenfalls nicht gelingen. Der Anschein der Begründetheit ist sodann eine Frage des Einzelfalls.

bb) Dringlichkeit

Die Voraussetzung der Dringlichkeit ist inhaltlich eng mit der nachfolgend zu thematisierenden Notwendigkeit verbunden und setzt voraus, dass unmittelbares Handeln geboten ist, um schwerwiegende oder irreparable Schäden zu vermeiden.[698] Die Dringlichkeit soll zudem nur vorliegen, wenn ohne das Ergreifen einstweiliger Maßnahmen ein endgültiger Rechtsverlust eintreten würde.[699] Wann ein

---

695 *Sergei Paushok, CJSC Golden East Company, CJSC Vostokneftegaz Company vs. The Government of Mongolia*, Order on Interim Measures vom 2. September 2008, dort Rn. 47 ff., abrufbar unter http://www.italaw.com/sites/default/files/case-documents/ita0621.pdf (Abrufdatum: 25.04.2013).

696 *Military and Paramilitary Activities in and against Nicaragua (Nicaragua v. United States of America)*, Provisional Measures, Verfügung vom 10. Mai 1984, dort Rn. 24–26, abrufbar unter http://www.icj-cij.org/docket/files/70/6457.pdf (Abrufdatum: 25.04.2013).

697 *Sergei Paushok, CJSC Golden East Company, CJSC Vostokneftegaz Company vs. The Government of Mongolia*, Order on Interim Measures vom 2. September 2008, dort Rn. 55, abrufbar unter http://www.italaw.com/sites/default/files/case-documents/ita0621.pdf (Abrufdatum: 25.04.2013); vgl. auch *Born*, S. 1991.

698 *Born*, S. 1986.

699 *Occidental Petroleum Corporation, Occidental Exploration and Production Company vs. The Republic of Ecuador*, ICSID Case No. ARB/06/11, Decision on Provisional Measures vom 17. August 2007, dort Rn. 59, abrufbar unter http://www.italaw.com/sites/default/files/case-documents/ita0576.pdf (Abrufdatum: 25.04.2013).

Fall der Dringlichkeit in der Praxis vorliegt, lässt sich pauschal nicht festlegen. Anhand eines Beispiels soll jedoch veranschaulicht werden, welche Argumente für und gegen die Dringlichkeit vorgebracht werden könnten.

Es ist nicht unwahrscheinlich, dass die Parteien im Rahmen eines Reduktionsprojekts zur Sicherheit des Investors vereinbaren, die durch das Projekt potentiell zu erzielenden Reduktionszertifikate in Form von AAUs vorab an einen Treuhänder zu übertragen. Kommt es nun, aus welchen Gründen auch immer, zu Streitigkeiten zwischen den Parteien, aus denen Ansprüche des Investors gegen den Gaststaat entstehen, ist der Investor möglicherweise auf einstweilige Maßnahmen angewiesen, die den Wert seiner Sicherheit erhalten.

Es ist denkbar, dass der Investor im Wege des einstweiligen Rechtsschutzes eine umgehende Veräußerung der treuhändisch gehaltenen Zertifikate anstrebt. In einem solchen Fall könnte für die Dringlichkeit ein möglicher Wertverlust der Zertifikate durch weiteres Zuwarten sprechen. Ein derartiger Wertverlust könnte unter anderem durch das nahende Ende einer Verpflichtungsperiode eintreten. Ist ungewiss, ob es eine weitere Verpflichtungsperiode geben wird oder ob Staaten ihre angesparten, überschüssigen Zertifikate in eine anschließende Verpflichtungsperiode übernehmen dürfen, ist ein Ausverkauf sämtlicher überschüssiger Zertifikate denkbar, was aufgrund des dann großen Angebots zu einem Preissturz führen könnte.

Gegen die Annahme der Dringlichkeit im aufgezeigten Beispiel könnte jedoch sprechen, dass ein Wertverlust der Zertifikate nicht bewiesen ist und von mehr Faktoren als Angebot und Nachfrage abhängt. Zudem sind Änderungen des Kyoto-Regimes ein ganz allgemeines Risiko, welches den Projektparteien schon bei Vertragsschluss bekannt war. Dementsprechend war dem Investor auch bekannt, dass er dem Risiko ausgesetzt ist, dass die von ihm als Sicherheit akzeptierten Zertifikate möglicherweise an Wert verlieren. Schließlich ist im Rahmen der Dringlichkeit auch fraglich, ob der Investor den geforderten Geldbetrag nicht auch als herkömmliche Schadensersatzforderung im Hauptverfahren geltend machen könnte. Denn zumindest nach Auffassung des Investors wird seinem Antrag auf einstweiligen Rechtsschutz auch ein begründeter Anspruch im Hauptverfahren zugrunde liegen. Eine Dringlichkeit wäre dann allenfalls gegeben, soweit an der Solvenz des Antragsgegners Zweifel bestünden, was zumindest im Falle eines Staates in der Regel nicht der Fall sein wird.

cc) Notwendigkeit

Die Notwendigkeit einer Maßnahme des einstweiligen Rechtsschutzes hängt von der Schwere des drohenden Schadens ab: Je mehr die begehrte Maßnahme in die Rechtsstellung der von ihr betroffenen Partei eingreift, desto größer muss der zu erwartende Schaden für die Partei sein, welche die Maßnahme begehrt.[700] Greift man das zuvor genannte Beispiel bei der Frage der Notwendigkeit auf, lässt sich Folgendes statuieren:

Auch hinsichtlich der Notwendigkeit stellt sich bei einem allein auf Geldzahlung gerichteten Anliegen die Frage, ob ein gleichgelagerter Anspruch nicht auch in einem Hauptverfahren hätte geltend gemacht werden können. Bestehen an der Solvenz des Antragsgegners keine Zweifel, erscheint es nicht notwendig, bereits vorab eine Geldzahlung als Sicherheit zu erlangen. Zudem würde eine derartige Maßnahme einen bedeutenden Eingriff in die Rechte des Antragsgegners darstellen, die nur aufgrund der Gefahr eines drohenden schweren Schadens für den Antragsteller zu rechtfertigen wäre. Ein derart schwerwiegender Schaden ist jedoch aufgrund der Tatsache, dass dem Antragsteller das Risiko eines Wertverlustes der Zertifikate bereits bei Vertragseingehung bekannt gewesen sein musste, nicht anzunehmen.

Darüber hinaus ist zu bedenken, dass die als Sicherheit dienenden AAUs noch *ungreened* sein werden, da ihnen zum Zeitpunkt der Bestellung der Sicherheit keinerlei Emissionsreduktion gegenübersteht. Ein *greening* würde erst durch den erfolgreichen Abschluss des Projekts oder durch die Reinvestition des Verkaufserlöses in Klimaschutzprojekte eintreten. Wie dargelegt, sind *ungreened* AAUs bedeutend weniger wert als *greened* AAUs. Denkt man hinzu, dass kaum ein Staat seine Verpflichtung aufgrund des Reputationsverlustes mit *ungreened* AAUs erfüllen wollen wird und die im Rahmen des einstweiligen Rechtsschutzes zu veräußernden AAUs zudem, was außergewöhnlich ist, durch ein Schiedsgericht veräußert werden sowie aus einem streitigen Verfahren stammen, ist äußerst fraglich, ob sich überhaupt ein Käufer für die Zertifikate findet. Der Verkauf im Rahmen des einstweiligen Rechtsschutzes wäre daher ein ungeeignetes und mithin unnötiges Mittel, um die Rechte des Investors zu schützen. Sollte dieser sodann argumentieren, es würden sich durchaus Abnehmer für die Zertifikate zu einem angemessenen Preis finden, würde sich wieder die Frage nach der Dringlichkeit der Maßnahme stellen.

dd) Verhältnismäßigkeit

Die Prüfung der Verhältnismäßigkeit der beantragten Maßnahme ist letztlich eine Abwägung der beiderseitigen Interessen und der für die Parteien zu erwartenden Unannehmlichkeiten.[701]

---

700 *Born*, S. 1981 f.

701 *Sergei Paushok, CJSC Golden East Company, CJSC Vostokneftegaz Company v. The Government of Mongolia*, Order on Interim Measures vom 2. September 2008, dort

Neben den bislang im vorangegangenen Beispiel genannten Aspekten wären an dieser Stelle zusätzlich noch die Auswirkungen auf den Antragsgegner zu berücksichtigen, sollte dem Antrag auf einstweiligen Rechtsschutz und mithin einem sofortigen Verkauf der Zertifikate stattgegeben werden. Ein Kriterium das hier angeführt werden könnte, sofern der Antragsgegner ein Staat ist, sind die Folgen, die eine Veräußerung der Zertifikate massiv unter Wert mit sich bringt. Die Veräußerung von *ungreened* AAUs ist mit Reputationsverlusten verbunden, insbesondere da der veräußernde Staat im konkreten Fall nicht die Möglichkeit hat, den Erlös für Klimaschutzprojekte einzusetzen. Vielmehr geht der Erlös an den Antragsteller. Zudem ist fraglich, ob der betroffene Staat noch einmal Zertifikate zum regulären Preis am Markt veräußern können wird, nachdem durch die einstweilige Maßnahme möglicherweise große Mengen an Zertifikaten als *ungreened* und zu geringen Preisen verkauft wurden.

c) Bindung des Treuhänders an eine einstweilige Verfügung

In dem vorangegangenen Beispiel ist ein weiterer Aspekt zu beachten, den die Projektparteien bereits bei Vertragseingehung berücksichtigen sollten.

Wie mehrfach dargelegt, bedarf es zur Bindung des gesellschaftsfremden Treuhänders, der nicht selbst Partei des Schiedsverfahrens ist, an das aus einem Schiedsverfahren resultierenden Urteil einer ausdrücklichen Parteivereinbarung. Das heißt, der Treuhänder muss, wollen die Parteien gegen ihn nicht ein separates Verfahren führen, an eine aus einem möglichen Schiedsverfahren resulierende Entscheidung gebunden sein. Eine derartige Bindung sollte, wie erwähnt, innerhalb des Treuhandvertrages als Nebenabrede zum Projektvertrag vereinbart werden.

Haben die Parteien in ihrem Vertrag die Möglichkeit eines Verfahrens des einstweiligen Rechtsschutzes hinsichtlich des Treuhänders nicht bedacht, kann dies zu Komplikationen hinsichtlich der Bindung des Treuhänders an eine einstweilige Verfügung des Schiedsgerichts führen. Es ist denkbar, dass die Parteien die Bindung des Treuhänders an einen die Streitigkeit endgültig beilegenden und nicht beschwerdefähigen Schiedsspruch vereinbart haben. Eine einstweilige Verfügung hingegen ist nicht darauf ausgerichtet, einen Rechtsstreit endgültig beizulegen. Zudem könnte der Treuhänder seine vertraglichen Verpflichtungen nach Erlass eines endgültig bindenden Schiedsspruches nicht mehr erfüllen, würde er der einstweiligen Verfügung Folge leisten und die von ihm gehaltenen Zertifikate herausgeben oder veräußern.

Rn. 79, abrufbar unter http://www.italaw.com/sites/default/files/case-documents/ita0621.pdf (Abrufdatum: 25.04.2013).

Den Projektparteien ist daher für den nicht unwahrscheinlichen Fall der Beteiligung eines Treuhänders zu raten, diesen umfassend zu binden und auch einstweilige Verfügungen in die Bindung mit einzubeziehen.

7. Investitionsschiedsverfahren

Zum Abschluss der Darstellung des Schiedsverfahrens ist auf das Investitionsschiedsverfahren einzugehen. Im Rahmen des Konfliktpotentials wurde erläutert, dass Streitigkeiten im Rahmen der Durchführung eines Reduktionsprojekts ebenso zur Verletzung von Investitionsschutzabkommen führen können. Auch die Vorgaben des Kyoto-Protokolls selbst sind geeignet, Streitigkeiten aufgrund Verstoßes gegen Bestimmungen in BITs hervorzurufen.

Sollte zwischen dem Heimatstaat des Investors und dem Gaststaat der Investition ein BIT bestehen, welcher durch Maßnahmen im Gaststaat verletzt wird, steht der Investor möglicherweise vor der Wahl, entweder ein handelsrechtliches Schiedsverfahren auf Basis einer Schiedsvereinbarung im Projektvertrag zu führen oder ein Investitionsschiedsverfahren aufgrund Verletzung eines BITs anzustrengen. Zur Klarstellung: Eine derartige Konstellation ist nur denkbar, wenn auf der Seite des Gaststaates der Staat selbst Vertragspartei des Projektvertrages ist. Nur dann kann gegen den Staat sowohl aus dem Projektvertrag als auch aus dem BIT vorgegangen werden. Sollte hingegen ein privates Unternehmen auf der Gegenseite stehen, kann gegen dieses mangels Verpflichtung aus einem BIT nur nach dem Projektvertrag vorgegangen werden. Denkbar ist allenfalls, dass im Falle eines staatlichen Eingriffs oder pflichtwidrigen Unterlassens das Projekt fehlschlägt und der Investor aus Projektvertrag gegen das Unternehmen wegen Nichterfüllung klagt sowie parallel aus BIT gegen den Staat wegen dessen Eingriffs oder Unterlassens.

Der Verfahrensablauf sowie die Besonderheiten sollen nachfolgend in ihren Grundzügen erläutert werden, um anschließend eine Abwägung vornehmen zu können, welche Verfahrensart zur Durchsetzung der Ansprüche des Investors am ehesten geeignet ist.

Grundsätzlich steht Staaten wie Investoren zur Beilegung ihrer Investitionsstreitigkeiten der Weg zu allen Schiedsgerichtsinstitutionen sowie der *ad hoc*-Schiedsgerichtsbarkeit offen.[702] Zumeist finden sich bereits in den Investitionsschutzverträgen Verweise an eine Schiedsinstitution. Der deutsche Muster-BIT

702 *Griebel*, S. 96; *Lew/Mistelis/Kröll*, Rn. 28–23; zur offenen Gestaltung in Investitionsschutzverträgen *Böckstiegel*, SchiedsVZ 2012, 113 (116).

schlägt beispielsweise primär den Verweis an das ICSID vor, gestattet aber auch *ad hoc*-Verfahren nach den Regelungen der UNCITRAL, Verweisungen an ICC und LCIA sowie jede sonstige Streitbeilegungsform, auf die sich die Parteien einigen.[703]

Statistiken der *United Nations Conference on Trade and Development* („UNCTAD") aus dem Jahr 2011 belegen, dass die Mehrzahl der Investitionsschiedsverfahren nach den Regelungen des ICSID durchgeführt werden. Dementsprechend waren zu Ende des Jahres 2010 von insgesamt 390 bekannten Verfahren 245 den Verfahrensregelungen des ICSID unterworfen.[704] Weiteren 109 Verfahren lagen die Regelungen der UNCITRAL zugrunde.[705]

Aufgrund der überwiegenden Anwendung der ICSID-Regelungen, wird dieses Verfahren näher erläutert. Verfahren nach den UNCITRAL-Regelungen ähneln dem bereits erörterten PCA-Verfahren, mit Ausnahme der dargestellten Besonderheiten, welche die PCA-Regelungen hinsichtlich Streitigkeiten betreffend natürlicher Ressourcen und der Umwelt aufweisen.

a) Verfahren nach den ICSID-Regelungen

Bei einem Schiedsverfahren nach den Vorgaben des ICSID haben die Parteien in der Regel die folgenden Aspekte und Besonderheiten zu beachten:

aa) Zuständigkeit und Verfahrenseinleitung

Die Anforderungen, welche das ICSID-Übereinkommen an die Zuständigkeit eines ICSID-Schiedsgerichts aufstellt, sind strenger als gewöhnlich.[706] Zur Begründung der Zuständigkeit müssen die von dem Übereinkommen aufgestellten Voraussetzungen erfüllt sein: Die Parteien müssen der Durchführung des Verfahrens zugestimmt haben, es muss sich um eine Investitionsstreitigkeiten handeln (*ratione materiae*) und die Beteiligten, das heißt der beklagte Staat sowie der Gaststaat des Investors, müssen das ICSID-Übereinkommen ratifiziert haben (*ratione personae*).[707]

---

703 Art. 10 des deutschen Muster-BITs (2008).

704 Quelle: UNCTAD, IIA Issues Note No. 1 (März 2011), S. 1 f., abrufbar unter http://unctad.org/en/Docs/webdiaeia20113_en.pdf (Abrufdatum: 25.04.2013).

705 Quelle: UNCTAD, IIA Issues Note No. 1 (März 2011), S. 1 f.

706 Zum ganzen ausführlich *Griebel*, S. 122 ff.

707 Art. 25 ICSID-Übereinkommen; vgl. auch *Griebel*, S. 122; *Lörcher*, SchiedsVZ 2005, 11 (12 f.).

Die Verfahrenseinleitung gleicht im Wesentlichen der Einleitung in anderen institutionalisierten Schiedsverfahren und setzt einen schriftlichen Antrag an den Generalsekretär des ICSID voraus.[708]

In diesem Zusammenhang sei auf Art. 41 ICSID-Übereinkommen verwiesen, der dem Schiedsgericht die Möglichkeit eröffnet, offensichtlich unbegründete Klagen frühzeitig abzuweisen.

bb) Bildung des Schiedsgerichts

Im Anschluss an die Registrierung der Schiedsklage wird gemäß Art. 37 ICSID-Übereinkommen das Schiedsgericht gebildet. Sollte es sich um ein Dreier-Tribunal handeln, soll die Mehrheit der Schiedsrichter eine andere Nationalität aufweisen als die der Parteien.[709]

Wie auch im Rahmen der PCA Environmental Rules stellt das ICSID eine eigene Schiedsrichterliste zur Verfügung.[710] Die in dieser Liste enthaltenen Schiedsrichter werden durch die Mitgliedstaaten ernannt, wobei jeder Mitgliedstaat vier Schiedsrichter, die nicht zwingend seine eigenen Staatsangehörigen sein müssen, auf sechs Jahre benennen darf.[711] Bei den benannten Schiedsrichtern muss es sich um in der Investitionsschiedsgerichtsbarkeit ausgewiesene Experten von hoher Moral handeln.[712]

cc) Verfahrensablauf

Da das ICSID-Übereinkommen selbst nur grundlegende Fragen des Investitionsschiedsverfahrens regelt, wurden auf Basis des Art. 6 Abs. 1 ICSID-Übereinkommen weitere Verfahrensregeln erlassen, die *Rules of Procedure for the Institution of Conciliation and Arbitration Proceedings* („ICSID Institution Rules"), die *Rules of Procedure for Conciliation Proceedings* („ICSID Conciliation Rules") sowie die *Rules of Procedure for Arbitration Proceedings* („ICSID Arbitration Rules").[713]

---

708 Art. 36 ICSID-Übereinkommen; vgl. auch *Reed/Paulsson/Blackaby*, S. 74.

709 Art. 39 ICSID-Übereinkommen.

710 *ICSID Members of the Panels of Conciliators and of Arbitrators* (Stand: März 2013), abrufbar unter https://icsid.worldbank.org/ICSID/FrontServlet?requestType=ICSIDDocRH&actionVal=ShowDocument&reqFrom=ICSIDPanels&language=English (Abrufdatum: 25.04.2013).

711 Art. 13, 15 ICSID-Übereinkommen; *Reed/Paulsson/Blackaby*, S. 78.

712 Art. 14 ICSID-Übereinkommen.

713 *ICSID Institution Rules* vom 10. April 2006, XXXI YCA (2006), S. 372 ff.; *ICSID Conciliation Rules* vom 10. April 2006, XXXI YCA (2006), S. 375 ff.; *ICSID*

Die ICSID Arbitration Rules enthalten Angaben zu Ablauf und Durchführung des Verfahrens. Sie untergliedern sich in Regelungen zur Konstituierung des Schiedsgerichts einschließlich der Abwahl der Schiedsrichter (Rules 1–12), zur Arbeitsweise des Schiedsgerichts (Rules 13–18), zur Durchführung des Verfahrens (Rules 19–38), zu besonderen Verfahren wie dem einstweiligen Rechtsschutz (Rules 39–45), zum Schiedsspruch, dessen Auslegung, Aufhebung und Vollstreckung (Rules 50–55).[714]

Der Verfahrensablauf entspricht im Wesentlichen demjenigen handelsrechtlicher Verfahren. Es sei darauf hingewiesen, dass, anders als etwa nach den Regelungen von UNCITRAL und PCA, unbeteiligte Dritte an mündlichen Verhandlungen teilnehmen dürfen, soweit eine Partei dem nicht ausdrücklich widerspricht.[715] Die Verfahren finden mithin grundsätzlich nicht unter Ausschluss der Öffentlichkeit statt.

dd) Anwendbares Recht

Das auf den Fall anwendbare materielle Recht richtet sich gemäß Art. 42 Abs. 1 ICSID-Übereinkommen primär nach der Parteivereinbarung. Fehlt eine solche, werden auf den Fall das Recht des Gastgeberstaates (einschließlich dessen Kollisionsnormen) sowie die Regeln des Völkerrechts angewandt.[716] Hierzu zählen auch die in den BITs enthaltenen Investorenrechte.[717] Ebenso ist eine Entscheidung nach Recht und Billigkeit (*ex aequo et bono*) möglich, sofern die Parteien dies vereinbaren.[718]

ee) Anerkennung und Vollstreckung

Eine der maßgeblichen Besonderheiten des ICSID-Verfahrens liegt in der Anerkennung und Vollstreckung des Schiedsspruches, welche sich nach Art. 53–55 ICSID-Übereinkommen richtet. Im Gegensatz zu einem Schiedsspruch aus einem

---

Arbitration Rules, XXXI YCA (2006), S. 388 ff.; vgl. ferner *Kreindler/Schäfer/Wolff*, Schiedsgerichtsbarkeit, Rn. 377; *Lörcher*, SchiedsVZ 2005, 11 (12).

714 ICSID Arbitration Rules, XXXI YCA (2006), S. 388 ff.

715 Rule 32 ICSID Arbitration Rules.

716 Art. 42 Abs. 1 ICSID Arbitration Rules; vgl. ferner *Bishop/Crawford/Reisman*, S. 13 f.; *Griebel*, S. 139; diese Regelung trägt dem Umstand Rechnung, dass sich ein Staat nicht dem nationalen Recht eines anderen Staates unterwerfen möchte, vgl. *Lew/Mistelis/Kröll*, Rn. 28–81 f.

717 *Escher*, in: International Investment Protection and Arbitration, S. 44; ausführlich zum anwendbaren Recht aus BITs sowie Regelungen des Völkerrechts *Kreindler*, in: Arbitrating Foreign Investment Disputes, S. 401 (405 ff.).

718 Art. 42 Abs. 3 ICSID Arbitration Rules.

handelsrechtlichen Schiedsverfahren bindet ein ICSID-Schiedsspruch die Parteien unmittelbar.[719] Es ist mithin keine Anerkennung und Vollstreckung durch nationale Gerichte erforderlich, auch die NYC findet keine Anwendung.[720] ICSID-Schiedssprüche haben daher die gleiche Geltungskraft wie rechtskräftige inländische Urteile und sind ebenso zu vollstrecken.[721]

Zu beachten ist jedoch, dass nach Art. 55 ICSID-Übereinkommen die Regelung des Art. 54 ICSID-Übereinkommen die Gesetze hinsichtlich der Immunität des Staates, gegen den vollstreckt werden soll, nicht tangieren. Das bedeutet, die vereinfachte Vollstreckbarkeit nach dem ICSID-Übereinkommen führt nicht zu einer Aufhebung der Exekutionsimmunität des betroffenen Staates.[722]

ff) Rechtsmittel

Obwohl ein ICSID-Schiedsspruch nicht mehr durch nationale Gerichte überprüft werden kann, ist die unterlegene Partei nicht völlig rechtlos gestellt. Art. 53 ICSID-Übereinkommen sieht vor, dass der Schiedsspruch den Rechtsmitteln unterliegt, welche das Übereinkommen selbst vorsieht.[723] In Betracht kommen demnach die Auslegung des Schiedsspruches,[724] die Wiederaufnahme des Verfahrens zur Abänderung des Schiedsspruches[725] sowie das Aufhebungsverfahren,[726] wobei es sich bei letzterem um das praktisch bedeutendste Rechtsmittel handelt.[727] Eine Aufhebung durch einen hierfür durch das ICSID eingesetzten Ausschuss kommt nur auf Grundlage einer der in Art. 52 ICSID-Übereinkommen angeführten, abschließenden Aufhebungsgründe in Betracht.[728] Zu beachten ist, dass die Entscheidung des

---

719 Art. 53 ICSID-Übereinkommen.

720 *Reed/Paulsson/Blackaby*, S. 96; *Schreuer*, ICSID Convention, Art. 53 Rn. 20, 22; Art. 54, Rn. 2, 42; *Semler*, SchiedsVZ 2003, 97 (102).

721 Art. 54 ICSID-Übereinkommen; *Redfern/Hunter*, Rn. 11.141; *Schreuer*, ICSID Convention, Art. 53 Rn. 20, 22; Art. 54, Rn. 2, 42.

722 *Horn*, in: Arbitrating Foreign Investment Disputes, S. 3 (29 f.); *Lew/Mistelis/Kröll*, Rn. 28–115; *Redfern/Hunter*, Rn. 11.141.

723 *Lew/Mistelis/Kröll*, Rn. 28–88; *Schreuer*, ICSID-Convention, Art. 52 Rn. 18.

724 Art. 50 ICSID-Übereinkommen.

725 Art. 51 ICSID-Übereinkommen.

726 Art. 52 ICSID-Übereinkommen.

727 *Griebel*, S. 141; *Reed/Paulsson/Blackaby*, S. 99 f.; zu den einzelnen Aufhebungsgründen vgl. ausführlich *Schreuer*, ICSID Convention, Art. 52 Rn. 118 ff.

728 *Griebel*, S. 141; *Lew*, in: Arbitrating Foreign Investment Disputes, S. 267 (275 f.); *Lew/Mistelis/Kröll*, Rn. 28–92; *Semler*, SchiedsVZ 2003, 97 (101); *Wegen/Raible*, SchiedsVZ 2006, 225 (235).

Ausschusses den Schiedsspruch nicht ersetzt, sondern diesen lediglich aufhebt, wodurch ein neues Verfahren erforderlich werden kann, das seinerseits wieder der Gefahr einer Aufhebung ausgesetzt sein kann.[729]

gg) Einstweiliger Rechtsschutz

Einstweiligen Rechtsschutz können die Parteien nach Art. 47 ICSID-Übereinkommen erlangen, der durch die ICSID Arbitration Rules, dort Rule 39, weiter konkretisiert wird. Eine Besonderheit liegt darin, dass die Anrufung staatlicher Gerichte nur bei ausdrücklicher Parteivereinbarung zulässig ist.[730] Dies zeigt, wie schon im Rahmen des Aufhebungsverfahren, dass das ICSID beabsichtigt, ein in sich geschlossenes, unabhängiges System zu bilden.[731]

b) Abwägung zwischen handelsrechtlichem Schiedsverfahren und Investitionsschiedsverfahren

Findet sich ein Investor in der Situation wieder, ein Verfahren sowohl auf Basis des mit dem Gaststaat geschlossenen Projektvertrages als auch auf Grundlage eines BITs führen zu können, stellt sich die Frage, welche der beiden Verfahrensarten, handelsrechtlich oder investitionsrechtlich, sich am ehesten zur Durchsetzung der Ansprüche des Investors eignet.

Einer der maßgeblichen Vorteile der Investitionsschiedsgerichtsbarkeit, überhaupt unmittelbar gegen den handelnden Staat vorzugehen zu können, ist in der vorliegenden Konstellation zu vernachlässigen, da dem Investor aufgrund der vertraglichen Beziehungen mit dem Gaststaat eine weitere Verfahrensmöglichkeit zur Verfügung steht, die bei herkömmlichen Investitionen in der Regel nicht gegeben wäre.

Ein weiterer Vorteil der Investitionsschiedsgerichtsbarkeit nach den Regelungen des ICSID ist die unmittelbare Bindungswirkung des Schiedsspruches, ohne dass es eines weiteren Verfahrens vor den nationalen Gerichten bedarf. Hierdurch bleibt es dem Investor erspart, ein Urteil vor ihm fremden Gerichten für vollstreckbar erklären lassen zu müssen. Jedoch sieht sich der Investor auch im Rahmen der Vollstreckung eines ICSID-Schiedsspruches der Gefahr ausgesetzt, dass sich der

729 *Griebel*, S. 141; *Lew/Mistelis/Kröll*, Rn. 28–110.

730 Art. 26, 47 ICSID-Übereinkommen i.V.m. Rule 39 Abs. 6 ICSID Arbitration Rules; vgl. auch *Lew*, in: Arbitrating Foreign Investment Disputes, S. 267 (272).

731 *Griebel*, S. 140; *Reed/Paulsson/Blackaby*, S. 32.

unterlegene Staat auf seine Exekutionsimmunität beruft.[732] Es verwundert, dass ein Übereinkommen, welches Investoren zu Auslandsinvestitionen ermutigen soll, keine Regelung zum Verzicht auf die Exekutionsimmunität enthält.[733] Insoweit handelt es sich gegenüber handelsrechtlichen Schiedsverfahren nur bedingt um einen Vorteil. Die Problematik der Exekutionsimmunität stellt sich bei beiden Verfahrensarten. Es kann daher auf die diesbezüglichen Ausführungen verwiesen werden.

In Fällen der vorliegenden Art weist die Investitionsschiedsgerichtsbarkeit zudem einige Nachteile gegenüber der handelsrechtlichen Schiedsgerichtsbarkeit auf. So stellt ICSID zwar Listen fachkundiger Schiedsrichter zur Verfügung, deren Expertise jedoch im Bereich der Investitionsschiedsgerichtsbarkeit, nicht aber im Gebiet von Umwelt und natürlichen Ressourcen, liegt. Letzteres wird lediglich durch die Listen des PCA gewährleistet. Ebenso berücksichtigen die ICSID-Regelungen keine Besonderheiten bzgl. Streitigkeiten betreffend natürlicher Ressourcen und der Umwelt, wie es in der Verfahrensordnung des PCA der Fall ist. Zu bedenken ist ferner, dass der Investor je nach BIT gezwungen sein kann, zunächst den nationalen Rechtsweg im Gaststaat auszuschöpfen, bevor er ein ICSID-Schiedsgericht mit dem Fall betrauen kann.[734] Eine solche Rechtswegerschöpfung vor den nationalen Gerichten ist in der handelsgerichtlichen Schiedsgerichtsbarkeit nicht vorgesehen.

Das Investitionsschiedsverfahren soll an dieser Stelle nicht allgemein als nachteilig dargestellt werden. Es bildet einen willkommenen Schutz des Investors, dem ein Rechtsinstrument an die Hand gegeben wird, wonach er direkt gegen einen Staat vorgehen kann. In Streitigkeiten im Zusammenhang mit den Flexiblen Mechanismen, in denen dem Investor auch vertragliche Rechte gegen den Gaststaat zustehen, ist das Investitionsschiedsverfahren aufgrund der vorangehenden Darstellung jedoch als nachteilig anzusehen.

Abschließend sei erwähnt, dass bei der im Rahmen des Konfliktpotentials erwähnten Möglichkeit der Verletzung Dritter durch die Regelungen des Kyoto-Protokolls lediglich ein Investitionsschiedsverfahren in Betracht kommt, sofern die Investition des Dritten durch ein Investitionsschutzabkommen geschützt ist. Die Durchführung eines handelsrechtlichen Schiedsverfahrens ist mangels vertraglicher Beziehungen in diesem Fall nicht möglich.

---

732 Vgl. Art. 55 ICSID-Übereinkommen.

733 *Redfern/Hunter*, Rn. 11.141.

734 Vgl. etwa den BIT zwischen Deutschland und Argentinien, abrufbar über die Datenbank der UNCTAD unter http://www.unctadxi.org/templates/DocSearch____779.aspx (Abrufdatum: 25.04.2013).

8. Zwischenergebnis

Die vorausgehenden Ausführen haben gezeigt, dass Streitigkeiten im Zusammenhang mit den Flexiblen Mechanismen zwischen zwei Privaten sowie im Verhältnis zwischen Privaten und dem Staat in aller Regel schiedsfähig sind und sich das handelsrechtliche Schiedsverfahren als geeigneter Streitbeilegungsmechanismus anbietet. Es ist insbesondere aufgrund dessen Neutralität, der Vertraulichkeit des Verfahrens, der Fachkunde der Schiedsrichter und der vereinfachten Vollstreckbarkeit einem Verfahren vor den staatlichen Gerichten zu bevorzugen. Dies gilt auch für Verfahren des einstweiligen Rechtsschutzes. Hinsichtlich der Verfahrensordnung ist den Parteien m.E. zu empfehlen sich auf die Geltung der PCA Environmental Rules zu einigen, die speziell auf die Besonderheiten der Verfahren der vorliegenden Art zugeschnitten sind.

Schwierigkeiten kann in der Konstellation zwischen einem Privaten und dem Staat die Exekutionsimmunität des unterlegenen Staates bereiten. Daher ist es ratsam, die Berufung auf die Exekutionsimmunität vertraglich auszuschließen. Zudem steht dem Investor in solchen Fallgestaltungen möglicherweise der Weg der Investitionsschiedsgerichtsbarkeit offen, der jedoch m.E. gegenüber der Geltendmachung vertraglicher Ansprüche im Rahmen der handelsrechtlichen Schiedsgerichtsbarkeit nur nachrangig in Erwägung gezogen werden sollte.

Sind Dritte am Projekt beteiligt, kann eine Bindung des Dritten sowohl an die Schiedsvereinbarung als auch an einen aus dem Verfahren resultierenden Schiedsspruch sinnvoll sein. Dies gilt insbesondere dann, wenn es sich bei dem Dritten um einen Treuhänder handelt.

II. Sonstige Verfahrensarten

Neben dem Schiedsverfahren stehen privaten Parteien und Staaten weitere Streitbeilegungsmöglichkeiten zur Verfügung, die nachfolgend übersichtsartig darstellt werden sollen. Einzugehen ist hierbei auf den Streitbeilegungsmechanismus von UNFCCC und Kyoto-Protokoll bei Konflikten zwischen Staaten. Zudem soll auf mögliche Verfahren vor den staatlichen Gerichten hingewiesen werden. Abschließend ist der Frage nachzugehen, ob in bestimmten Konstellationen einer Projektpartei gegebenenfalls keine Rechtsschutzmöglichkeit zur Verfügung steht.

1. Streitbeilegung nach UNFCCC und Kyoto-Protokoll

Liegen Rechtsstreitigkeiten nicht im Zusammenhang mit den Flexiblen Mechanismen, sondern hinsichtlich der Auslegung und Interpretation sowie der Nichteinhaltung von Vorgaben der UNFCCC und insbesondere des Kyoto-Protokolls vor, haben Mitgliedstaaten dieser Abkommen die Möglichkeit, ihre Streitigkeiten nach den in UNFCCC und Kyoto-Protokoll vorgesehenen Streitbeilegungsmechanismen auszutragen.

Für internationale Streitigkeiten im Zusammenhang mit der UNFCCC sowie des Kyoto-Protokolls existieren grundsätzlich zwei separate Wege der Streitbeilegung. Während eine unmittelbar auf den Vorgaben von UNFCCC und Kyoto-Protokoll beruht, fand die zweite Streitbeilegungsmethode ihre Ausgestaltungen erst in den *Marrakesh Accords*.

a) Regelungen der UNFCCC und des Kyoto-Protokolls

Sowohl UNFCCC als auch Kyoto-Protokoll sehen Streitbeilegungsmechanismen für den Fall internationaler Streitigkeiten vor.

aa) Regelungsinhalt

Das Kyoto-Protokoll verweist auf die Vorgaben der UNFCCC.[735] Wörtlich heißt es:

> *„Die Bestimmungen des Artikels 14 des Übereinkommens über die Beilegung von Streitigkeiten finden sinngemäß auf dieses Protokoll Anwendung.“*[736]

Eines solchen Verweises hätte es indes nicht bedurft, da die UNFCCC bereits vorsieht, dass ihre Vorgaben zur Streitbeilegung auf alle mit der UNFCCC in Zusammenhang stehenden Rechtsinstrumente Anwendung finden, sofern diese Instrumente nichts anderes bestimmen.[737] Die Verweisung ist aber gängige Praxis in internationalen Umweltregimen.[738]

Die zwischenstaatliche Streitbeilegung richtet sich daher nach den Vorgaben des Art. 14 UNFCCC, die einen Kompromiss aus friedlicher und gerichtlicher

735 *Oberthür/Ott*, S. 284.

736 Vgl. Art. 19 Kyoto-Protokoll.

737 Vgl. Art. 14 Abs. 6 UNFCCC.

738 *Oberthür/Ott*, S. 284.

Streitbeilegung darstellen.[739] Art. 14 UNFCCC sieht „Verhandlungen oder andere friedliche Mittel" als Streitbeilegungsmechanismen vor.[740] Wörtlich heißt es in Absatz 1 der Vorschrift:

> *„Im Fall einer Streitigkeit zwischen zwei oder mehr Vertragsparteien über die Auslegung oder Anwendung des Übereinkommens bemühen sich die betroffenen Vertragsparteien um eine Beilegung der Streitigkeit durch Verhandlungen oder andere friedliche Mittel ihrer Wahl."*

Die Vorschrift verdeutlicht, dass sich Private nicht auf Art. 14 UNFCCC berufen können. Der Anwendungsbereich ist auf Vertragsstaaten der UNFCCC begrenzt. Die UNFCCC schweigt jedoch dazu, was außer der explizit genannten Verhandlung unter „anderen friedlichen Mitteln" zu verstehen ist. Aufschluss kann diesbezüglich die UN-Charta geben, welche als friedliche Mittel beispielhaft Verhandlung, Untersuchung, Vermittlung, Vergleich, Schiedsspruch, gerichtliche Entscheidung sowie Inanspruchnahme regionaler Einrichtungen oder Abmachungen nennt.[741]

Neben dieser friedlichen Art der Streitbeilegung können die Parteien mittels schriftlicher Urkunde erklären, dass sie mit der Vorlage der Streitigkeit an den Internationalen Gerichtshof oder der Streitbeilegung mittels eines Schiedsverfahrens einverstanden sind.[742] Eine solche Erklärung haben bislang nur die Salomonen, Kuba, Tuvalu und die Niederlande abgegeben.[743] Da Art. 14 Abs. 2 UNFCCC auf dem Prinzip der Gegenseitigkeit beruht, können Streitigkeiten über Auslegung und Anwendung der UNFCCC sowie des Kyoto-Protokolls ausschließlich zwischen diesen vier Staaten vor dem Internationalen Gerichtshof bzw. im Wege eines Schiedsverfahrens ausgetragen werden. Eine nachträgliche Anerkennung dieser Verfahrenswege ist jederzeit möglich.[744]

---

739 *Bodansky*, 18 Yale J. Int'l L., 451 (549); vgl. ferner *Oberthür/Ott*, S. 284 f.

740 Vgl. Art. 14 Abs. 1 UNFCCC.

741 Vgl. Art. 33 Abs. 1 UN-Charta; da es nach Art. 14 Abs. 2 UNFCCC für eine gerichtliche Entscheidung oder einen Schiedsspruch der ausdrücklichen Gestattung beider Parteien bedarf, wird im Rahmen des Art. 14 Abs. 1 UNFCCC ein Schiedsspruch oder eine gerichtliche Entscheidung nicht als friedliches Mittel anzusehen sein; ansonsten wäre die Einschränkung des Art. 14 Abs. 2 UNFCCC überflüssig und leicht zu umgehen. Sollten die Parteien dennoch eine schiedsgerichtliche Streitbeilegung wünschen, können sie dies *ad hoc* vereinbaren.

742 Vgl. Art. 14 Abs. 2 UNFCCC.

743 Quelle: UNFCCC, Declarations by Parties - United Nations Framework Convention on Climate Change, abrufbar unter http://unfccc.int/essential_background/convention/items/5410.php (Abrufdatum: 25.04.2013).

744 Vgl. Art. 14 Abs. 2 UNFCCC.

Konnten die Parteien ihre Streitigkeiten nach zwölf Monaten nicht auf friedliche Art beilegen und haben das Verfahren auch nicht an den Internationalen Gerichtshof oder ein Schiedsgericht übertragen, ist es den Parteien gestattet, die Streitigkeit in ein Vergleichsverfahren zu überführen.[745] Die mit einem solchen Verfahren beauftragte und von den Parteien einzuberufende Vergleichskommission kann jedoch kein rechtlich verbindliches Urteil bzw. keinen verbindlichen Vergleichsspruch, sondern nur einen Spruch mit Empfehlungscharakter erlassen, den die Parteien nach Treu und Glauben zu prüfen haben.[746]

Bislang sind keine Streitigkeiten bekannt, die auf Art. 14 UNFCCC basieren. Auch zu der in Art. 14 Abs. 2 UNFCCC vorgesehenen Ausarbeitung von Schiedsverfahrensregeln durch die Vertragsstaatenkonferenz kam es bislang nicht. Dem Vorschlag, die PCA Environmental Rules als anwendbare Verfahrensregelungen zu bestimmen,[747] wurde nicht entsprochen. Sollte es einmal zu einem Schiedsverfahren basierend auf Art. 14 UNFCCC kommen, existieren folglich seitens der UNFCCC und der hiermit in Zusammenhang stehenden Rechtsinstrumente keinerlei Verfahrensregelungen.

bb) Praktische Bedeutung

Die vorangegangene Darstellung des Verfahrens nach Art. 14 UNFCCC und des hierauf Bezug nehmenden Art. 19 Kyoto-Protokoll macht deutlich, dass es sich bei dem von der UNFCCC vorgesehenen Streitbeilegungsmechanismus um kein sonderlich effektives Verfahren handelt. Können sich die Parteien nicht auf friedliche Art und Weise einigen, steht ihnen nur noch ein Vergleichsverfahren zur Verfügung, das mit einem unverbindlichen Spruch endet. Sind eine oder beide Parteien mit diesem Spruch nicht zufrieden, stehen ihnen nach der UNFCCC keine weiteren Verfahrensmöglichkeiten zur Verfügung. Für ein verbindliches Urteil durch den Internationalen Gerichtshof oder ein Schiedsgericht bedarf es der Gestattung eines solchen Verfahrens durch die an der Streitigkeit beteiligten Staaten. Eine solche Genehmigung wurde jedoch erst von vier Staaten erteilt. Auch fehlt es an der Ausarbeitung von Schiedsverfahrensregeln.

Der Gedanke hinter der Ausgestaltung des Art. 14 UNFCCC war zweifellos, dass eine Partei eine andere nicht einseitig in ein rechtsverbindliches Verfahren

---

745 Vgl. Art. 14 Abs. 5 UNFCCC.
746 Vgl. Art. 14 Abs. 6 UNFCCC.
747 *Ratliff*, 14 LJIL (2001), 887 (895).

zwingen können soll.[748] Vielmehr sollte erst auf Verhandlung, statt auf gerichtliche Streitbeilegung, gesetzt werden.[749] Dies erklärt auch, weshalb nur wenige Staaten sich mit einer Entscheidung durch den Internationalen Gerichtshof bzw. durch ein Schiedsgericht einverstanden erklärt haben. Hierdurch würde wieder die Möglichkeit für eine einseitige Verfahrenseinleitung ermöglicht. Der Preis dieser Ausgestaltung ist jedoch, dass der Streitbeilegungsmechanismus des Art. 14 UNFCCC derzeit nahezu wirkungslos ist und in der Praxis keinerlei Anwendung findet.

b) Compliance Committee

Bedeutung und praktische Relevanz des Verfahrens nach Art. 14 UNFCCC rücken durch die Schaffung eines Nichteinhaltungs- bzw. *Compliance*-Verfahrens,[750] das auf Art. 18 Kyoto-Protokoll basiert,[751] im Rahmen der *Marrakesh Accords* noch weiter in den Hintergrund.[752] Das Verfahren fand seine weitere Ausgestaltung in den Beschlüssen der COP-11/CMP-1 in Montreal im Jahre 2005.[753]

aa) Regelungsinhalt

Die diesbezüglichen Regelungen („*Procedures and mechanisms relating to compliance under the Kyoto Protocol*“) sehen die Schaffung eines *Compliance Committee* vor, welches wiederum aus zwei Abteilungen bestehen soll, namentlich der *Facilitative Branch* sowie der *Enforcement Branch*.[754] Während die *Facilitative Branch* die Vertragsstaaten des Kyoto-Protokolls berät und unterstützt, damit diese die Vorgaben des Kyoto-Protokolls einhalten, ist es Aufgabe der *Enforcement Branch* etwaige Nichteinhaltungen der Vorgaben zu sanktionieren.[755]

---

748 *Ratliff*, in: Legal Aspects of Implementing the Kyoto Protocol Mechanisms, S. 377 (380).

749 *Ratliff*, in: Legal Aspects of Implementing the Kyoto Protocol Mechanisms, S. 377 (380).

750 Allgemein zu *Compliance*-Verfahren in internationalen, umweltrechtlichen Verträgen vgl. *Ehrmann*, 13 Colo. J. Int'l Envtl. L. & Pol'y, 377 ff.; zum Ablauf eines Nichteinhaltungsverfahrens ausführlich *Holtwisch*, S. 168 ff.

751 *Holtwisch*, S. 81.

752 Vgl. Beschluss 24/CP.7; zur Entwicklung ausführlich *Holtwisch*, S. 88 ff.

753 Vgl. Beschluss 27/CMP.1.

754 Vgl. Beschluss 24/CP.7, Annex, II. 2; zu den einzelnen Abteilungen ausführlich *Holtwisch*, S. 125 ff.

755 Quelle: UNFCCC, An Introduction to the Kyoto Protocol Compliance Mechanism, abrufbar unter http://unfccc.int/kyoto_protocol/compliance/items/3024.php (Abrufdatum: 25.04.2013); vgl. hierzu ausführlich *Holtwisch*, S. 125 ff.

Das *Compliance Committee* beschäftigt sich mithin mit Fragen der ordnungsgemäßen Durchführung des Kyoto-Protokolls. Zweifel an der Befolgung der Vorgaben können durch eine „sachkundige Überprüfungsgruppe“ nach Art. 8 Kyoto-Protokoll, den betroffenen Staat selbst sowie durch jeden sonstigen Vertragsstaat des Kyoto-Protokolls erhoben werden, der berechtigte Zweifel vorbringen kann.[756]

Befasst sich mit dem vorgelegten Fall die *Facilitative Branch*, kann diese verschiedene unterstützende Maßnahmen beschließen, die dem betroffenen Staat helfen sollen, die Vorgaben des Kyoto-Protokolls einzuhalten. Die von der *Facilitative Branch* festzulegenden Maßnahmen beinhalten unter anderem einen Technologietransfer an den jeweiligen Staat sowie die Zusage finanzieller und technischer Unterstützung.[757]

Gelangt eine Vorlage zur *Enforcement Branch*, entscheidet diese über die im konkreten Fall angebrachten Sanktionen. Als mögliche Sanktionen stehen je nach Art, Häufigkeit und Schwere des Verstoßes die Erklärung und öffentliche Bekanntmachung der Nichteinhaltung der Vorgaben des betroffenen Staates, das Verbot der Teilnahme an einzelnen oder allen Flexiblen Mechanismen, die Kürzung des *Assigned Amount* für die folgende Verpflichtungsperiode[758] sowie die Verpflichtung zur Ausarbeitung eines Plans zur Behebung der konkreten Missstände zur Verfügung.[759] Dem betroffenen Staat wird Gelegenheit zur Stellungnahme eingeräumt sowie die Möglichkeit, seine Missstände zu beseitigen. Gelingt ihm dies, werden die Sanktionen, mit Ausnahme des Beschlusses zur Kürzung des *Assigned Amount*, wieder aufgehoben.[760]

Gegen die Entscheidungen der *Enforcement Branch* bestehen nur in geringem Umfang Rechtsmittel. Der betroffene Staat hat lediglich die Möglichkeit, innerhalb von 45 Tagen nach Erlass der Entscheidung gegen diese Beschwerde vor der Vertragsstaatenkonferenz des Kyoto-Protokolls einzulegen, die auf ihrer nächsten Sitzung über die Beschwerde zu entscheiden hat.[761] Gibt die Vertragsstaatenkonferenz des Kyoto-Protokolls dem Beschwerdeführer Recht, wird die

756 Vgl. Beschluss 27/CMP.1, Annex, VI. 1.

757 Vgl. Beschluss 27/CMP.1, Annex, XIV.

758 Der *Assigned Amount* wird nur in Fällen gekürzt, in denen der betroffene Staat seine eingegangene Reduktionsverpflichtung im Laufe der Verpflichtungsperiode nicht erreicht hat, vgl. Beschluss 27/CMP.1, Annex, XV., 5. Die Kürzung des *Assigned Amount* erfolgt in Höhe des 1,3fachen der Mehremission.

759 Vgl. Beschluss 27/CMP.1, Annex, XV; zu Folgen der Nichteinhaltung und Sanktionen ausführlich *Holtwisch*, S. 232 ff.

760 Vgl. Beschluss 27/CMP.1, Annex, X. und XV.

761 Vgl. Beschluss 27/CMP.1, Annex, XI.

Entscheidung an die *Enforcement Branch* zurückverwiesen.[762] Reicht der betroffene Staat keine Beschwerde innerhalb von 45 Tagen ein, wird die Entscheidung rechtskräftig.[763]

bb) Praktische Bedeutung

Im Gegensatz zur derzeit in der Praxis ungenutzten Streitbeilegungsmöglichkeit nach Art. 14 UNFCCC bzw. Art. 19 Kyoto-Protokoll beschäftigt sich das *Compliance Committee* regelmäßig mit Fragen der Einhaltung der Vorgaben des Kyoto-Protokolls. Wie bereits im Rahmen der möglichen Streitigkeiten dargelegt, befasste sich die *Enforcement Branch* seit deren Bildung im Jahre 2006 mit insgesamt acht *Compliance*-Verfahren, von denen derzeit ein Verfahren noch nicht abgeschlossen ist.[764] Der *Facilitative Branch* lagen bislang Sammelanträge zur mangelhaften bzw. nicht rechtzeitigen Einreichung des jährlichen Emissionsinventars einschließlich zusätzlicher Informationen hinsichtlich des *Assigned Amount* vor.[765]

Die vorangegangene Darstellung zeigt, dass für derzeit alle bekannten zwischenstaatlichen Streitigkeiten im Zusammenhang mit der UNFCCC und dem Kyoto-Protokoll das *Compliance Committee* zuständig ist. Es handelt sich faktisch um die einzige Rechtsschutzmöglichkeit für Streitigkeiten dieser Art, dies insbesondere auch aufgrund der bislang unzureichenden Regelung des Art. 14 UNFCCC. Das *Compliance*-Verfahren bietet den Erlass verbindlicher Entscheidungen und Maßnahmen, wie etwa dem Verbot der Teilnahme an den Flexiblen Mechanismen, wohingegen Art. 14 UNFCCC nur friedliche Verhandlungen und den Erlass unverbindlicher Empfehlungssprüche ermöglicht. Dies gilt zumindest in der Praxis vor dem Hintergrund der nur geringen Bereitschaft der Überführung eines streitigen Verfahrens vor den Internationalen Gerichtshof oder ein Schiedsgericht. Es ist daher auch für die Zukunft davon auszugehen, dass Streitigkeiten zur Nichteinhaltung der Vorgaben des Kyoto-Protokolls dem *Compliance Committee* zur Entscheidung vorgelegt werden.

---

762 Vgl. Beschluss 27/CMP.1, Annex, XI. 3.

763 Vgl. Beschluss 27/CMP.1, Annex, XI. 4.

764 Stand: April 2013; eine Liste der Verfahren ist abrufbar unter http://unfccc.int/kyoto_protocol/compliance/questions_of_implementation/items/5451.php (Abrufdatum: 25.04.2013).

765 Stand: April 2013; Zusammenstellung aller Anträge und diesbezüglicher Stellungnahmen abrufbar unter http://unfccc.int/playground/items/5516.php (Abrufdatum: 25.04.2013).

c) Schwachstellen des Compliance-Verfahrens

Das Compliance-Verfahren lässt den ohnehin nur eingeschränkt nutzbaren Streitbeilegungsmechanismus des Art. 14 UNFCCC obsolet erscheinen. Es stellt sich jedoch die Frage, ob diese Entwicklung wünschenswert ist, da auch das *Compliance*-Verfahren diverse Nachteile mit sich bringt.

aa) Eingeschränkte Beschwerdemöglichkeit

Dem betroffenen Staat bleiben nach Erlass einer Entscheidung durch die *Enforcement Branch* 45 Tage, um eine Beschwerde hiergegen vor der Vertragsstaatenkonferenz des Kyoto-Protokolls einzulegen. Andere Rechtsschutzmittel stehen nicht zur Verfügung.[766] Gegen die Entscheidung der Vertragsstaatenkonferenz des Kyoto-Protokolls selbst sind ebenfalls keinerlei weitere Rechtsmittel vorgesehen.

Zu beachten ist zudem, dass sich die Beschwerde des betroffenen Staates lediglich auf die Verletzung seines Anspruchs auf rechtliches Gehör, also auf rein formelle Fragen beziehen darf. In den Regelungen zur Beschwerde heißt es:

> „*The Party in respect of which a final decision has been taken may appeal to the Conference of the Parties serving as the meeting of the Parties to the Protocol against a decision of the enforcement branch relating to Article 3, paragraph 1, of the Protocol if that Party believes it has been denied due process.*“[767]

Dem betroffenen Staat steht dementsprechend keine Möglichkeit zu, die Entscheidung der *Enforcement Branch* inhaltlich überprüfen zu lassen. Man könnte der Auffassung sein, dass eine materielle Überprüfung der Entscheidung nicht zwingend erforderlich ist, da die *Enforcement Branch* keine komplexen Rechtsfragen zu beantworten hat, sondern allein faktisch feststellt, ob die Vorgaben des Kyoto-Protokolls erfüllt werden oder nicht. Dem wäre entgegenzuhalten, dass sich gerade bei der Einhaltung dieser Vorgaben Auslegungs- und Interpretationsfragen stellen. Es stellt sich etwa bei der Etablierung eines nationalen Systems zur Abschätzung der Treibhausgasemissionen nicht nur die Frage, ob ein solches System überhaupt besteht oder nicht, sondern auch, ob ein möglicherweise schon vorhandenes System in seiner konkreten Ausgestaltung ausreichend ist. Der betroffene Staat hätte mithin durchaus ein Interesse daran, die Entscheidung der *Enforcement Branch* materiell überprüfen zu lassen. Ihm steht jedoch im Rahmen des *Compliance*-Verfahrens kein Rechtsmittel zur Verfügung, das eine solche Überprüfung ermöglicht.

---

766 Vgl. Beschluss 27/CMP.1, Annex, XI.

767 Beschluss 27/CMP.1, Annex, XI. 1.

Bei dieser Argumentation bleibt zudem eine zweite Einschränkung außen vor. Die Beschwerdemöglichkeit wird noch weiter durch die Vorgabe eingeschränkt, nur Entscheidungen im Zusammenhang mit Art. 3 Kyoto-Protokoll angreifen zu dürfen. Das bedeutet, nur Entscheidungen hinsichtlich der Ziele der ersten Verpflichtungsperiode – mithin das Einhalten der Reduktionsverpflichtung – sind angreifbar, nicht jedoch Entscheidungen zur zuvor beispielhaft genannten Einrichtung eines nationalen Systems zur Abschätzung von Treibhausgasemissionen. In den Erläuterungen der Regelungen des *Compliance Committee* heißt es diesbezüglich, dass eine Beschwerde, die sich nicht auf eine im Zusammenhang mit Art. 3 Kyoto-Protokoll ergangene Entscheidung bezieht, nicht zur Entscheidung angenommen werden darf.[768]

Diese weitere Einschränkung könnte eine materielle Überprüfung der Entscheidung überflüssig machen. Die Feststellung, ob ein Staat seine Reduktionsverpflichtungen nach Art. 3 Kyoto-Protokoll eingehalten hat oder nicht, bedarf keiner Auslegung oder Interpretation der Norm. Ob ein Staat seine Reduktionsvorgaben erfüllt hat, ergibt sich allein daraus, ob das Konto bei dem jeweiligen nationalen Register mit einer ausreichenden Menge an Emissionszertifikaten gedeckt ist. Die Begrenzung der Beschwerdemöglichkeit auf eine nur formelle Überprüfung der Entscheidung wäre hinsichtlich der Frage der Einhaltung der Reduktionsverpflichtung daher nicht zu beanstanden. In der Praxis zeigt sich jedoch, dass es nicht nur um die simple Feststellung der Menge an Emissionszertifikaten geht. Im Falle Kroatiens stellte sich die Frage, ob eine Entscheidung im Rahmen der UNFCCC Auswirkungen auf den im Kyoto-Protokoll festgelegten *Assigned Amount* Kroatiens hat.[769] Bei dieser Frage handelt es sich nicht nur um eine bloße Feststellung, sodass eine materielle Überprüfungsmöglichkeit der Entscheidung der *Enforcement Branch* wünschenswert wäre, die jedoch im *Compliance*-Verfahren nicht möglich ist.

Die schwerwiegendere Einschränkung liegt jedenfalls darin, dass nur Entscheidungen im Zusammenhang mit Art. 3 Kyoto-Protokoll angegriffen werden können. Gegen alle anderen Entscheidungen ist der betroffene Staat an die Entscheidung

768 Vgl. beispielhaft *Informal information note by the secretariat: The compliance procedure with respect to Croatia*, dort unter Nr. 21) („So an appeal related to a national registry or national system issue may not be accepted."), abrufbar unter http://unfccc.int/kyoto_protocol/compliance/enforcement_branch/items/5456.php (Abrufdatum: 25.04.2013).

769 Vgl. *Informal information note by the secretariat: The compliance procedure with respect to Croatia*, dort unter Nr. 3), abrufbar unter http://unfccc.int/kyoto_protocol/compliance/enforcement_branch/items/5456.php (Abrufdatum: 25.04.2013).

der *Enforcement Branch* gebunden. Wie bereits dargestellt, wäre auch in diesen Verfahren, sofern sie gestattet wären, eine materielle Überprüfung der Entscheidung unerlässlich.

Gegen Entscheidungen der *Enforcement Branch* stehen mithin nur in eingeschränktem Umfang Rechtsschutzmöglichkeiten zur Verfügung. Die Einschränkung auf eine rein formelle Überprüfung ist nur dann nicht zu beanstanden, wenn es einzig um die Feststellung einer ausreichenden Menge an Emissionszertifikaten und mithin um die Einhaltung der Reduktionsverpflichtung geht. In allen sonstigen Verfahren, die nicht in Zusammenhang mit Art. 3 Kyoto-Protokoll stehen, muss der betroffene Staat alles daran setzen, die *Enforcement Branch* noch im laufenden Verfahren durch das Einreichen hinreichender Dokumentationen und Stellungnahmen davon zu überzeugen, dass er die Vorgaben des Kyoto-Protokolls einhält. Gelingt ihm dies nicht, ist er endgültig an die Entscheidung und die darin enthaltenen Sanktionen gebunden.

bb) Öffentlichkeit des Verfahrens

Ein weiterer Nachteil des *Compliance*-Verfahrens, jedenfalls für den betroffenen Staat, ist dessen Öffentlichkeit. Alle von der *Facilitative Branch* als auch der *Enforcement Branch* geführten Verfahren gegen Vertragsstaaten des Kyoto-Protokolls sind für jedermann öffentlich einsehbar. Veröffentlicht werden nicht nur verfahrensleitende Maßnahmen und Entscheidungen, sondern sämtliche mit dem Fall in Verbindung stehenden Dokumente, auch Stellungnahmen des betroffenen Staates, Sachverständigengutachten und Pläne zur Behebung der Missstände.[770]

Mit der Öffentlichkeit einher geht auch die Gefahr von Rufschädigungen. Dies ist für den betroffenen Staat ärgerlich, wenn sich die Anschuldigungen im Nachhinein als falsch herausstellten. Eine Kompensation für unbegründete Anschuldigungen wird immerhin dadurch gewährleistet, dass auch die Richtigstellung des Sachverhalts und die Verfahrenseinstellung öffentlich einsehbar sind. Entsprechendes gilt bei begründeten Anträgen, sobald der betroffene Staat seine Missstände beseitigt hat.

cc) Durchsetzbarkeit der Sanktionen

Der jüngste Austritt Kanadas aus der ersten Verpflichtungsperiode als auch die Nichtteilnahme an einer zweiten Verpflichtungsperiode haben gezeigt, auf welch

---

770 Vgl. beispielhaft die umfangreiche Dokumentation des Verfahrens gegen Griechenland, abrufbar unter http://unfccc.int/kyoto_protocol/compliance/enforcement_branch/items/5455.php (Abrufdatum: 25.04.2013).

wackeligen Beinen sowohl das Kyoto-Protokoll als auch die ausgearbeiteten Sanktionsmöglichkeiten stehen.

Die Sanktionen mögen für sich genommen ausreichend sein. So darf ein Staat, der seine Reduktionsverpflichtungen nicht einhält, keine weiteren Zertifikate im Rahmen des Emissionshandels veräußern und muss mit einer Kürzung seines *Assigned Amount* in der folgenden Verpflichtungsperiode rechnen. Ebenso wird es einem Staat, der gewisse unerlässliche Vorgaben des Kyoto-Protokolls, wie die Errichtung eines nationalen Registers, nicht einhält, verboten, an den Flexiblen Mechanismen teilzunehmen.[771] Geldstrafen sind nicht vorgesehen.

Diese Sanktionen sind jedoch, wie das Beispiel Kanadas zeigt, ohne weitere Folgen einfach zu umgehen. Die Kürzung des *Assigned Amount* in der folgenden Verpflichtungsperiode trifft nur Staaten, die sich für eine kommende Periode verpflichten lassen, ansonsten läuft die Sanktion völlig ins Leere. Auch die Sanktionen für die aktuelle Verpflichtungsperiode sind durch den bloßen Austritt zu umgehen. Natürlich wird ein solches Verhalten Rufschäden nach sich ziehen. Diese werden jedoch zum einen rasch vergessen sein, sobald zu diesem Thema nicht mehr in der Presse berichtet wird, und zum anderen können bloße Rufschäden den ökologischen Schaden des Austritts eines Staates aus seinen Verpflichtungen nicht kompensieren.

Es bleibt zu hoffen, dass ein Nachfolgeabkommen zum Kyoto-Protokoll nachhaltigere Sanktionen vorsieht oder den Austritt aus einer Verpflichtungsperiode erschwert. Wünschenswert wäre beispielsweise, dass der austretende Staat, sofern er Sanktionen wegen Nichteinhaltung seiner Reduktionsverpflichtungen unterliegt, einen finanziellen Ausgleich an einen internationalen Klimafonds leisten muss. Auf diesem Wege wäre zumindest gewährleistet, dass das Fehlverhalten des austretenden Staates auf andere Weise kompensiert werden kann.

Vor diesem Hintergrund ist auch zu verstehen, weshalb gerade die rechtliche Ausgestaltung und Bindungswirkung des Nachfolgeabkommens zum Kyoto-Protokoll große Streitigkeiten bei den Vertragsstaaten hervorruft. Während insbesondere die Entwicklungsländer auf ein rechtlich bindendes Abkommen drängen, welches den derzeit einfachen Ausstieg nicht ermöglichen soll, sind gerade die größten Treibhausgasemittenten an weiten Formulierungen interessiert, die einen Ausstieg aus den Vorgaben durch ein „Hintertürchen" ermöglichen, um etwaigen Sanktionen entgehen zu können.

---

771 Vgl. Beschluss 27/CMP.1, Annex, XV.

dd) Beeinflussung Dritter

Schließlich ist es möglich, dass durch die seitens der *Enforcement Branch* verhängten Sanktionen auch Dritte betroffen werden, die mit dem Verfahren in keinerlei Beziehung stehen und hiergegen keine Möglichkeit haben vorzugehen. Ein solcher Fall läge beispielsweise vor, wenn die Sanktion verhängt wird, nicht mehr an den Flexiblen Mechanismen teilnehmen zu dürfen. Führt ein dritter Staat in dem von dieser Sanktion betroffenen Land gerade ein JI-Projekt durch, so kann dieses zwar fortgeführt werden, dem von den Sanktionen betroffene Staat ist es jedoch verboten, die aus einem solchen Projekt resultierenden Emissionsreduktionen in Form von Zertifikaten zu handeln.[772] Ist der dritte Staat dringend auf die aus diesem Projekt resultierenden Reduktionszertifikate angewiesen, droht ihm, von dem potentiellen finanziellen Verlust einmal abgesehen, möglicherweise selbst ein *Compliance*-Verfahren wegen Überschreitung des *Assigned Amount*. Er kann daher nur hoffen, dass der von den Sanktionen betroffene Staat seine Missstände schnellstmöglich beseitigt.

d) Stellungnahme

Trotz der genannten Nachteile stellt sich die Frage, ob das *Compliance*-Verfahren in Auslegungs- und Interpretationsstreitigkeiten sowie Streitigkeiten über die Vorgaben des Kyoto-Protokolls einem (schieds)gerichtlichen Verfahren dennoch vorzuziehen ist.

Streng genommen handelt es sich bei dem *Compliance*-Verfahren nicht um einen Streitbeilegungsmechanismus, sondern um eine Vorstufe zu einem möglicherweise folgenden streitigen Verfahren. Anders als in einem gerichtlichen Verfahren stehen sich in Verfahren des *Compliance Committee* keine zwei streitenden Parteien, sondern der betroffene Staat und (zumeist) die *Enforcement Branch* gegenüber. Das Verfahren ähnelt damit vielmehr einem behördlichen Verfahren, mit dem maßgeblichen Unterschied, dass etwa nach deutschem Recht gegen eine behördliche Entscheidung der Verwaltungsrechtsweg offen steht, während im *Compliance*-Verfahren die Entscheidung der *Enforcement Branch* nur eingeschränkt angreifbar ist.

772 Es sei denn, der Handel mit gerade diesen Reduktionszertifikaten bleibt gestattet, vgl. beispielhaft für Rumänien *Informal information note by the secretariat: The compliance procedure with respect to Romania*, abrufbar unter http://unfccc.int/kyoto_protocol/compliance/questions_of_implementation/items/6030.php (Abrufdatum: 25.04.2013).

Gerade in der Ausgestaltung des *Compliance*-Verfahrens liegt jedoch der Vorteil gegenüber einem gerichtlichen Verfahren.[773] Während letzteres darauf gerichtet ist, die Interessen einer individuellen Gegenpartei zu schützen, ist Sinn und Zweck des *Compliance*-Verfahrens die Wahrung der Vorgaben des Kyoto-Protokolls, mithin die Wahrung internationaler, öffentlicher Interessen. Ebenso ist das *Compliance*-Verfahren nicht auf Ersatz etwaiger Schäden des Gegners ausgelegt, sondern dient der künftigen Einhaltung der Vorgaben des Kyoto-Protokolls, also gerade der Vermeidung eines etwaigen Schadensersatzprozesses. Schließlich werden durch das *Compliance*-Verfahren feindselige Auseinandersetzungen im zwischenstaatlichen Bereich vermieden, da das Verfahren allein zwischen dem betroffenen Staat und dem *Compliance Committee* bzw. dessen Abteilungen stattfindet, selbst wenn es durch einen anderen Staat angestoßen worden sein sollte.

Bedeutender Vorteil eines (schieds)gerichtlichen Verfahrens wäre dagegen ein völkerrechtlich verbindliches Urteil.[774] Die vorangegangene Darstellung hat hinsichtlich des *Compliance*-Verfahrens gezeigt, dass durch dieses zwar Sanktionen verhängt werden können, eine Durchsetzung der Sanktionen aber durch bloßen Austritt zu umgehen ist. Ein (schieds)gerichtliches Urteil hingegen besteht auch nach Austritt fort. Jedoch könnte dann eine Vollstreckung des Urteils, wäre es auf Feststellung der Nichteinhaltung bestimmter Vorgaben bzw. Beseitigung derselben gerichtet, sinnlos werden.

Betrachtet man die Entwicklung des Kyoto-Protokolls und dessen Ausgestaltung, stellt man fest, dass es gerade nicht der Wille der Vertragsparteien war, ein absolut verbindliches Abkommen zu schaffen. Ein solches wäre ökologisch wünschenswert, widerspräche aber den Interessen einiger Vertragsstaaten. Dies erklärt auch, weshalb sich die Vertragsstaaten mit einer verbindlichen (schieds)gerichtlichen Streitbeilegung ausdrücklich einverstanden erklären müssen. Das *Compliance*-Verfahren kann daher als Kompromisslösung angesehen werden. Es bietet einerseits Sanktionen bei Nichteinhaltung der Vorgaben, kann aber andererseits keinen Staat rechtlich bindend zu einem Verhalten zwingen oder gar finanzielle Strafen auferlegen. Selbst die Möglichkeit, Sanktionen durch Austritt zu umgehen,

773 Zu den Vorteilen eines *Compliance*-Verfahrens im Allgemeinen ausführlich *Goote/Lefeber*, FAO Background Study Paper No. 20, 1 (4 f.).

774 Zur Verbindlichkeit eines Urteils des Internationalen Gerichtshofes für Mitgliedstaaten der Vereinten Nationen sowie der Möglichkeit, bei Nichtbefolgung des Urteils den Sicherheitsrat zur zwangsweisen Durchsetzung anzurufen, vgl. *Arnold*, Rn. 479; *Herdegen*, S. 447.

muss mit Vorsicht betrachtet werden. Ein Staat, der sich zum Klimaschutz moralisch verpflichtet fühlt (was bei den Vertragsstaaten des Kyoto-Protokolls der Fall sein sollte, sonst hätten sie dieses nicht ratifiziert), wird nicht einfach seinen Austritt erklären, sondern seine Missstände beseitigen.

Im Ergebnis ist festzuhalten, dass das *Compliance*-Verfahren bei Auslegungs- und Interpretationsstreitigkeiten sowie bei Streitigkeiten über die Vorgaben des Kyoto-Protokolls einem (schieds)gerichtlichen Verfahren vorzuziehen ist, insbesondere aufgrund der Wahrung öffentlicher Interessen sowie der Vermeidung zwischenstaatlicher Konfrontationen. Sollte doch einmal ein (schieds)gerichtliches Verfahren erforderlich sein und die Parteien hätten sich mit einem solchen Verfahren im Vorfeld noch nicht einverstanden erklärt, steht jederzeit die Möglichkeit offen, mittels einer *ad hoc*-Vereinbarung ein Schiedsgericht mit der streitigen Angelegenheit zu befassen.

e) Compliance-Verfahren neben (schieds)gerichtlichem Verfahren

Aufgrund der bereits dargestellten unterschiedlichen Zielsetzung der verschiedenen Verfahrensarten verwundert es nicht, dass nach den Verfahrensregelungen zum *Compliance*-Verfahren die aus einem solchen Verfahren resultierenden Entscheidungen die Urteile aus gerichtlicher Streitbeilegung unberührt lassen.[775] Hierdurch wird ermöglicht, dass Compliance-Verfahren und (schieds)gerichtliche Verfahren parallel abgehalten werden dürfen und sogar zu unterschiedlichen Entscheidungen kommen können.[776]

Die Gefahr sich widerstreitender Entscheidungen ist indes gering. Während das *Compliance*-Verfahren zukunftsgerichtet ist und öffentliche Interessen schützen soll, ist das (schieds)gerichtliche Verfahren auf die Sanktionierung vergangenen Verhaltens im Interesse eines einzelnen Staates gerichtet. Überschneidungen sind daher kaum zu erwarten. Zudem besteht im Schiedsverfahren die Möglichkeit, das Verfahren auf Parteiantrag im Fall von Überschneidungen und drohenden widersprüchlichen Entscheidungen ruhen zu lassen.[777]

---

775 Vgl. Beschluss 27/CMP.1, Annex, XVI. („*The procedures and mechanisms relating to compliance shall operate without prejudice to Articles 16 and 19 of the Protocol.*").

776 *Ratliff*, in: Legal Aspects of Implementing the Kyoto Protocol Mechanisms, S. 377 (381 f.).

777 *Ratliff*, in: Legal Aspects of Implementing the Kyoto Protocol Mechanisms, S. 377 (381 f.).

f) Zwischenergebnis

Der Streitbeilegungsmechanismus der Art. 14 UNFCCC und Art. 19 Kyoto-Protokoll ist in der Praxis bislang ungenutzt. Das durch diese Vorschriften ermöglichte (schieds)gerichtliche Verfahren bietet zwar ein anderweitig nicht zu erlangendes, völkerrechtlich verbindliches Urteil. Für Streitigkeiten hinsichtlich der Vorgaben des Kyoto-Protokolls bietet das *Compliance*-Verfahren indes trotz diverser Nachteile die angemesseneren Lösungen. Dieses Verfahren hat sich auch in der Praxis durchgesetzt.

Dieses Ergebnis steht auch nicht in Widerspruch dazu, dass zuvor für Streitigkeiten im Zusammenhang mit den Flexiblen Mechanismen das Schiedsverfahren klar favorisiert wurde, welches sich hinsichtlich Fragen der Einhaltung der Vorgaben von UNFCCC und Kyoto-Protokoll als der weniger geeignete Streitbeilegungsmechanismus herausgestellt hat. Dies lässt sich damit begründen, dass es bei Streitigkeiten im Zusammenhang mit den Flexiblen Mechanismen um die Wahrung wirtschaftlicher Interessen der an einem Projekt oder Emissionshandel beteiligten Parteien geht, welches am ehesten mit einem Schiedsverfahren erreicht werden kann. Die Einhaltung der Vorgaben des Kyoto-Protokolls hingegen lässt sich effektiver durch ein *Compliance*-Verfahren erreichen.

2. Verfahren vor den staatlichen Gerichten

Wird ein Verfahren statt vor einem Schiedsgerichts vor einem staatlichen Gericht angestrengt, finden auf das Verfahren die Vorschriften der jeweiligen nationalen Prozessordnungen Anwendung. Eine einheitliche Darstellung des Verfahrensablaufs ist aufgrund der landesspezifisch unterschiedlichen Prozessordnungen nicht möglich. Grundsätzlich ist sowohl der Rechtsweg vor die Verwaltungsgerichte als auch vor die Zivilgerichte denkbar.

a) Verfahren vor den Verwaltungsgerichten

Wie bereits im Rahmen des Konfliktpotentials dargestellt, sind Streitigkeiten mit Behörden denkbar, die sich bereits im Vorfeld zum eigentlichen Projekt ereignen können. Hierzu zählen insbesondere Konflikte im Zusammenhang mit der Ausstellung eines LoA. Verweigert die zuständige Behörde die Ausstellung des LoA, weil sie der Auffassung ist, der Antragsteller[778] erfülle nicht die nötigen Voraussetzungen,

778 Im Rahmen der folgenden Darstellung einer Klage vor den Verwaltungsgerichten ist derjenige als „Antragsteller“ bezeichnet, der bei der DEHSt einen Antrag auf

was jedoch tatsächlich nicht der Fall ist, ist der Antragsteller auf gerichtlichen Schutz angewiesen. Gleiches gilt, wenn die Behörde erst gar nicht über den Antrag entscheidet und untätig bleibt.

Eine Schiedsvereinbarung wird der Antragsteller zu diesem Zeitpunkt nicht abgeschlossen haben, insbesondere nicht mit der den LoA ausstellenden Behörde. Somit bleibt ihm nur der Weg vor die staatlichen Gerichte, um auf Ausstellung des LoA zu klagen. In Betracht käme ein Verfahren vor den Verwaltungsgerichten.

Da es sich in derartigen Konstellationen um reine Inlandssachverhalte handelt, ist keine Prüfung der internationalen Zuständigkeit des angerufenen Gerichts vorzunehmen. Nachfolgend soll ein potentielles Verfahren vor den deutschen Verwaltungsgerichten näher dargestellt werden.

aa) Zulässigkeit

Zunächst soll die Zulässigkeit eines solchen Verfahrens geprüft werden.

(1) Eröffnung des Verwaltungsrechtsweges

Für eine Klage vor den Verwaltungsgerichten müsste gemäß § 40 Abs. 1 S. 1 VwGO der Verwaltungsrechtsweg eröffnet sein, d.h. es muss eine öffentlich-rechtliche Streitigkeit nicht verfassungsrechtlicher Art vorliegen. Maßgeblich kommt es in einer Streitigkeit der vorliegenden Art auf deren öffentlich-rechtlichen Charakter an. Ohne vertiefend auf diesbezügliche Meinungsstreitigkeiten einzugehen, liegt eine öffentlich-rechtliche Streitigkeit insbesondere dann vor, wenn die streitentscheidenden Normen solche des öffentlichen Rechts sind, die ausschließlich einen Hoheitsträger berechtigen oder verpflichten.[779]

Die Erteilung einer Genehmigung zur Teilnahme an einem CDM- oder JI-Projekt durch die DEHSt richtet sich nach dem „Gesetz über projektbezogene Mechanismen nach dem Protokoll von Kyoto zum Rahmenübereinkommen der Vereinten Nationen über Klimaänderungen vom 11. Dezember 1997" (sog. Projekt-Mechanismen-Gesetz; „ProMechG").[780] Dieses setzt die Vorgaben der „Richtlinie 2004/101/EG des Europäischen Parlaments und des Rates vom 27. Oktober 2004

Austellung eines LoA gestellt hat. Er ist daher nicht mit dem Antragsteller im Rahmen des einstweiligen Rechtsschutzes vor den Verwaltungsgerichten zu verwechseln, um den es in der nachfolgenden Erörertung nicht geht.

779 v. *Albedyll*, in: Bader/Funke-Kaiser/Stuhlfauth/von Albedyll, VwGO, § 40 Rn. 76; *Bull/Mehde*, Rn. 71 (zu sämtlichen Theorien Rn. 67 ff.); *Ehlers*, in: Schoch/Schneider/Bier, VwGO, § 40 Rn. 235 ff.; *Kopp/Schenke*, VwGO, § 40 Rn. 11.

780 ProMechG vom 22. September 2005, BGBl. 2005 I S. 2826.

zur Änderung der Richtlinie 2003/87/EG über ein System für den Handel mit Treibhausgasemissionszertifikaten in der Gemeinschaft im Sinne der projektbezogenen Mechanismen des Kyoto-Protokolls" (sog. *Linking Directive*),[781] welche die Verknüpfung der projektbasierten Mechanismen des Kyoto-Protokolls mit dem europäischen Emissionshandel festlegt, in nationales Recht um.[782]

Nach § 10 ProMechG ist das Umweltbundesamt zuständige Behörde für die Durchführung der Vorgaben. Innerhalb des Bundesumweltamtes nimmt die DEHSt diese Aufgaben wahr und ist insbesondere für die Zustimmung zu den jeweiligen Klimaschutzprojekten zuständig.[783]

Das ProMechG trifft Vorgaben, nach denen die national zuständige Behörde Einwilligungen zu Vorhaben im Rahmen der Flexiblen Mechanismen zu erteilten hat. Es handelt sich mithin um ein Gesetz, welches ausschließlich einen Hoheitsträger berechtigt und verpflichtet. Mithin läge bei der Klage eines Privaten, dem die Ausstellung versagt wurde oder die Behörde gänzlich untätig blieb, eine öffentlichrechtliche Streitigkeit nicht verfassungsrechtlicher Art zugrunde. Der Verwaltungsrechtsweg wäre in diesem Fall eröffnet.

(2) Statthafte Klageart

Als statthafte Klageart käme eine Verpflichtungsklage in Betracht. Diese wäre nach § 42 Abs. 1 VwGO statthaft, wenn der Erlass eines abgelehnten oder unterlassenen Verwaltungsaktes begehrt wird. Nach § 35 S. 1 VwVfG ist ein Verwaltungsakt jede Verfügung, Entscheidung oder andere hoheitliche Maßnahme, die eine Behörde zur Regelung eines Einzelfalls auf dem Gebiet des öffentlichen Rechts trifft und die auf unmittelbare Rechtswirkung nach außen gerichtet ist.

Das Umweltbundesamt ist eine Bundesoberbehörde[784] und mithin eine Behörde im Sinne des § 35 S. 1 VwVfG. Die Erteilung eines LoA stellt eine Regelung im Sinne einer rechtsverbindlichen Anordnung dar, welche final auf Setzen einer Rechtsfolge gerichtet ist.[785] Es handelt sich auch um eine konkret-individuelle

---

781 *Linking Directive*, ABl. L 338 vom 13. November 2004, S. 18–23.

782 Quelle: DEHSt, Die projektbasierten Mechanismen des Kyoto-Protokolls, abrufbar unter http://www.dehst.de/DE/Klimaschutzprojekte/Projektmechanismen/projektmechanismen_node.html (Abrufdatum: 25.04.2013).

783 Quele: DEHSt, Die DEHSt, abrufbar unter http://www.dehst.de/DE/Serviceseiten/Ueber-uns/Ueber_uns.html (Abrufdatum: 25.04.2013).

784 Quelle: Umweltbundesamt, http://www.umweltbundesamt.de/ (Abrufdatum: 25.04.2013).

785 *Bull/Mehde*, Rn. 689; *Ruffert*, in: Erichsen/Ehlers, § 21 Rn. 24.

Regelung,[786] da es bei der Erteilung eines LoA um einen festgelegten Sachverhalt in Form eines Reduktionsprojektes geht und der LoA auch nur gegenüber dem Antragsteller ergeht. Auch die Außenwirkung ist gegeben, da der Antragsteller nicht Teil des handelnden Verwaltungsträgers ist.[787] Der begehrte LoA stellt mithin einen Verwaltungsakt dar.

Möchte der Antragsteller gegen die versagte oder unterlassene Ausstellung des LoA vorgehen, ist die Verpflichtungsklage die statthafte Klageart.

(3) Klagebefugnis

Der Kläger wäre nach § 42 Abs. 2 VwGO klagebefugt, soweit es nach seinen substantiierten Behauptungen möglich erscheint, dass er durch die Ablehnung oder Unterlassung in seinen subjektiv-öffentlichen Rechten verletzt ist und ihm mithin ein Anspruch auf Erlass eines LoA zusteht.[788]

Das ProMechG sieht verschiedene Zustimmungsregelungen, je nach Art des angestrebten Projektes vor. § 3 ProMechG regelt die Zustimmung für JI-Projekte im Inland, § 5 ProMechG regelt die Zustimmung für JI-Projekte im Ausland und § 8 ProMechG enthält Vorgaben zur Zustimmung für CDM-Projekte. Liegen die in diesen Regelungen genannten Voraussetzungen vor, ist dem Antragsteller ein LoA zu erteilen. Dies ist beispielsweise mit § 70 der rheinlandpfälzischen Landesbauordnung vergleichbar, wonach dem Antragsteller eine Baugenehmigung zu erteilen ist, sofern die hierfür erforderlichen Vorgaben erfüllt sind.

Durch das ProMechG wird dem Antragsteller mithin ein subjektiv-öffentliches Recht auf Erteilung eines LoA verliehen, welches die Behörde durch ihre unbegründete Versagung oder Unterlassung möglicherweise verletzt. Der Antragsteller wäre mithin klagebefugt.

(4) Erfolglos durchgeführtes Vorverfahren

Nach § 68 Abs. 1, 2 VwGO ist grundsätzlich die erfolglose Durchführung eines Widerspruchsverfahrens erforderlich. Dies jedenfalls in Fällen, in denen der begehrte Verwaltungsakt versagt wurde (Versagungsgegenklage). Hat die Behörde

786 *Ruffert*, in: Erichsen/Ehlers, § 21 Rn. 33; *U. Stelkens*, in: Stelkens/Bonk/Sachs, VwVfG, § 35 Rn. 206.

787 *Ruffert*, in: Erichsen/Ehlers, § 21 Rn. 44; *U. Stelkens*, in: Stelkens/Bonk/Sachs, VwVfG, § 35 Rn. 146.

788 *v. Albedyll*, in: Bader/Funke-Kaiser/Stuhlfauth/von Albedyll, VwGO, § 42 Rn. 112; *Wahl/Schütz*, in: Schoch/Schneider/Bier, VwGO, § 42 Rn. 53.

erst gar nicht auf den Antrag reagiert und soll hiergegen vorgegangen werden (Untätigkeitsklage), entfällt das Vorverfahren gemäß § 75 S. 1 VwGO.

Die Ausnahme nach § 68 Abs. 1 S. 2 Nr. 1 VwGO, wonach die Durchführung eines Vorverfahrens bei Verwaltungsakten von einer obersten Bundesbehörde nicht erforderlich ist, ist im vorliegenden Fall nicht einschlägig, da das Umweltbundesamt keine oberste Bundesbehörde, sondern eine Bundesoberbehörde ist.[789] Oberste Bundesbehörde wäre das Bundesministerium für Umwelt, Naturschutz und Reaktorsicherheit, welchem das Umweltbundesamt unmittelbar nachgeordnet ist.[790]

Möchte der Antragsteller gegen eine Versagung vorgehen, muss er mithin zunächst erfolglos Widerspruch gegen die Versagung eingelegt haben.

(5) Klagefrist und -gegner, Beteiligten- und Prozessfähigkeit

Die Klagefrist richtet sich danach, ob eine Versagungsgegenklage oder eine Untätigkeitsklage vorliegt. Erstere muss nach § 74 Abs. 1, 2 VwGO innerhalb eines Monats nach Zustellung des Widerspruchsbescheides erhoben werden. Letztere darf gemäß § 75 S. 2 VwGO nicht vor Ablauf von drei Monaten seit dem Antrag auf Erteilung des LoA erhoben werden.

Der Klagegegner bestimmt sich gemäß § 78 Abs. 1 Nr. 1 VwGO nach dem Rechtsträgerprinzip. Rechtsträger der Bundesoberbehörde Umweltbundesamt ist der Bund. Die Klage wäre mithin gegen die Bundesrepublik Deutschland zu richten.

Auf Seite des Antragstellers wird es sich zumeist um eine juristische Person des Privatrechts handeln, deren Beteiligten- und Prozessfähigkeit sich aus §§ 61 Nr. 1 Alt. 2, 62 Abs. 3 VwGO ergibt. Sie muss sich demnach vor Gericht durch ihren gesetzlichen Vertreter oder Vorstand vertreten lassen. Der Bund ist als juristische Person des öffentlichen Rechts ebenfalls nach § 61 Nr. 1 Alt. 2 VwGO beteiligtenfähig. Er wird nach § 62 Abs. 3 VwGO i.V.m. Art. 65 GG durch die Bundesregierung vertreten, im konkreten Fall nach Art. 65 S. 2 GG durch den Bundesumweltminister.

(6) Allgemeines Rechtsschutzbedürfnis

Der Kläger dürfte zudem nicht auf leichterem Weg zum Erfolg kommen, da ansonsten die Klage missbräuchlich wäre.[791] Dies setzt voraus, dass der Kläger überhaupt einen Antrag bei der DEHSt auf Erlass eines LoA gestellt hat.

---

789 Zum Unterschied ausführlich *Ibler*, in: Maunz/Dürig, GG, Art. 87 Rn. 251.

790 Quelle: BMU, Bundesbehörden, abrufbar unter http://www.bmu.de/bmu/organisation/bundesbehoerden/ (Abrufdatum: 25.04.2013).

791 Zum allgemeinen Rechtsschutzbedürfnis ausführlich *Sodan*, in: Sodan/Ziekow, VwGO, § 42 Rn. 335 ff.

bb) Begründetheit

Zur Begründetheit lassen sich keine allgemeinen Ausführungen machen. Die Verpflichtungsklage wäre nach § 113 Abs. 5 S. 1 VwGO begründet, soweit die Ablehnung oder Unterlassung des begehrten Verwaltungsakts rechtswidrig und der Kläger dadurch in seinen Rechten verletzt ist, was der Fall ist, wenn der vom Kläger behauptete Anspruch auf Erlass eines LoA besteht.[792] Dies wäre anhand der Vorgaben des ProMechG zu prüfen.

b) Verfahren vor den Zivilgerichten

Entscheiden sich die Vertragsparteien trotz der genannten Vorteile der Schiedsgerichtsbarkeit für ein Verfahren vor den staatlichen Gerichten, stellt sich aufgrund des internationalen Sachverhalts sowohl die Frage nach dem international zuständigen Gericht als auch nach dem auf den Fall anzuwendenden materiellen Recht.

Aufgrund der Muster-Projektverträge ist es überaus unwahrscheinlich, dass sich die Parteien nicht bereits im Projektvertrag auf einen Gerichtsstand und das anzuwendende Recht einigen. So sieht der Muster-ERPA der *International Emissions Trading Association* vor, dass grundsätzlich das Recht von England und Wales auf den Fall anwendbar ist, sofern die Parteien nichts anderes vereinbaren.[793] Eine fehlende Rechtswahlklausel ist auf Basis dieses Musters daher nicht denkbar.

Sollte der unwahrscheinliche Fall vorliegen, nach dem eine Gerichtsstandsvereinbarung und/oder eine Wahl des anzuwendenden Rechts fehlt, ist nachfolgend für innerhalb der Europäischen Union angerufene Gerichte zu untersuchen, ob diese zuständig sind und welches Recht sie auf den Fall anwenden. Der Ablauf des Verfahrens selbst richtet sich nach dem jeweiligen nationalen Prozessrecht des zuständigen Gerichts und soll im Rahmen dieser Ausarbeitung aufgrund der Vielzahl der möglichen Verfahrensrechte nicht näher erörtert werden.

aa) Internationale Zuständigkeit nach der Verordnung Nr. 44/2001

(1) Eröffnung des Anwendungsbereichs

Um eine internationale Zuständigkeit nach der „Verordnung (EG) Nr. 44/2001 des Rates vom 22. Dezember 2000 über die gerichtliche Zuständigkeit und die

792 *Stuhlfauth*, in: Bader/Funke-Kaiser/Stuhlfauth/von Albedyll, VwGO, § 113 Rn. 97 f.

793 Vgl. Muster-ERPA, abrufbar unter http://www.ieta.org/trading-documents (Abrufdatum: 25.04.2013).

Anerkennung und Vollstreckung von Entscheidungen in Zivil- und Handelssachen" („EuGVO")[794] begründen zu können, muss zunächst deren Anwendungsbereich eröffnet sein. Dies setzt in sachlicher Hinsicht nach Art. 1 EuGVO voraus, dass es sich um eine Zivil- oder Handelssache handelt.[795] Dies ist bei Streitigkeiten resultierend aus den Flexiblen Mechanismen der Fall. Der räumlich-persönliche Anwendungsbereich ist nicht ausdrücklich geregelt, ergibt sich jedoch aus Art. 2 Abs. 1, 3 Abs. 1, 4 Abs. 1 EuGVO, wonach der Wohnsitz des Beklagten in einem Mitgliedstaat der EuGVO maßgeblich ist.[796] Nach Art. 66, 76 EuGVO findet die Verordnung nur auf Fälle Anwendung, die nach dem 1. März 2002 entstanden sind. Auch dies ist bei Konflikten im Zusammenhang mit den Flexiblen Mechanismen unstreitig.

Sofern der Anwendungsbereich der EuGVO nicht eröffnet sein sollte, etwa weil die beklagte Partei ihren Sitz nicht in einem Mitgliedstaat hat, richtet sich die internationale Zuständigkeit des angerufenen Gerichts nach etwaigen sonstigen Staatsverträgen sowie den nationalen Verfahrensordnungen, also beispielsweise der ZPO.

(2) Bestimmung der internationalen Zuständigkeit

Ist der Anwendungsbereich der EuGVO eröffnet, bestimmt sich die internationale Zuständigkeit des nationalen Gerichts nach den Vorgaben der Art. 2–24 EuGVO. Eine ausschließliche Zuständigkeit nach Art. 22 EuGVO kann in Streitigkeiten im Zusammenhang mit den Flexiblen Mechanismen nicht begründet werden. Von einer Gerichtsstandsvereinbarung im Sinne des Art. 23 EuGVO soll im vorliegenden Fall gerade nicht ausgegangen werden. Auch die besonderen Schutzvorschriften der Art. 8–21 EuGVO zu Versicherungs- und Verbrauchersachen sowie zu individuellen Arbeitverträgen sind vorliegend nicht anwendbar.

Nach Art. 2 EuGVO sind die Gerichte des Staates international zuständig, in dem die beklagte Partei ihren Wohnsitz hat. Bei Gesellschaften ist gemäß Art. 60 Abs. 1 EuGVO der Sitz der Gesellschaft dem Wohnsitz gleichgestellt. Hierbei wird alternativ auf den satzungsgemäßen Sitz der Gesellschaft, deren Hauptverwaltung oder deren Hauptniederlassung abgestellt.[797]

---

794 Verordnung (EG) Nr. 44/2001 des Rates vom 22. Dezember 2000 über die gerichtliche Zuständigkeit und die Anerkennung und Vollstreckung von Entscheidungen in Zivil- und Handelssachen, ABl. L 12 vom 16. Januar 2001, S. 1–23.

795 *Kropholler/von Hein*, Art. 1 EuGVO Rn. 1.

796 *Kropholler/von Hein*, vor Art. 2 EuGVO Rn. 5.

797 Art. 60 Abs. 1 EuGVO.

Abweichend von der allgemeinen Zuständigkeit nach Art. 2 EuGVO kann die Klage gemäß Art. 5 EuGVO auch in einem anderen Mitgliedstaat erhoben werden, sofern die in dieser Vorschrift genannten Voraussetzungen erfüllt sind. Hervorzuheben ist hier insbesondere Art. 5 Nr. 1 b) EuGVO, der die internationale Zuständigkeit der Gerichte am Erfüllungsort regelt. Hiernach ist entweder beim Verkauf beweglicher Sachen auf den Ort abzustellen, an den nach Vertrag die Ware geliefert wurde bzw. hätte geliefert werden müssen. Alternativ ist bei der Erbringung einer Dienstleistung auf den Ort abzustellen, an dem nach Vertrag die Dienstleistung erbracht wurde bzw. hätte erbracht werden müssen.[798] Da ein einheitlicher Gerichtsstand für alle Klagen aus dem Vertrag geschaffen werden soll, insbesondere auch für Zahlungsklagen, kommt es maßgeblich auf den Erfüllungsort der vertragscharakteristischen Leistung an.[799] Das heißt, der Gerichtsstand bestimmt sich unabhängig davon, ob auf Leistung oder Zahlung geklagt wird, nach dem Ort, an den die Ware geliefert werden sollte bzw. nach dem Ort an dem die Dienstleistung erbracht werden sollte.

Dies führt einmal mehr zur bereits erörterten Frage, welchen rechtlichen Charakter Emissionszertifikate besitzen. Vertritt man die Auffassung, die Zertifikate stellen Eigentum, Wertpapiere oder sonstige Vermögenswerte der veräußernden Partei dar, handelt es sich bei dem Übertragungsgeschäft um einen Kaufvertrag. Der Erfüllungsort läge demnach in dem Staat, in dem der Empfänger der Zertifikate seinen Sitz hat, da die Zertifikate an diesen Ort zu liefern sind. Ist der Kläger Empfänger der Zertifikate, könnte mithin abweichend von Art. 2 EuGVO auch eine Klage vor den Gerichten des Staates eingereicht werden, in dem der Kläger seinen Sitz hat.

Folgt man hingegen der hier favorisierten Ansicht, dass durch die Verteilung der Zertifikate den Parteien keinerlei Rechte eingeräumt werden sollen, handelt es sich bei der Übertragung dieser Zertifikate an den Empfänger um eine Dienstleistung seitens der übertragenden Partei. Da der Dienstleister lediglich die Übertragung gegenüber dem jeweiligen nationalen Register anweisen muss und dieses die Zertifikate sodann auf das Konto des Empfängers überträgt, liegt der Erfüllungsort der Dienstleistung in dem Staat, in dem der Dienstleister seinen Sitz hat. Ist der Beklagte Dienstleister, wäre in diesem Fall keine Abweichung vom allgemeinen Gerichtsstand nach Art. 2 EuGVO gegeben. International zuständig wären lediglich die Gerichte am Sitz des Beklagten.

---

798 Art. 5 Nr. 1 b) EuGVO.

799 *v. Hoffmann/Thorn*, S. 135 f.; *Kropholler/von Hein*, Art. 5 EuGVO Rn. 45; *Schack*, Rn. 303.

Abschließend sei auf die Möglichkeit der rügelosen Einlassung nach Art. 24 EuGVO verwiesen. Sollte sich die beklagte Partei auf ein Verfahren in einem Mitgliedstaat rügelos einlassen, in dem sie nicht ihren Sitz hat, so ist auch dieses Gericht nach Art. 24 EuGVO international zuständig.

bb) Anwendbares Recht

Haben die Parteien in ihrem Projektvertrag keine ausdrückliche Rechtswahl getroffen, bestimmt sich das auf den Fall anwendbare Recht innerhalb der Europäischen Union nach den Vorschriften der „Verordnung (EG) Nr. 593/2008 des Europäischen Parlaments und des Rates vom 17. Juni 2008 über das auf vertragliche Schuldverhältnisse anzuwendende Recht" („Rom-I-VO").[800]

Art. 4 Rom-I-VO bestimmt das mangels Rechtswahl auf den Fall anzuwendende Recht. Nach Art. 4 Abs. 1 a) Rom-I-VO unterliegen Kaufverträge über bewegliche Sachen dem Recht des Staates, in dem der Verkäufer seinen gewöhnlichen Aufenthalt hat. Gemäß Art. 4 Abs. 1 b) Rom-I-VO unterliegen Dienstleistungsverträge dem Recht des Staates, in dem der Dienstleister seinen gewöhnlichen Aufenthalt hat. Zwar stellt sich auch hier wieder die Frage nach der rechtliche Einordnung der Emissionszertifikate, jedoch wäre der Streit in diesem Fall nicht relevant, da es nach beiden Vorschriften maßgeblich auf den gewöhnlichen Aufenthaltsort des Veräußerers der Zertifikate ankommt.

Nach Art. 19 Abs. 1 Rom-I-VO entspricht der gewöhnliche Aufenthaltsort von Gesellschaften, Vereinen und juristischen Personen dem Ort der Hauptverwaltung. Der streitige Fall unterläge mithin dem materiellen Recht des Staates, in dem sich die Hauptverwaltung des Veräußerers der Zertifikate befindet. Dies gilt auch dann, wenn man den Projektvertrag und die hierauf basierende Übertragung der Zertifikate nicht unter einen in Art. 4 Abs. 1 Rom-I-VO genannten Vertragstypen zuordnen will. In diesem Fall unterläge der Vertrag nach Art. 4 Abs. 2 Rom-I-VO dem Recht des Staates, in dem die Partei, welche die vertragscharakteristische Leistung erbringt, ihren gewöhnlichen Aufenthalt hat. Auch dies würde auf das Recht des Staates hinauslaufen, in dem der Veräußerer seinen Hauptverwaltungssitz hat.

800 Verordnung (EG) Nr. 593/2008 des Europäischen Parlaments und des Rates vom 17. Juni 2008 über das auf vertragliche Schuldverhältnisse anzuwendende Recht, ABl. L 177 vom 4. Juli 2008, S. 6–16.

3. Mangelnde Rechtsschutzmöglichkeit

Eine Problematik die zum Abschluss dieser Ausarbeitung erwähnt sein soll ist die Möglichkeit, dass einer privaten Partei im Rahmen eines Reduktionsprojekts gegen für sie nachteilige Entscheidungen von Exekutivorganen, also dem JISC und dem CDM-EB, keinerlei Rechtsschutzmöglichkeit zusteht. Zu dieser Thematik finden sich in der Literatur bereits umfassende Abhandlungen, auf die an dieser Stelle verwiesen wird.[801]

Es existiert derzeit kein Mechanismus, welcher es einem Privaten ermöglichen würde, Entscheidungen dieser übergeordneten Kontrollgremien anzugreifen. Jedoch finden sich eine Reihe Vorschläge, wie man der Problematik entgegnen könnte. Es wird vorgeschlagen, die private Partei solle vor der Teilnahme am Projekt mit dem Exekutivorgan eine Schiedsvereinbarung abschließen, um eine etwaige Entscheidung schiedsgerichtlich überprüfen lassen zu können.[802] Empfohlen wird zudem die Einführung eines unabhängigen Überprüfungsgremiums innerhalb von UNFCCC und Kyoto-Protokoll, welches, soweit notwendig, die Entscheidung des Exekutivorgans aufheben können soll.[803] Ebenso werden Verfahren vor nationalen Gerichten in Erwägung gezogen, was jedoch vor dem Hintergrund der Immunität der Mitglieder des Exekutivorgans problematisch erscheint.[804] Auch die deliktsrechtliche Verantwortlichkeit einzelner Mitglieder des Exekutivorgans wird in Erwägung gezogen.[805]

Ein einheitlicher Konsens, wie mit der Thematik umgegangen werden soll findet sich nicht. Am praktikabelsten erscheint eine interne Lösung innerhalb von UNFCCC und Kyoto-Protokoll. Nur auf diese Weise kann eine einheitliche Anwendung und Auslegung der Regelungen des Kyoto-Protokolls gewährleistet werden.[806] Bislang wurde ein derartiges Kontrollgremium jedoch nicht eingeführt. Es bleibt abzuwarten, ob in einem kommenden Klimaschutzvertrag ein derartiger Kontrollmechanismus vorgesehen sein wird oder ob möglicherweise die Exekutivorgane sich selbst einen Streitbeilegungsmechanismus auferlegen, nach dem die betroffene Partei unmittelbar gegen die Entscheidung vorgehen kann.[807]

---

801 *Meijer*, 39 N.Y.U. J. Int'L L. & Pol., 873 (894 ff.); *Simonetti*, 28 JENRL, 171 (195 ff.); *Voigt*, Legal Aspects of Carbon Trading, 272 (281 ff.).

802 *Meijer*, 39 N.Y.U. J. Int'L L. & Pol., 873 (896 f.); *Voigt*, in: Legal Aspects of Carbon Trading, 272 (286 f.).

803 *Simonetti*, 28 JENRL, 171 (204); *Voigt*, in: Legal Aspects of Carbon Trading, 272 (287 ff.).

804 *Voigt*, in: Legal Aspects of Carbon Trading, 272 (290 ff.).

805 *Simonetti*, 28 JENRL, 171 (201 ff.).

806 So auch *Simonetti*, 28 JENRL, 171 (204).

807 *Simonetti*, 28 JENRL, 171 (205).

G. Zusammenfassung

Die vorliegende Untersuchung hat gezeigt, dass im Rahmen des Kyoto-Protokolls und speziell der Flexiblen Mechanismen ein nicht zu vernachlässigendes Konfliktpotential besteht. Sollte es zu Streitigkeiten kommen, bietet die internationale handelsrechtliche Schiedsgerichtsbarkeit in den meisten Fällen ein geeignetes Streitbeilegungsforum. Die wesentlichen Erkenntnisse dieser Ausarbeitung lassen sich wie folgt zusammenfassen:

1. Die erste Verpflichtungsperiode des Kyoto-Protokolls endete am 31. Dezember 2012. Eine Weiterführung in Form einer zweiten Verpflichtungsperiode bis zum Jahr 2020 wurde bereits beschlossen. Die Flexiblen Mechanismen stehen damit weiterhin als Mittel zur Verwirklichung der eingegangenen Reduktionsverpflichtungen zur Verfügung. Die Einführung weiterer Mechanismen ist im Gespräch, jedoch sind diese bislang weder endgültig ausgearbeitet noch beschlossen. Funktionsweise und Ausgestaltung eines Nachfolgeabkommens ab dem Jahr 2020 sind derzeit noch nicht absehbar.
2. Einige Streitigkeiten im Rahmen des Kyoto-Protokolls und der Flexiblen Mechanismen sind bereits entstanden. Daneben sind weitere Konstellationen denkbar, die ein Konfliktpotential in sich bergen. Konflikte im Zusammenhang mit dem Kyoto-Protokoll selbst sind allenfalls hinsichtlich der Auslegung sowie der Nichteinhaltung von Vorgaben zu erwarten. Dagegen lassen sich Streitigkeiten im Zusammenhang mit den Flexiblen Mechanismen nicht abschließend auflisten. Streitigkeiten sind in sämtlichen Projektstadien sowie in deren Vorfeld zu erwarten. Überdies sind Streitigkeiten aufgrund der Verletzung internationaler Investitionsschutzabkommen denkbar, etwa wenn der Investor durch den Gaststaat enteignet wird. Wird die Investition eines außenstehenden Dritten durch ein Reduktionsprojekt enteignet oder wird jenem Dritten die Durchführung eines Reduktionsprojektes versagt, da er nicht die Voraussetzungen des Kyoto-Protokolls erfüllt, was für sich genommen eine Diskriminierung gegenüber anderen Investoren darstellt, kommen ebenfalls Streitigkeiten basierend auf Investitionsschutzverträgen in Betracht.
3. Für Konflikte zwischen Projektparteien oder Vertragsparteien eines Emissionshandels stellt die internationale handelsrechtliche Schiedsgerichtsbarkeit ein geeignetes Streitbeilegungsforum dar. Diese ermöglicht es den Parteien, einen neutralen Verfahrensort zu bestimmen, fachkundige Schiedsrichter zu wählen und ein Verfahren unter Ausschluss der Öffentlichkeit sowie unter Gewährleistung der Vertraulichkeit zu führen. Die einfache Anerkennung und Vollstreckung des

Schiedsspruches wird durch die NYC gewährleistet. Geht ein Staat oder ein staatliches Unternehmen eine Schiedsvereinbarung ein, führt dies zu einem Verzicht auf die Jurisdiktionsimmunität.

4. Streitigkeiten im Zusammenhang mit den Flexiblen Mechanismen sind grundsätzlich schiedsfähig, selbst wenn die Herausgabe von Zertifikaten begehrt wird und man diese nicht als Eigentum oder Vermögenswert, sondern als hoheitlich gewährtes Recht einordnet. An der Schiedsfähigkeit fehlt es allenfalls, wenn die Ausstellung der Zertifikate begehrt wird, was jedoch im Rahmen eines Projektes praktisch nicht zu erwarten ist. Hinsichtlich der subjektiven Schiedsfähigkeit sollten die Parteien darauf achten, dass der beteiligte Staat bzw. das staatliche Unternehmen ermächtigt sind, eine Schiedsvereinbarung abzuschließen.
5. Bei der Formulierung der Schiedsvereinbarung sollten die Parteien die Regelungen des Völkerrechts, ergänzt um die Bestimmungen des Kyoto-Protokolls, als anwendbares Recht vereinbaren. Dies kann auch durch Verweis auf eine Verfahrensordnung wie die PCA Environmental Rules erfolgen, die ähnliche Vorgaben zum anwendbaren Recht enthalten. Sollen Dritte, wie beispielsweise Treuhänder, an die Schiedsvereinbarung sowie den Schiedsspruch gebunden werden, sind diesbezügliche Regelungen aufzunehmen. Im Fall eines Mehrparteienschiedsverfahrens ist zudem ratsam, Vorgaben zur Wahl der Schiedsrichter zu vereinbaren, sofern die gewählte Verfahrensordnung keine Regelungen enthält.
6. Als Verfahrensordnung sind die PCA Environmental Rules zu empfehlen, da diese in besonderem Maße das Völkerrecht sowie internationale Abkommen und Rechtsgrundsätze berücksichtigen. Für Streitigkeiten im Zusammenhang mit den Flexiblen Mechanismen von Bedeutung sind zudem die Regelungen zur Geheimhaltung von Informationen und Dokumenten, die Bereitstellung von Listen fachkundiger Schiedsrichter und Experten, die Ausfertigung untechnischer Dokumente zur vereinfachten Darstellung des Sachverhalts sowie die Möglichkeit einstweilige Maßnahmen auch zur Abwendung schwerwiegender Schäden für die Umwelt beantragen zu können.
7. Hinsichtlich der Vollstreckung des Schiedsspruches ist im Fall eines unterlegenen Staates oder staatlichen Unternehmens die Exekutionsimmunität zu beachten. Eine Berufung hierauf sollte bestenfalls bereits vertraglich ausgeschlossen werden. Ansonsten besteht für die obsiegende Partei lediglich die Möglichkeit, in staatliches Eigentum zu vollstrecken, welches wirtschaftlichen Zwecken dient. Eine Unterscheidung in wirtschaftliche und hoheitliche Zwecke ist indes nicht immer zweifelsfrei möglich.

8. Der Vorbehalt einer handelsrechtlichen Streitigkeit, den einige Staaten im Rahmen der NYC erklärt haben, birgt ein geringes Risiko, dass die Anerkennung und Vollstreckung versagt werden könnte. Zwar entschied ein US-Gericht, dass eine Streitigkeit, der ein Emissionshandel zugrunde lag, handelsrechtlicher Natur ist. Es ist jedoch nicht auszuschießen, dass in anderen Staaten abweichende Meinungen vertreten werden. Insofern sollte die Vollstreckung möglichst in einem Staat vorgenommen werden, der keinen Vorbehalt nach Art. I Abs. 3 S. 2 NYC erklärt hat.
9. Einstweiliger Rechtsschutz kann in aller Regel sowohl durch ein Schiedsgericht als auch durch ein staatliches Gericht gewährt werden. Die Parteien sollten bei ihrer Wahl zugunsten eines Schiedsgerichts oder eines staatlichen Gerichts abwägen, welches Verfahren am ehesten ihren Bedürfnissen gerecht wird. Entscheiden sie sich für die Durchführung eines Verfahrens des einstweiligen Rechtsschutzes nach den PCA Environmental Rules, können einstweilige Maßnahmen nur nach Rücksprache mit den Parteien getroffen werden. Darüber hinaus unterliegt das Verfahren den Voraussetzungen, die sich auch im Rahmen des einstweiligen Rechtsschutzes unter den UNCITRAL Arbitration Rules herausgebildet haben. Hierzu zählen neben dem Anschein der Zuständigkeit des Schiedsgerichts sowie der Begründetheit des Antrags die Dringlichkeit, Notwendigkeit und Verhältnismäßigkeit der Maßnahme. Sind Dritte, wie etwa Treuhänder, am Projekt beteiligt, sollte deren Bindung an einen Schiedsspruch sowie an Maßnahmen des einstweiligen Rechtsschutzes ausdrücklich im Rahmen der Treuhandvereinbarung, die als Nebenabrede zum Projektvertrag geschlossen werden kann, festgelegt werden.
10. Stellt ein Tun oder Unterlassen des Gaststaates eines Projektes nicht nur einen Verstoß gegen den Projektvertrag, sondern auch eine Verletzung eines internationalen Investitionsschutzabkommens dar, steht es dem Investor frei, seine Ansprüche im Rahmen eines handelsrechtlichen Schiedsverfahrens oder investitionsrechtlich nach den Vorgaben des verletzten Abkommens einzuklagen. Vergleicht man ein Verfahren nach den PCA Environmental Rules mit einem Verfahren nach den Vorgaben des ICSID, ist letzteres für Streitigkeiten der vorliegenden Art als nachteilig anzusehen. Dies insbesondere, da die ICSID-Regelungen die Besonderheiten von Streitigkeiten betreffend der Umwelt und natürlichen Ressourcen nicht in gleichem Maße berücksichtigten wie die PCA Environmental Rules. Zudem kann bei investitionsschutzrechtlichen Verfahren die Rechtswegerschöpfung vor den nationalen Gerichten des Gaststaates obligatorisch sein. Der Vorteil der vereinfachten Annerkennung und Vollstreckung nach Art. 53, 54 ICSID-Übereinkommen tritt hinter die Tatsache zurück, dass auch durch diese Regelung die Exekutionsimmunität des betroffenen Staates nicht aufgehoben wird.

11. Die Einhaltung der Vorgaben des Kyoto-Protokolls wird durch das *Compliance*-Verfahren gewährleistet. Rechtsverbindlich Urteile ergehen hieraus allerdings nicht. Ein verbindliches Verfahren nach den Vorgaben von UNFCCC und Kyoto-Protokoll hat sich in der Praxis bislang nicht durchgesetzt.
12. Begehrt ein deutsches Unternehmen die Ausstellung eines LoA und wird ihm diese versagt oder nicht darüber entschieden, steht dem Unternehmen der Verwaltungsrechtsweg offen. Eine Verpflichtungsklage gerichtet auf Ausstellung eines LoA wäre zulässig. Die Begründetheit hängt davon ab, ob die Vorgaben des ProMechG erfüllt sind.
13. Sofern der Projektvertrag keine Angaben zum Gerichtsstand enthält, ist eine Klage innerhalb des Anwendungsbereichs der EuGVO vor den nationalen Gerichten im Sitzstaat des Beklagten sowie alternativ, sofern der Kläger Zertifikate erhalten sollte und man diesen einen Vermögenswert zuweist, im Sitzstaat des Klägers zulässig. Fehlen Angaben zum anwendbaren Sachrecht, findet innerhalb des Anwendungsbereichs der Rom-I-VO das materielle Recht des Staates Anwendung, in dem sich der Hauptverwaltungssitz derjenigen Partei befindet, welche die Zertifikate veräußert.
14. Hinsichtlich Entscheidung des JISC sowie des CDM-EB stehen privaten Parteien keinerlei Rechtsschutzmöglichkeiten zur Verfügung. Wie diese Problematik in künftigen Abkommen gelöst werden wird, etwa durch Einführung eines unabhängigen Überprüfungsgremiums, bleibt abzuwarten.

Möchte ein Kläger anstelle der Natur im Sinne *von Feuchterslebens* sein Gericht üben, sei es auch „lediglich" zur Wahrung seiner individuellen Interessen, sollte er, soweit möglich, den Weg eines Schiedsverfahrens wählen. Ein solches ist durch Regelungen zur Geheimhaltung nicht nur leise und aufgrund Übereinkommen wie der NYC nicht nur unentrinnbar, es bietet dem Kläger darüber hinaus größtmögliche Flexibilität in der Gestaltung des Verfahrens sowie die Gewissheit, seine Streitigkeit vor einem fachkundigen Tribunal auszutragen. Er betritt in einem solchen Verfahren auch kein unberechenbares Neuland, da sich die Grundprinzipien der handelsgerichtlichen Schiedsgerichtsbarkeit auf Streitigkeiten der vorliegenden Art übertragen lassen.

Soweit *von Feuchtersleben* weiter ausführt *„Das alte tragische Wort: »Wer that, muß leiden,« (...)"*, kann der Kläger auch dies für sich beanspruchen. Er kann sicher sein, dass seine Streitigkeit bei der Wahl zugunsten eines Schiedsverfahrens nicht vor einem möglicherweise korrupten oder befangenen Gericht im Heimatstaat des Beklagten durchgeführt wird, sondern vor einem neutralen Spruchkörper, der dem Kläger im Falle eines begründeten Anspruchs einen einfach vollstreckbaren Schiedsspruch an die Hand geben wird und der Beklagte für sein Tun einstehen muss.